ADMIS FONCTION PUBLIQUE

CONCOURS 2023-2024

3e édition

W0316607

DROIT PUBLIC

DROIT CONSTITUTIONNEL
DROIT ADMINISTRATIF

Concours et examens professionnels • Catégories A et B

Cours et entraînement

Olivier Bellégo,
ancien directeur des concours du Centre interdépartemental de gestion (CIG) de la petite couronne et du Centre de gestion de la fonction publique territoriale du Rhône et de la métropole de Lyon. Membre de jury de concours et examens. Élu local

Frédéric Ingelaere,
fonctionnaire au ministère de l'Économie et des Finances, chargé d'enseignement à l'université du Littoral-Côte-d'Opale

Pierre-Brice Lebrun,
enseignant en droit dans le secteur social et médico-social

Pascal Simon-Doutreluingne,
professeur agrégé d'économie-gestion, docteur en droit public

Vuibert

Ressources numériques

En ligne, téléchargez gratuitement 50 QRC et 80 QCM interactifs corrigés supplémentaires sur

www.Vuibert.fr/site/214635

ISBN : 978-2-311-21463-5

Conception de la couverture et de l'intérieur : Séverine Tanguy
Composition : Grafatom
Photographie couverture : © WavebreakMediaMicro / AdobeStock

Site Internet : http://www.vuibert.fr

Sommaire
pour se repérer

Travail réalisé

Votre épreuve, votre concours en 6 questions-réponses

PARTIE 1 Maîtriser le droit constitutionnel

PARTIE 2 Maîtriser le droit administratif

PARTIE 3 Maîtriser les finances publiques

PARTIE 4 Maîtriser les institutions européennes

Votre épreuve, votre concours en 6 questions-réponses

1. Quelle est l'ambition de cet ouvrage ?

Cet ouvrage s'adresse aux candidats aux concours de la fonction publique d'État et de la fonction publique territoriale permettant d'accéder à des corps ou cadres d'emplois de catégorie A (correspondant à des missions d'encadrement et d'expertise) et B (encadrement intermédiaire) qui comportent une ou plusieurs épreuves, écrites ou orales, en lien avec le **droit public**.

Il entend proposer une préparation complète à ces épreuves.

2. En quoi vous sera-t-il utile ?

Les présidents des jurys de concours sont astreints à l'obligation réglementaire de rédiger un procès-verbal de l'ensemble des opérations des concours dont ils ont présidé le jury, généralement dénommé « **rapport du président du jury** ». Ces rapports sont très fréquemment mis en ligne sur les sites des autorités organisatrices des concours.

Ils ont notamment une vocation pédagogique dans la mesure où ils permettent aux présidents de jury, qui fondent leurs observations sur celles des correcteurs des épreuves écrites et des examinateurs des épreuves orales, de souligner les écarts entre les prestations des candidats et ce qui est attendu d'eux.

Reviennent comme un leitmotiv dans ces rapports le constat de l'insuffisance des connaissances des candidats et, lorsqu'ils possèdent les connaissances requises, celui de graves défaillances de méthode, comme en témoignent les deux exemples suivants :

Centre de gestion du Rhône et de la métropole de Lyon (CDG69)
Concours externe d'attaché territorial, session 2020 (reportée à 2021)

Rapport du président du jury

Épreuve de composition

« Le sujet de la session 2020 est ainsi libellé : "Quel rôle les collectivités territoriales peuvent-elles jouer en faveur de la santé des habitants ?" »

Ce sujet, s'il s'inscrit dans le contexte de la crise sanitaire et suppose du candidat qu'il traite du rôle des collectivités territoriales dans la gestion de cette crise, fait aussi référence à d'autres enjeux de politique publique, notamment la question des inégalités d'accès aux soins avec, par exemple, la lutte contre les « déserts médicaux » ainsi que les problématiques de « santé environnementale », la montée des enjeux environnementaux étant connectée avec les préoccupations sanitaires liées à la pollution de l'air, au bruit et à l'environnement urbain en général.

Le jury estime que le sujet est adapté à l'épreuve, tant au regard des connaissances des enjeux territoriaux attendues d'un futur attaché territorial que des nécessaires aptitudes à l'argumentation. Le jury regrette que beaucoup de copies présentent des connaissances exposées de manière scolaire, avec peu d'argumentation et de cohérence au regard de la problématique, mais aussi beaucoup d'approximations sur la définition des enjeux. Les copies font ressortir une méconnaissance de l'articulation des compétences entre l'État et les collectivités territoriales. Par ailleurs, l'orthographe, la syntaxe et le style de nombreuses copies sont relativement faibles.

Il est important de rappeler que, conformément à la note de cadrage, les qualités rédactionnelles jouent un rôle déterminant dans l'évaluation de la composition.

La moyenne des copies s'établit à 8,81 sur 20 et est supérieure d'un point à celle de la dernière session. Au total des spécialités, on compte 3 % de notes strictement inférieures à 5 sur 20, et donc éliminatoires. 35 % des copies obtiennent une note supérieure ou égale à 10. »

Institut régional d'administration (IRA) de Lyon
Concours externe, interne et 3e concours, session 2022

Rapport du président du jury

Épreuve de composition

« La première épreuve d'admissibilité consiste en la résolution d'un cas pratique, à partir d'un dossier portant sur un ou plusieurs thèmes d'actualité des politiques publiques relevant de l'État. Cette épreuve vise à vérifier les qualités rédactionnelles des candidats, leur capacité d'analyse et de synthèse ainsi que leur aptitude à proposer des solutions de manière argumentée et organisée. La résolution du cas pratique prend la forme d'une note argumentée visant notamment à introduire les propositions de solution pratique du candidat. Ces propositions prennent la forme de documents annexes opérationnels de son choix (rédaction d'un courrier, fiche de procédure, projet de courriel, rétroplanning, organigramme, outil de communication, etc.). L'argumentaire utilisé par le candidat peut faire référence aux acquis de son parcours académique et professionnel. Cette épreuve de quatre heures est affectée d'un coefficient 5.

L'épreuve de cas pratique portait sur les zones à faibles émissions mobilité (ZFE-m).

[...]

Observations sur la forme :

Les rapports de jury de concours soulignent régulièrement l'importance de la maîtrise de l'orthographe et du respect des règles syntaxiques dans la notation des candidats. En dépit de ces avertissements, ces derniers ne se donnent pas tous les moyens d'y parvenir. Parmi les fautes les plus fréquentes, le jury tient à souligner une incapacité à respecter les règles d'accord (par exemple un sujet féminin pluriel avec un accord du verbe ou du nom au mas-

culin, ou l'inverse, d'autant plus courant que les candidats cherchent parfois à rédiger des phrases très longues où le sujet est éloigné de plusieurs lignes du verbe ou du nom à accorder) ou à respecter l'orthographe de mots courants, en particulier les adverbes (les "fréquemment", "notamment" et autres "partiellement" sont régulièrement maltraités).
Tout comme les candidats se préparent sur le fond, ils devraient, en particulier s'ils se connaissent une propension à commettre ces erreurs, s'entraîner pour acquérir une meilleure maîtrise de l'orthographe et respecter davantage les règles syntaxiques.
De même, une certaine prudence devrait conduire les candidats à éviter d'employer des mots lorsqu'ils ne sont pas certains de la bonne orthographe (les correcteurs doivent parfois lire des passages à voix haute en espérant comprendre phonétiquement les mots "dithyrambique" ou "rédhibitoire" pour ne citer que deux exemples). Les candidats peu à l'aise avec l'orthographe auraient tout intérêt à se constituer dans les mois qui précèdent le concours un petit lexique de mots courants fréquemment utilisés pour remédier progressivement à leurs difficultés.
En tout état de cause, le jury recommande une relecture attentive de leur copie par les candidats, de préférence au fil de l'eau, par exemple à l'issue de la rédaction de chaque sous-partie.
Enfin, on constate aussi la regrettable propension des candidats à s'approprier des éléments rédactionnels du dossier mis à leur disposition sans utiliser les guillemets d'usage. Le recours à la paraphrase est d'autant plus regrettable que le jury maîtrise parfaitement le dossier documentaire en question et que le contraste entre les paragraphes concernés et les paragraphes réellement rédigés par les candidats est parfois saisissant. »

On comprend aisément combien des candidats bien préparés ont toutes les chances de réussir les concours, les jurys déplorant régulièrement l'impréparation flagrante de trop nombreux candidats qui méconnaissent parfois la nature même des épreuves qu'ils vont subir. Et, lorsque la nature des épreuves est connue, trop de candidats font de telles impasses dans l'acquisition des connaissances attendues que leur admission au concours devient pari impossible.

3. Qu'est-ce que le droit public ?

Le **droit public** est l'ensemble des règles juridiques qui régissent l'organisation et le fonctionnement politique, administratif et financier des personnes morales de droit public entre elles, les relations entre les États, entre les organismes internationaux, ainsi que les relations entre les personnes morales de droit public et les personnes privées. Le droit public défend l'intérêt général avec des prérogatives liées à la puissance publique. Il concerne les rapports entre personnes publiques, mais également entre personnes publiques et personnes privées.

4. Quelles branches du droit regroupe le droit public ?

Le droit public comprend :

– le **droit constitutionnel** qui organise les pouvoirs de l'État : Parlement, gouvernement, justice ;

– le **droit administratif,** qui réglemente la structure de l'administration et ses rapports avec les particuliers ;

– le **droit fiscal**, qui détermine les conditions et le montant de la participation des sujets de droit aux budgets de l'État et des collectivités publiques ;

– les **finances publiques** qui regroupent l'ensemble des règles gouvernant les finances de l'État, des collectivités territoriales, des organismes de sécurité sociale, des établissements publics et de toutes autres personnes morales de droit public ;

– le **droit international public** qui concerne les rapports entre les États sur la scène internationale, entre les personnes privées ou morales et les organisations internationales.

5. Quels concours comportent des épreuves de droit public ?

Sans viser l'exhaustivité, quelques exemples de concours de catégories B et A.

A. Concours d'accès à la fonction publique territoriale

a. Épreuves écrites

- **Rédacteur territorial (catégorie B)**

Concours externe, épreuve écrite d'admissibilité :

Réponses à une série de questions portant, au choix du candidat lors de son inscription, sur l'un des domaines suivants :

a) Les finances, les budgets et l'intervention économique des collectivités territoriales ;

b) Le droit public en relation avec les missions des collectivités territoriales ;

c) L'action sanitaire et sociale des collectivités territoriales ;

d) Le droit civil en relation avec les missions des collectivités territoriales.

Durée : 3 heures
Coefficient : 1

Concours externe, épreuve écrite d'admissibilité :

Rédaction d'une **note à partir des éléments d'un dossier** portant sur des notions générales relatives aux **missions, compétences et moyens d'action des collectivités territoriales**.

Durée : 3 heures
Coefficient : 1

Concours interne et troisième concours, épreuve écrite d'admissibilité :

Rédaction d'une **note à partir des éléments d'un dossier** portant sur l'un des domaines suivants, au choix du candidat lors de son inscription :

a) **Les finances, les budgets et l'intervention économique des collectivités territoriales** ;
b) **Le droit public en relation avec les missions des collectivités territoriales** ;
c) L'action sanitaire et sociale des collectivités territoriales ;
d) Le droit civil en relation avec les missions des collectivités territoriales.

Durée : 3 heures
Coefficient : 1

Rédacteur territorial principal de 2e classe (catégorie B)

Concours externe, épreuve écrite d'admissibilité :

Réponses à des **questions de droit public** et de **finances publiques** portant notamment sur le fonctionnement des collectivités territoriales.

Durée : 3 heures
Coefficient : 1

Concours interne et troisième concours, épreuve écrite d'admissibilité :

Réponses à une série de questions portant sur les **missions, compétences et moyens d'action des collectivités territoriales** permettant d'apprécier les connaissances professionnelles du candidat.

Durée : 3 heures
Coefficient : 1

Concours externe, interne, troisième concours, épreuve écrite d'admissibilité :

Rédaction d'un **rapport à partir des éléments d'un dossier** portant sur les **missions, compétences et moyens d'action des collectivités territoriales**, assorti de propositions opérationnelles.

Durée : 3 heures
Coefficient : 1

Attaché territorial (catégorie A)

Concours externe, toutes spécialités, épreuve écrite d'admissibilité :

Une **composition** portant sur un sujet d'ordre général relatif à **la place et au rôle des collectivités territoriales** dans les problématiques locales (démocratie, société, économie, emploi, éducation / formation, santé, culture, urbanisme et aménagement, relations extérieures...).

Cette épreuve doit permettre au jury d'apprécier, outre les qualités rédactionnelles des candidats, leur ouverture au monde, leur aptitude au questionnement, à l'analyse et à l'argumentation ainsi que leur capacité à se projeter dans leur futur environnement professionnel.

Durée : 4 heures
Coefficient : 3

Concours externe, spécialité administration générale, épreuve écrite d'admissibilité :

Rédaction d'une note ayant pour objet de vérifier l'aptitude à l'analyse d'un dossier soulevant un **problème d'organisation et de gestion rencontré par une collectivité territoriale**.

Durée : 4 heures
Coefficient : 4

Concours interne et troisième concours, spécialité administration générale, épreuve écrite d'admissibilité :

Rédaction, à l'aide des éléments d'un dossier soulevant un **problème d'organisation ou de gestion rencontré par une collectivité territoriale**, d'un **rapport** faisant appel à l'esprit d'analyse et de synthèse du candidat, à son aptitude à situer le sujet traité dans son contexte général et à ses capacités rédactionnelles, afin de dégager des solutions opérationnelles appropriées.

Durée : 4 heures
Coefficient : 4

b. Épreuves orales

Ces concours comprennent généralement une épreuve d'entretien avec le jury, d'une durée de vingt à vingt-cinq minutes, comportant le plus souvent un exposé de cinq ou dix minutes selon le cas, exposé portant sur la formation, le parcours ou l'expérience professionnelle du candidat.

Cet entretien est destiné à mesurer la motivation du candidat et son aptitude à exercer les missions du cadre d'emplois ou du grade.

La mesure de cette motivation et de cette aptitude repose notamment sur des **questions ayant trait à la fonction publique territoriale et aux collectivités territoriales**, pouvant comprendre des mises en situation professionnelle.

B. Concours d'accès à la fonction publique d'État

a. Épreuves écrites

■ **Instituts régionaux d'administration (catégorie A)**

Concours externe, interne et troisième concours, épreuve écrite d'admissibilité :

- La **première épreuve d'admissibilité** consiste en la **résolution d'un cas pratique, à partir d'un dossier** portant sur un ou plusieurs **thèmes d'actualité des politiques publiques relevant de l'État**. Cette épreuve vise à vérifier les qualités rédactionnelles des candidats, leur capacité d'analyse et de synthèse ainsi que leur aptitude à proposer des solutions de manière argumentée et organisée.

La résolution du cas pratique prend la forme d'une note argumentée visant notamment à introduire les propositions de solution pratique du candidat. Ces propositions prennent la forme de documents annexes opérationnels de son choix (rédaction d'un courrier, fiche de procédure, projet de courriel, rétroplanning, organigramme, outil de communication, etc.).

L'argumentaire utilisé par le candidat peut faire référence aux acquis de son parcours académique et professionnel.

Cette épreuve, d'une durée de quatre heures, est affectée d'un coefficient 5.

Le dossier, qui ne peut excéder trente pages, porte sur un ou plusieurs thèmes d'actualité choisis par le jury parmi une liste fixée par arrêté du ministre chargé de la Fonction publique.

Durée : 4 heures
Coefficient : 5

- La **deuxième épreuve d'admissibilité** consiste en un **questionnaire à choix multiples visant à vérifier les connaissances du candidat en matière de culture administrative et juridique, de finances publiques, d'organisation, de fonctionnement et de politiques des institutions européennes et de culture numérique**, ainsi que son aptitude à la décision par le biais, le cas échéant, de mises en situation.

Elle comprend un nombre maximal de cent vingt questions, dont les deux tiers au plus relèvent de la culture administrative et juridique et des finances publiques.

Le programme du questionnaire à choix multiples est fixé en annexe.

Durée : 1 heure 30 minutes
Coefficient : 2

Secrétaire administratif de classe normale (catégorie B)

Concours externe

1) **Cas pratique** avec une mise en situation à partir d'un dossier documentaire remis au candidat pouvant comporter des graphiques ainsi que des données chiffrées. Le dossier doit relever d'une **problématique relative aux politiques publiques** et comporter plusieurs questions précédées d'une présentation détaillée des attentes du jury destinée à mettre le candidat en situation de travail. Pour cette épreuve, le dossier documentaire ne peut excéder vingt pages.

Durée : 3 heures
Coefficient : 3

2) Série de **six à neuf questions à réponse courte** portant, au choix du candidat exprimé lors de l'inscription au concours, sur l'une des options suivantes :
- gestion des ressources humaines dans les organisations ;
- comptabilité et finance ;
- problèmes économiques et sociaux ;
- **enjeux de la France contemporaine et l'Union européenne.**

Pour chaque option, le questionnaire à réponse courte comporte des questions communes et des questions propres à l'option choisie.

À partir d'un ou plusieurs documents, les questions communes portent sur des connaissances générales permettant d'évaluer l'ouverture au monde, **l'intérêt porté aux politiques publiques, aux valeurs du service public** et permettant de tester la capacité de raisonnement. Un même texte peut servir de support à plusieurs questions.
Pour la partie optionnelle, chaque question est accompagnée d'un ou plusieurs documents en rapport avec la question posée. Un même texte peut servir de support à plusieurs questions.

Le dossier documentaire pour l'ensemble des questions ne peut excéder dix pages au total.

Durée : 3 heures
Coefficient : 2, dont coefficient 1 pour les questions communes et de capacité de raisonnement et coefficient 1 pour les questions relatives à l'option

Concours interne

Cas pratique avec une mise en situation à partir d'un dossier documentaire remis au candidat pouvant comporter des graphiques ainsi que des données chiffrées. Le dossier doit relever d'une **problématique relative aux politiques publiques** et comporter plusieurs questions précédées d'une présentation détaillée des attentes du jury destinée à mettre le candidat en situation de travail. Pour cette épreuve, le dossier documentaire ne peut excéder vingt pages.

Durée : 3 heures
Coefficient : 3

■ Contrôleur des finances publiques de 2e classe (catégorie B)

Concours externe, épreuve écrite d'admissibilité :

1) Réponse à des questions et/ou un cas pratique à partir d'un dossier composé de documents à caractère économique et financier.
Le dossier ne peut excéder vingt pages.

Durée : 3 heures
Coefficient : 4

2) Au choix du candidat :
- résolution d'un ou plusieurs problèmes de mathématiques ;
- résolution d'un ou plusieurs exercices de comptabilité privée ;
- composition sur un ou plusieurs sujets donnés et/ou cas pratiques d'éléments d'économie ;
- **composition** sur un ou plusieurs sujets donnés et/ou **cas pratiques de bases juridiques**.

Durée : 3 heures
Coefficient : 3

b. Épreuves orales

■ Instituts régionaux d'administration (catégorie A)

Concours externe, interne, troisième concours, épreuve orale d'admission :

Entretien avec le jury visant à évaluer les aptitudes du candidat et sa motivation à exercer les fonctions auxquelles prépare la formation délivrée par les instituts régionaux d'administration et, le cas échéant, à reconnaître les acquis de son expérience professionnelle. Il vise également à apprécier les qualités d'expression orale du candidat ainsi que son comportement face à une situation professionnelle concrète et sa capacité à encadrer une équipe.

L'entretien débute par une présentation par le candidat de son parcours et de sa motivation et se poursuit par un échange qui comprend notamment une ou plusieurs mises en situation professionnelle. Au cours de cet échange, le candidat peut également être interrogé sur **les enjeux des politiques publiques relevant de l'État ainsi que sur l'environnement administratif dans lequel elles sont mises en œuvre.**

Cette épreuve, d'une durée de trente minutes, dont cinq minutes au plus de présentation par le candidat, est affectée d'un coefficient 7.

Durée : 30 minutes, dont 5 minutes au plus de présentation par le candidat
Coefficient : 7

■ **Secrétaire administratif de classe normale (catégorie B)**

Concours externe, épreuve orale d'admission :

Entretien avec le jury à partir d'un texte court relatif à un sujet de société en rapport avec **le rôle des administrations** ou portant sur **une politique publique** comportant une ou deux questions auxquelles le candidat doit répondre, visant à apprécier les qualités personnelles du candidat, son potentiel, son comportement face à une situation concrète, le cas échéant sous forme de mise en situation.

Préparation : 25 minutes

Durée : 25 minutes dont 10 minutes au plus d'exposé
Coefficient : 4

Concours interne, épreuve orale d'admission :

Entretien avec le jury visant à apprécier la personnalité, les aptitudes du candidat ainsi que sa motivation et à reconnaître les acquis de son expérience professionnelle. Pour conduire cet entretien qui a pour point de départ un exposé du candidat sur son expérience professionnelle, d'une durée de 10 minutes au plus, le jury dispose du dossier constitué par le candidat en vue de la reconnaissance des acquis de l'expérience professionnelle. Au cours de cet entretien, le candidat peut être interrogé sur des questions relatives aux **connaissances administratives propres à l'administration, la collectivité ou l'établissement** dans lequel il exerce.

Durée : 25 minutes dont 10 minutes au plus d'exposé
Coefficient : 4

6. Comment l'ouvrage est-il organisé ?

Après cette présentation de différents concours de catégories A et B requérant la maîtrise de connaissances relevant du droit public, cet ouvrage propose :

- une **auto-évaluation** corrigée et commentée ;
- une **méthode pas à pas** pour les différentes épreuves et des **conseils de révisions** ;
- un **cours synthétique** sous la forme de fiches, accompagné de **QCM de validation des connaissances corrigées** ;
- un entraînement grâce à de nombreuses **QRC corrigées**.

Tous les thèmes incontournables du droit public sont traités dans les branches suivantes :

- le droit constitutionnel ;
- le droit administratif ;
- les finances publiques ;
- les institutions européennes.

Auto-évaluation

Ce test d'auto-évaluation, destiné à vous permettre d'évaluer vos acquis dans le domaine du droit public, consiste en 20 questions à choix multiples, de niveau de difficulté variable, ainsi réparties entre les différentes branches du droit public:

BRANCHE	NOMBRE DE QUESTIONS
Droit constitutionnel	5
Droit administratif	5
Finances publiques	5
Institutions européennes	5

D'une manière générale, lorsque vous répondez à un questionnaire à choix multiples, lisez attentivement les **consignes** qui peuvent le cas échéant vous être données: chaque question comporte-t-elle une ou plusieurs réponses exactes? Si oui, chaque réponse cochée est-elle valorisée, ou des points ne sont-ils attribués que si toutes les réponses exactes sont cochées? Le barème de correction comporte-t-il des pénalités pour non-réponse ou réponse fausse?

Ces indications peuvent guider votre stratégie de réponse.

Questions

Chaque question peut appeler une ou plusieurs bonnes réponses, voire toutes ou aucune.

Droit constitutionnel

❶ Le principe de séparation des pouvoirs, qui régit le fonctionnement de l'État français, a été théorisé par:

a. Le général de Gaulle
b. Le philosophe Montesquieu
c. L'empereur Napoléon Bonaparte
d. Le révolutionnaire Robespierre

❷ Le principe de séparation des pouvoirs, qui régit le fonctionnement de l'État français impose que l'on sépare, entre autres:

a. Le pouvoir politique du pouvoir religieux
b. Le pouvoir civil du pouvoir militaire
c. Le pouvoir législatif du pouvoir exécutif
d. Le pouvoir de la presse du pouvoir présidentiel

❸ Qui en France détermine et conduit la politique de la Nation, dispose de l'administration et de la force armée?

a. Le peuple
b. Le président de la République

c. Le gouvernement
d. Le Premier ministre

❹ **Il est élu au suffrage universel direct :**
a. Le député
b. Le maire
c. Le président de la République
d. Le président du conseil départemental

❺ **Le président de la République est élu pour 5 ans :**
a. Par le peuple
b. Par ses partisans
c. Par les électeurs
d. Par les Français

Droit administratif

❶ **Le responsable de l'ordre public dans une commune peut être :**
a. Le maire
b. Le préfet
c. Le Premier ministre
d. Le chef de la police municipale

❷ **Les libertés publiques :**
a. Sont collectives et individuelles
b. Peuvent être limitées par le juge administratif
c. Ont dans leur périmètre le droit de grève
d. Peuvent être encadrées par la loi

❸ **Dans les juridictions administratives on trouve :**
a. Les tribunaux judiciaires
b. Les cours administratives d'appel
c. Les tribunaux administratifs
d. Les cours administratives de cassation

❹ **Les fonctionnaires de la fonction publique d'État :**
a. Sont répartis en quatre catégories : A, B, C, D
b. Sont des agents publics
c. Peuvent être recrutés par contrat
d. Ne peuvent faire grève

❺ **Les ministres :**
a. Sont responsables des administrations sous leur autorité
b. Sont titulaires du pouvoir réglementaire autonome
c. Se rassemblent autour du président de la République au sein du Conseil des ministres
d. Nomment les fonctionnaires de leurs administrations

Finances publiques

❶ **La loi de finances est d'origine :**
a. Législative
b. Gouvernementale
c. Institutionnelles (Cour des comptes)
d. Communautaire

❷ **Le budget de l'État provient:**
a. D'impôts directs
b. D'impôts indirects
c. De produits du domaine
d. De subventions communautaires

❸ **La Sécurité sociale:**
a. Dépend d'une loi spécifique pour son budget
b. Dispose d'un budget voté tous les trois ans
c. Est dotée d'organes spécifiques de mise en œuvre de sa politique
d. Ne prend en charge que les branches famille et vieillesse

❹ **LOLF signifie:**
a. Loi d'organisation pour la législation financière
b. Loi organique sur les lois de finances
c. Loi d'orientation de la législation financière
d. Loi sur la législation fiscale

❺ **Les finances des collectivités territoriales:**
a. Proviennent exclusivement des dotations de l'État
b. Proviennent de ressources propres à la collectivité
c. Dépendent de l'économie locale
d. Sont indépendantes du budget de l'État

Institutions européennes

❶ **Quel traité a donné naissance à l'Union européenne?**
a. Le traité de Rome
b. Le traité de Maastricht
c. Le traité de Nice
d. Le traité de Lisbonne

❷ **En quelle année la Charte des droits fondamentaux de l'UE a-t-elle été adoptée?**
a. 1989
b. 2000
c. 2009
d. 2013

❸ **Le principe de subsidiarité se définit comme:**
a. La responsabilité d'une action publique revenant à l'entité compétente la plus proche de ceux qui sont directement concernés par cette action
b. Un principe fondateur de la construction européenne
c. Un principe complémentaire du principe de complémentarité
d. Aucune réponse

❹ **Le Parlement européen:**
a. Est le principal organe législatif
b. Est composé de représentants des différents Parlements nationaux
c. Est la seule institution qui débat et vote des propositions de la Commission
d. Peut censurer la Commission européenne

❺ **Le traité de Lisbonne :**
a. A créé trois nouvelles institutions : le Conseil européen, la Banque centrale et le Haut Représentant de la politique étrangère européenne
b. Fut prévu par le traité d'Amsterdam pour anticiper le futur « grand élargissement » qui aura lieu en 2004
c. Est le « successeur » du projet de traité constitutionnel européen
d. Est le dernier traité européen en date

Corrigé

Droit constitutionnel

❶ b. Montesquieu théorise ce principe dans son ouvrage *De l'esprit des lois*, paru en 1748.

❷ c. Le principe de séparation des pouvoirs qui régit le fonctionnement de l'État français impose que soient séparés les pouvoirs législatif, exécutif et judiciaire.

❸ c. Le président de la République est le chef de l'État, le Premier ministre est le chef du gouvernement (Constitution, art. 20).

❹ a, c. Le maire et le président du conseil départemental sont élus au scrutin universel indirect, par les membres du conseil municipal ou du conseil départemental issus des élections municipales ou départementales.

❺ c. Il faut pour pouvoir voter être inscrit sur les listes électorales ; toute la population française ne l'est pas.

Droit administratif

❶ a, b. Le maire est le responsable de l'ordre public dans sa commune car détenteur du pouvoir de police administrative générale. En cas de crise ou de non-intervention le préfet peut se substituer à lui car il est aussi autorité de police administrative générale.

❷ a, c, d. Ce n'est pas le juge administratif, qui ne fait que contrôler en cas de recours la légalité des décisions, mais les titulaires du pouvoir de police qui peuvent limiter les libertés publiques (le maire, le préfet…). Le droit de grève est bien une liberté publique et les libertés peuvent être encadrées par la loi (article 34 de la Constitution, c'est une exclusivité du législateur). Les libertés publiques enfin sont aussi bien individuelles (droit d'opinion et d'expression des opinions) que collectives (manifestation ou liberté d'association).

❸ b, c. Dans la sphère des juridictions administratives on trouve les tribunaux administratifs et les cours administratives d'appel composant le second degré de juridiction.

❹ b. La catégorie D de la fonction publique n'existe plus, les fonctionnaires sont tous agents publics. Par déduction, les contractuels, agents publics, ne sont donc pas titulaires d'un grade et ne sont pas des fonctionnaires au sens du statut. Tous les fonctionnaires ne sont pas détenteurs du droit de grève (policiers, surveillants pénitentiaires). En revanche, une grande partie dispose de ce droit (Éducation nationale).

❺ a, c, d. Les ministres ont autorité sur les administrations de leur portefeuille ministériel et ont sur eux un pouvoir normatif (création de normes de droit, les circulaires en particulier), mais seul le Premier ministre dispose du pouvoir réglementaire autonome. Les ministres se rassemblent en Conseil des ministres de manière hebdomadaire sous la présidence du président de la République. Enfin, ce sont les ministres qui nomment les fonctionnaires de leurs administrations respectives, ils ont par suite (sauf délégation) le pouvoir de sanction (règle du parallélisme des compétences).

Finances publiques

❶ b. La loi de finances qui est votée par le législateur reste du domaine exclusif du gouvernement, il s'agit toujours d'un projet de loi. Préparée par Bercy, la loi de finances est le reflet de la politique qui sera menée par le gouvernement et ce, en termes de moyens financiers.

❷ a, b, c. Toutes les réponses sont exactes sauf la dernière proposition (subventions communautaires), ce qui est le reflet de l'éclectisme des recettes de l'État permettant de prévoir un budget. On y trouve aussi des valeurs inégales de rentabilité, bien entendu les impôts directs (impôt sur le revenu par exemple), les impôts indirects (la TVA), les produits (vente) issus du domaine public, mais les subventions communautaires (qui existent) n'entrent pas dans le budget de l'État en tant que recettes.

❸ a, c. La Sécurité sociale fait l'objet d'une loi spécifique et donc d'un budget particulier (loi de financement de la sécurité sociale). Elle est votée annuellement comme une loi classique. Elle prend en charge les quatre branches (famille, vieillesse, accident du travail, retraite) et dispose d'organes spécifiques pour mettre en œuvre sa politique (Caisse nationale d'assurance vieillesse, Caisse nationale d'assurance maladie...).

❹ b. Loi organique sur les lois de finances. C'est un texte qui pose les bases pour d'autres textes. Les lois de finances auront à respecter les éléments contenus dans la LOLF.

❺ a, b, c. Les finances des collectivités territoriales proviennent, outre de dotations de l'État pour une partie qui s'amenuise régulièrement, de parties d'impositions reversées par le Trésor ou encore d'une fiscalité propre (taxe d'habitation par exemple). Les collectivités peuvent aussi recourir à l'emprunt. Les finances des collectivités territoriales ne sont pas indépendantes du budget de l'État, puisque ce dernier y participe, mais elles bénéficient de l'autonomie budgétaire. Elles dépendent de l'économie locale dans la mesure où des pans de ressources proviennent de la CET (contribution économique territoriale) et donc de la richesse économique locale.

Institutions européennes

❶ b. Le traité signé le 7 février 1992 à Maastricht dépasse l'objectif économique initial de la CEE et lui donne une vocation politique. Entré en vigueur le 1er novembre 1993, il institue une Union européenne fondée sur trois piliers : la Communauté européenne ; la politique étrangère et de sécurité commune ; la justice et les affaires intérieures.

❷ b. La Charte des droits fondamentaux de l'Union européenne a été proclamée lors du Conseil européen de Nice, le 7 décembre 2000. Mais c'est le traité de Lisbonne qui, depuis son entrée en vigueur le 1er décembre 2009, lui a donné la même valeur juridique que celle des traités. Elle est donc désormais contraignante pour les États membres et tout citoyen peut s'en prévaloir en cas de non-respect de ces droits par un texte européen.

3 **a**, **b**, **c**. Le principe de subsidiarité est l'un des principes fondateurs du droit européen : privilégier le niveau inférieur d'un pouvoir de décision tant que le niveau supérieur ne peut pas agir de manière plus efficace. Ainsi, la Commission européenne doit établir qu'elle respecte ce principe dans toutes ses propositions d'actes législatifs et correspondre ainsi à un autre principe, celui de la complémentarité entre les différents niveaux de prise de décision.

4 **a**, **d**. Le Parlement européen (PE) est l'organe parlementaire de l'Union européenne (UE) élu au suffrage universel direct. Il partage avec le Conseil de l'Union européenne le pouvoir législatif de l'Union européenne. Le Parlement européen exerce une certaine surveillance de toutes les activités de l'UE, en particulier celles de la Commission. Le Parlement peut ainsi censurer et donc démettre la Commission dans son ensemble, à la majorité des membres du Parlement et des deux tiers des suffrages exprimés (TUE 17-8, TFUE 234).

5 **c**, **d**. Le traité de Lisbonne, dernier d'une série de cinq traités depuis celui de Rome en 1957, est signé le 13 décembre 2007 à Lisbonne entre les vingt-sept États membres de l'Union européenne. Il transforme l'architecture institutionnelle de l'Union en créant trois nouvelles institutions : le Conseil européen, la Banque centrale et le Haut Représentant de la politique étrangère européenne. Ce traité a été préparé, pendant le second semestre 2007, au sein d'une conférence intergouvernementale (CIG) constituée pour pallier la non-ratification du traité de Rome de 2004 établissant une Constitution pour l'Europe, « le traité constitutionnel européen ».

Le traité de Lisbonne, qui poursuite l'œuvre entreprise par le traité de Nice, conserve les traités existants mais les modifie en profondeur : le traité instituant la Communauté européenne (Rome, 1957) qui est rebaptisé « traité sur le fonctionnement de l'Union européenne » ; le traité sur l'Union européenne (Maastricht, 1992).

Analyse des résultats

Branche	Nombre de questions
Droit constitutionnel	5
Droit administratif	5
Finances publiques	5
Institutions européennes	5

Réponse(s) exacte(s) par branche		
0 à 1	2 à 3	4 à 5
Vous avez tout à apprendre dans la ou les branche(s) concernée(s). Lisez et mémorisez l'ensemble des fiches par branche. Approfondissez tous les points abordés, en relisant plusieurs fois et en vous efforçant de mémoriser. Procédez par niveau croissant de difficulté. Faites des recherches au-delà de l'ouvrage si des points continuent à vous paraître obscurs. Prêtez-vous ensuite au jeu des QCM et des QRC et retournez aux fiches si vos résultats demeurent insatisfaisants.	Vous êtes à mi-chemin de la réussite dans la ou les branche(s) concernée(s) : vous avez des connaissances précises mais également des lacunes gênantes. Utilisez méthodiquement tous les outils proposés par l'ouvrage (fiches, QCM, QRC), en approfondissant les points que vous maîtrisez le moins.	Vous maîtrisez déjà une partie essentielle des connaissances requises dans la ou les branche(s) concernée(s). Repérez les points que vous devez encore approfondir en répondant d'entrée de jeu aux QCM de valorisation des connaissances et aux QRC. Lisez ensuite l'ensemble des fiches et concentrez-vous sur celles portant sur les questions que vous maîtrisez moins que les autres. Privilégiez les questions dont le niveau de difficulté est le plus élevé.

Planning de révisions

PÉRIODES	CONTENU DES RÉVISIONS	NOS OUTILS
1	Méthodologie des **épreuves de questions à réponses courtes** et de **série de questions**	**Méthodologie et conseils**, p. 22
2	Méthodologie des **épreuves de note ou de rapport**	**Méthodologie et conseils**, p. 27
3	Méthodologie de l'**épreuve de composition**	**Méthodologie et conseils**, p. 36
4	Acquisition et vérification des connaissances en **droit constitutionnel**	**Tout le cours**, p. 52 **QRC**, p. 99
5	Acquisition et vérification des connaissances en **droit administratif**	**Tout le cours**, p. 104 **QRC**, p. 150
6	Acquisition et vérification des connaissances en **finances publiques**	**Tout le cours**, p. 158 **QRC**, p. 206
7	Acquisition et vérification des connaissances en **institutions européennes**	**Tout le cours**, p. 216 **QRC**, p. 266
8	Méthodologie de **l'épreuve d'entretien**	**Méthodologie et conseils**, p. 44

Ce planning de révisions entend vous proposer un mode d'acquisition méthodique des connaissances indispensable à la réussite.

La date à laquelle vous commencez à utiliser cet ouvrage pour vous préparer déterminera évidemment la durée de chaque période : si, par exemple, vous commencez votre préparation personnelle six mois avant le concours auquel vous vous présentez, les huit périodes d'appropriation que nous vous proposerons pourront compter chacune jusqu'à environ trois semaines. Il en ira tout différemment si vous pensez pouvoir préparer le concours en un mois : trois à quatre jours au maximum pourront être consacrés à chaque période.

Nous vous conseillons vivement, si vous avez acquis cet ouvrage suffisamment en amont des épreuves de votre concours, de prendre en compte les résultats que vous avez obtenus au test d'auto-évaluation pour déterminer le temps que vous allez consacrer à chacune des branches du droit public.

Soyez également attentif au fait que vous devez à la fois acquérir ou approfondir des connaissances dans les différentes branches et vous familiariser avec la méthodologie des épreuves que vous allez subir.

S'agissant de la **méthodologie des épreuves**, ici sommairement présentée, nous vous conseillons de consulter également des ouvrages spécifiques consacrés aux épreuves (par exemple un ouvrage méthodologique sur la note de synthèse) ou au concours auquel vous allez vous présenter (par exemple attaché territorial, rédacteur territorial, animateur territorial, etc.). Procurez-vous également les notes de cadrage des épreuves accessibles, le cas échéant, sur les sites des autorités organisatrices, ainsi que les sujets d'annales en ligne et les « bonnes copies » éventuellement communiquées. Intéressez-vous aussi aux rapports des présidents de jury qui donnent des informations utiles.

Précisons également que, dans chacune de ces **branches du droit public**, la période comprend non seulement l'appropriation des fiches thématiques, présentant les connaissances indispensables, mais aussi les réponses à un QCM de validation des connaissances et à des questions à réponses courtes (QRC). Nous vous conseillons de ne négliger aucun de ces outils pédagogiquement conçus pour vous doter de tous les moyens de réussir.

Enfin, il est évident qu'il faut avant tout se préparer aux épreuves écrites d'admissibilité, afin de passer à coup sûr ce premier cap : la préparation des épreuves d'admission (entretien avec un jury, notamment) pourra débuter dès que les épreuves écrites seront passées, sans en attendre toutefois les résultats, afin de disposer d'un temps suffisant.

Méthodologie et conseils

Ce chapitre contient la méthodologie des épreuves de droit public aux concours de catégories A et B de la fonction publique.

Il est accompagné de **conseils pratiques** et de **bons réflexes à adopter** grâce à des **outils facilement mobilisables**.

Questions à réponses courtes, série de questions

1. Maîtrisez les connaissances requises

Généralement, vous ne disposez pas dans cette épreuve de documents pour répondre aux questions.

A. Des épreuves reposant uniquement sur des questions

Vous devez répondre aux questions uniquement en mobilisant vos connaissances. Soyez particulièrement attentif à l'existence possible d'un programme réglementaire ou, à défaut d'un tel programme, d'éléments indicatifs qui pourront figurer dans les cadrages des épreuves. Les sujets d'annales sont également éclairants. En toute hypothèse, ne vous risquez pas à une stratégie d'« impasse ». Ce n'est pas parce qu'une question a déjà été posée qu'elle ne le sera plus, s'il s'agit d'une question importante. Ce n'est pas non plus parce qu'un pan du programme, si programme il y a, n'a jamais donné lieu à question, que ce sera toujours le cas.

Exemples :

■ **Concours externe de rédacteur territorial**

Vous choisissez au moment de votre inscription au concours **le domaine** sur lequel portera le sujet que vous aurez à traiter.

Ne vous trompez pas dans votre choix, celui-ci ne pouvant plus être modifié après la clôture des inscriptions.

L'épreuve ne comporte pas de programme réglementairement fixé. La seule précision est apportée par le libellé réglementaire même de l'épreuve en ce qu'il précise que les différents **domaines** (finances, budget et intervention économique ; droit public ; action sanitaire et sociale ; droit civil) sont **inscrits dans le champ des missions des collectivités territoriales.**

Le **cadrage national** en ligne sur de nombreux sites des centres de gestion de la fonction publique territoriale, seuls compétents pour organiser ce concours, précise cependant **les connaissances attendues** dans chaque domaine.

■ Concours externe de rédacteur principal de 2e classe

Le domaine sur lequel portent les questions de l'épreuve du **concours externe** de rédacteur principal de 2e classe est plus étroit, l'épreuve consistant en des « réponses à des **questions de droit public et de finances publiques** portant notamment sur le fonctionnement des collectivités territoriales ».

En l'absence de programme réglementaire, le **cadrage national** (accessible en ligne sur les sites des autorités organisatrices, en l'espèce les centres de gestion de la fonction publique territoriale) précise les connaissances requises.

Droit public en relation avec les missions des collectivités territoriales

a) L'organisation administrative :

– l'administration de l'État, les collectivités décentralisées et leurs groupements, les établissements publics ;

– l'organisation juridictionnelle.

b) L'action administrative :

– la règle de droit et le principe de légalité ;

– le pouvoir réglementaire, les actes unilatéraux ;

– les contrats administratifs ;

– la police administrative ;

– le service public et ses modes de gestion ;

– la responsabilité de l'administration ;

– le contrôle de l'action administrative.

c) La fonction publique :

– principes généraux : statut, recrutement, obligations et droits des fonctionnaires ;

– la fonction publique territoriale : principales règles relatives au recrutement et à la carrière des fonctionnaires territoriaux ; les acteurs de la fonction publique territoriale.

Finances, budget et intervention économique des collectivités territoriales

a) Notions budgétaires :

– les principes budgétaires ;

– les budgets locaux : élaboration, exécution et contrôles ;

– notions sur les instructions budgétaires et comptables applicables aux collectivités territoriales ;

– la séparation de l'ordonnateur et du comptable.

b) Les ressources des collectivités territoriales :
- les recettes fiscales ;
- les dotations et subventions de l'État ;
- les emprunts ;
- les ressources domaniales.

c) Les dépenses des collectivités territoriales :
- dépenses obligatoires et dépenses facultatives ;
- les différentes phases de la dépense.

d) L'intervention économique des collectivités territoriales :
- les compétences des collectivités territoriales et de leurs groupements dans le domaine économique ;
- l'aspect économique des finances locales.

B. Des épreuves dans lesquelles les questions sont accompagnées de documents

Exemple :

■ **Concours externe de secrétaire administratif**

Série de **six à neuf questions à réponse courte** portant, au choix du candidat exprimé lors de l'inscription au concours, sur l'une des options suivantes :
- gestion des ressources humaines dans les organisations ;
- comptabilité et finance ;
- problèmes économiques et sociaux ;
- **enjeux de la France contemporaine et l'Union européenne.**

Pour chaque option, le questionnaire à réponse courte comporte des questions communes et des questions propres à l'option choisie.

À partir d'un ou plusieurs documents, les questions communes portent sur des connaissances générales permettant d'évaluer l'ouverture au monde, **l'intérêt porté aux politiques publiques, aux valeurs du service public** et permettant de tester la capacité de raisonnement. Un même texte peut servir de support à plusieurs questions.

Pour la partie optionnelle, chaque question est accompagnée d'un ou plusieurs documents en rapport avec la question posée. Un même texte peut servir de support à plusieurs questions.

Le dossier documentaire pour l'ensemble des questions ne peut excéder dix pages au total.

2. Soyez particulièrement attentif à l'actualité du domaine

À l'approche des épreuves du concours, soyez particulièrement attentif à **l'actualité**. Cette attention pourra vous permettre de « faire la différence » en sachant, si des questions s'y prêtent, dépasser une approche « question de cours » pour montrer combien l'actualité récente éclaire la question. Cette actualité peut tout aussi bien consister en une évolution institutionnelle, une décision jurisprudentielle notable, un rapport officiel, un débat en cours au Parlement, une déclaration officielle annonçant une réforme à venir, etc.

Certains domaines sont particulièrement susceptibles de connaître des évolutions, comme les institutions politiques (organisation de l'État, modes d'élection des organes exécutifs et délibératifs, cumul des mandats, transparence de la vie publique…), les collectivités territoriales (évolution de l'intercommunalité, fiscalité, dotations…), etc.

3. Ajustez vos développements au barème de correction

Sachez déterminer le temps et l'énergie que vous consacrerez à chaque question en fonction du nombre de points alloués à chacune d'entre elles. Si vous connaissez parfaitement la réponse à une question alors que celle-ci n'est dotée que d'un seul point, il est évidemment inutile de développer longuement votre réponse. Si, en revanche, une question est dotée de 4 ou 5 points, c'est à l'évidence une question importante qui requiert un développement organisé et développé.

4. Sachez organiser vos réponses

Lorsqu'une question appelle un développement structuré, rédigez une mini-introduction comportant une entrée en matière, une contextualisation et/ou une définition, une problématique et une annonce de plan, selon la technique en vigueur tant dans les épreuves de synthèse (note, rapport) que dans celle de composition. Le nombre de points alloué à la question requérant un développement organisé ainsi que le temps dont vous disposez ne rendront certainement pas pertinente l'élaboration d'une introduction d'une vingtaine de lignes requise par exemple dans de nombreuses épreuves de note sur dossier. Pour autant, la structure type de ce genre d'introduction mérite d'être connue afin de vous en permettre si nécessaire une écriture en réduction.

Un exemple d'introduction développée d'une note sur dossier

Thème : La mutualisation des polices municipales

(Entrée en matière)

La sécurité apparaît aujourd'hui comme une préoccupation essentielle des Français. Les polices municipales jouent un rôle déterminant par les missions essentiellement préventives qu'elles exercent sous la responsabilité des maires. Elles ont vu leurs effectifs augmenter depuis le début des années 1980 et, ayant triplé en 25 ans, elles représentent aujourd'hui 6 % des forces de sécurité.

(Contextualisation)

Dans ce contexte, les petites et moyennes communes rencontrent fréquemment des difficultés à assumer seules la charge d'une police municipale. Des dispositions législatives récentes entendent faciliter la mutualisation des services.

(Problématique)

Pour améliorer l'efficience des polices municipales sans accroître excessivement les coûts, quelles possibilités s'ouvrent aux communes ? La mutualisation offre-t-elle vraiment des avantages ? Peut-elle être mise en œuvre sans risque ?

(Annonce de plan)

Après une présentation des différentes modalités de mutualisation applicables **(I)**, nous en présenterons les avantages tout en soulignant les précautions à prendre **(II)**.

5. Soignez la rédaction et relisez-vous

Lorsque les sujets comportent des questions appelant des développements structurés, sont évaluées à la fois :

– votre capacité à rendre compte de vos connaissances de manière cohérente ;

– **vos qualités rédactionnelles**.

Sauf indications contraires dans le sujet pour telle ou telle question, des réponses intégralement rédigées sont attendues et seront notamment évaluées en fonction du respect des règles syntaxiques.

On trouve, dans les notes de cadrage des épreuves écrites des concours et examens professionnels de catégorie A et B de la fonction publique territoriale, la précision suivante :

> Une copie ne devrait pas obtenir la moyenne lorsqu'elle :
>
> [...]
>
> – témoigne d'une maîtrise linguistique insuffisante (trop nombreuses erreurs d'orthographe, de syntaxe, de ponctuation, de vocabulaire).

Mieux vaut donc réduire quelque peu les développements pour disposer d'un temps suffisant de relecture plutôt que de ne pas obtenir la moyenne parce qu'on n'aurait pas suffisamment relu.

Note ou rapport

Les sujets des épreuves de note ou rapport comportent une « **commande** » qui précise le plus souvent :

- en quelle qualité vous devez rédiger le document demandé (exemple : « Vous êtes attaché territorial, responsable du secrétariat général de la commune d'Admiville ») ;
- qui vous le demande (exemple : « Le directeur général des services vous demande de rédiger à son attention une note… ») ;
- quel est l'objet du document demandé (exemple : « … sur la dématérialisation des actes de la commune ».

Cette « commande » peut parfois comprendre des éléments de contexte (exemple : « Le directeur général des services, désireux d'optimiser le circuit des documents et de faire baisser, dans un contexte budgétaire contraint, les frais de fonctionnement des services… »).

Cette « commande » est accompagnée d'un **dossier** comportant plusieurs documents (le plus souvent entre cinq et dix) et pouvant compter au total une trentaine de pages. Ce dossier est généralement précédé d'une liste signalétique des documents (auteur, titre, source, nombre de pages).

RAPPEL DU FORMATEUR

Rendez-vous systématiquement sur le site de l'autorité organisatrice du concours que vous voulez réussir afin de connaître les possibles spécificités de l'épreuve que vous subirez.

La note ou le rapport attendu :

- comporte une **introduction** comptant une vingtaine de lignes (entrée en matière, contextualisation, problématique, annonce de plan), l'annonce de plan étant le passage stratégique de cette introduction. Vous pouvez vous contenter d'annoncer les grandes parties de votre note, mais aussi choisir d'en annoncer les parties et sous-parties ;
- est organisé en **parties et sous-parties**. Dans les épreuves de note ou rapport sans propositions (ou solutions), le plan en deux parties comptant chacune deux sous-parties s'est largement imposé et est apprécié des correcteurs. Vous devez **titrer vos parties et sous-parties**, ces titres devant coïncider avec l'annonce de plan. Les parties peuvent être « numérotées » I et II, les sous-parties A et B.

Vous veillerez à un relatif **équilibre de vos sous-parties**. On peut estimer que, dans une note équilibrée ainsi construite, chaque sous-partie occupe une page ou un peu plus. Une sous-partie ne comptant par exemple qu'une dizaine de lignes, laissant soupçonner soit une mauvaise maîtrise du temps, soit un plan non tenu parce que non tenable, serait lourdement pénalisante;

– peut comprendre une **conclusion**, généralement considérée comme facultative, bienvenue si elle insiste brièvement sur l'essentiel et marque le caractère achevé de la note;

– doit être clairement rédigé dans un style clair, neutre et précis, avec une syntaxe et une **orthographe** sans faille;

– est rédigé, sauf indications contraires dans le cadrage de l'épreuve ou dans le sujet lui-même, **exclusivement à l'aide des documents du dossier**.

1. Analysez finement la « commande »

Vous consacrez généralement trop peu de temps à cette analyse qui détermine pourtant les informations à trouver dans les « documents joints ».

L'analyse du libellé vous permet d'abord souvent de déterminer **à qui vous vous adressez** et qui vous êtes.

Elle vous permet de déterminer **l'objet** de votre note ou rapport.

Il ne sera pas inutile, pendant la phase d'exploitation des documents du dossier, de revenir régulièrement à la « commande » afin de vérifier que vous ne vous éloignez pas du « cahier des charges ».

Exemple : si on vous commande, par exemple, une note sur « les enjeux de l'intercommunalité », vous valoriserez différemment les informations du dossier que vous ne l'auriez fait si la commande avait été « l'intercommunalité ».

Une analyse fine doit vous permettre également de bien distinguer la possible « mise en situation » que peut comprendre la commande de l'objet précis de la note.

Avant même d'aborder le dossier, demandez-vous à partir de la commande quels **éléments incontournables** devrait (sous réserve que le contenu du dossier valide cette analyse) comprendre la note ou le rapport:

– **moyens**: humains, techniques, financiers, économiques;
– **risques**: juridiques, politiques, économiques, sociaux;
– **avantages** politiques, économiques, sociaux, et **inconvénients**;
– **modes d'organisation** (partenariat);
– **résultats attendus**;
– **précautions indispensables**, etc.

Cette première analyse pourra vous permettre de discerner très tôt dans l'épreuve un embryon de plan possible.

2. Analysez la liste des « documents joints » et leurs titres

Les documents peuvent être de nature diverse:

– documents juridiques: loi, décret, arrêté, circulaire; décision jurisprudentielle (Conseil d'État) ou émanant d'une juridiction administrative (cour administrative d'appel, tribunal administratif);

- documents officiels (rapports…);
- articles de presse spécialisée;
- articles de presse « généraliste » (presse d'information générale);
- extraits d'ouvrages;
- etc.

L'analyse de la composition du dossier vous permet d'adopter une stratégie (par quel document commencer ?) que la lecture de survol du dossier vous permettra de valider ou d'invalider.

Si le dossier comporte des **documents juridiques**, vous aurez généralement intérêt à commencer par la circulaire qui précise les modalités d'application de la loi: dans la plupart des cas, les informations de la circulaire dispenseront d'utiliser celles de la loi qui seraient redondantes (ce qu'il conviendra tout de même de vérifier).

Dans un dossier à dominante juridique, c'est souvent dans les documents commentant les documents juridiques que l'on trouvera le **« document pivot »,** celui qui fournit le maximum d'informations sur le sujet et à partir duquel on pourra ouvrir le plus grand nombre de « fiches » sur ce sujet.

C'est généralement dans la presse, spécialisée ou non, que l'on trouve des approches problématiques de la question faisant l'objet de la synthèse.

Les **titres** et les **dates** des documents peuvent par ailleurs permettre une première approche problématique du sujet.

Il n'est pas rare que les seuls titres des documents vous donnent déjà une idée de sous-partie, voire plus.

Les dates peuvent être également très éclairantes: si des articles sont antérieurs à la création d'une institution, à l'instauration d'un dispositif, il y a tout lieu de penser qu'on va y trouver une analyse des causes de la réforme institutionnelle.

3. Parcourez le dossier (lecture de survol)

Ce parcours va vous permettre de **hiérarchiser les différents documents**:

- celui qui semble directement permettre de répondre à la demande ou à une partie importante de la demande: on parle alors de « **document pivot** »;
- celui qui n'en aborde qu'un aspect: il apporte un complément d'information sur un aspect particulier (document complémentaire);
- celui qui illustre le sujet: article ou reportage sur telle ou telle réalisation ou mise œuvre;
- celui qui est périphérique: il ne concerne pas directement la demande, mais constitue un élément de compréhension du sujet; il sert souvent pour l'introduction;
- celui qui est hors sujet: c'est exceptionnel, mais des parties d'un document peuvent très bien être hors sujet, sans qu'un document soit jamais totalement inutile.

Plusieurs documents peuvent remplir la même fonction: on parlera de documents redondants, très fréquents dans les dossiers de synthèse. Après s'en être assuré, on sélectionnera celui qui se prête le mieux à la synthèse et on se contentera de parcourir très rapidement les autres.

D'une manière générale, **il est rare qu'il faille lire l'intégralité du dossier**. Par exemple, les textes juridiques sont la plupart du temps « doublés » par des articles parus dans des revues spécialisées qui les présentent, en font l'analyse. Cela vous dispensera alors de leur lecture approfondie.

Trop souvent négligée par le candidat qui craint d'y perdre du temps, cette lecture de survol est utile si elle permet de valider l'analyse de la commande et de la liste des documents joints et, surtout, de déterminer le « **document pivot** » : **celui dont l'exploitation va permettre d'identifier le plus grand nombre possible d'arguments permettant de traiter le sujet**. Plus ce document permet d'alimenter des fiches par thèse (correspondant chacune à l'un des aspects du sujet), plus l'exploitation des autres documents sera rapide et facile.

Attention, **on ne lit pas un dossier de synthèse comme on lit habituellement** : celle lecture doit être **rapide et utile**. Le but : repérer l'essentiel **en se servant des titres et sous-titres, des sommaires, des intertitres, des chapeaux introductifs, des conclusions**, en éliminant l'inutile, le redondant, voire le hors sujet.

4. Exploitez le dossier

Plusieurs méthodes sont enseignées. Elles ont toutes leur pertinence.

Quelle que soit la méthode utilisée, une **analyse fine de la commande et des titres** des documents au dossier puis une « **lecture de survol** » **de l'ensemble du dossier** sont vivement conseillés puisqu'ils vont permettre à la fois :

– de **construire un ordre d'exploitation du dossier**. La première lecture permet de hiérarchiser les textes en fonction de leur nature (texte juridique, presse spécialisée, presse généraliste…), de leur date, de leur longueur, de leur pertinence pour honorer la commande. Elle va déterminer le document par lequel vous commencerez l'exploitation du dossier parce qu'il vous paraît contenir le plus d'informations utiles ;

– de **distinguer des thèses** :

- qui peuvent parfois permettre de préconcevoir le plan de la synthèse (**méthode 1**), méthode idéale, mais que des dossiers touffus rendent parfois difficilement praticable,
- qui permettent très fréquemment de préconcevoir des fiches synthétiques à partir desquelles vous arrêterez votre plan (**méthode 2**),
- qui aident à discerner les points à mettre en valeur lorsqu'on rédige une fiche par document (**méthode 3**).

Les trois méthodes

Si on peut les distinguer par commodité d'exposition, ces trois méthodes ne sont pas totalement « étanches » les unes par rapport aux autres, et le traitement d'un sujet donné pourra par exemple passer à la fois par la méthode 1 et la méthode 2.

A. Méthode 1 : rédigez des fiches synthétiques à partir d'un plan préconçu

Vous rédigez une fiche par sous-partie, voire par partie.

a. L'approche thématique

L'analyse de la commande et des titres, une lecture de survol du dossier (particulièrement attentive aux titres, chapeaux introductifs, sous-titres, intertitres, encadrés, légendes…) vous ont permis d'identifier **les thèses principales à mettre en valeur**, si possible au nombre de quatre, ou à ramener rapidement à un nombre de quatre.

Pourquoi quatre ? Parce que vous visez une synthèse organisée en deux parties comprenant chacune deux sous-parties.

Il vous reste à aller chercher dans le dossier les éléments nécessaires pour remplir ces futures sous-parties que vous organiserez ensuite en parties.

b. L'approche binaire

Autre manière de travailler à partir d'un plan préconçu : le travail préliminaire vous permet d'opter pour un plan binaire classique, du type :

- problèmes / solutions ;
- bilan / perspectives ;
- constat / préconisations ;
- dangers / remèdes ;
- causes / conséquences ;
- aspects positifs / aspects négatifs ;
- avantages / inconvénients ;
- avantages / limites ;
- vertus / défauts ;
- dispositif / conditions de bon fonctionnement ;
- cela permet / à condition de (ou que) ;
- organisation / fonctionnement ;
- aspects internes / aspects externes ;
- les faits / le droit.

Ou plus finement :

- un dispositif / mais des difficultés dans son application ;
- des objectifs / une mise en œuvre ;
- des avancées / mais des insuffisances ;
- de nouvelles missions / avec de nouveaux moyens.

À partir d'un plan en deux grandes parties, vous classez au fur et à mesure de l'exploitation du dossier les informations dans **deux grandes parties**, puis **vous subdivisez chaque partie en deux sous-parties** (praticable par simple indexation par A ou par B des informations de chaque partie).

En effet, des plans binaires peuvent se décliner encore plus finement :

– les faits / des réponses insuffisantes // une nouvelle réponse / les conditions de réussite ;

– un bilan positif / non sans insuffisances // une réforme / qui laisse des questions en suspend ;

– un bilan négatif / une réforme // des problèmes non traités / qui imposeront d'autres changements ;

– un bilan positif / et négatif // un projet de réforme / qui soulève des inquiétudes ;

– un problème ancien / qui évolue // le droit est dépassé / et devra évoluer ;

– un problème ancien / mal résolu // des solutions nouvelles / encore incertaines ;

– des principes nouveaux / qui fondent un nouveau dispositif // les conditions de réussite / des expériences éclairantes.

CONSEILS DU FORMATEUR

Avantages : l'exploitation du dossier est aisée, efficace et rapide. Vous ne retenez que ce qui sert chacune des sous-parties ou parties.

Inconvénients : une erreur initiale de plan va fausser toute la synthèse. Si on ne « tient » d'entrée de jeu que les deux grandes parties, un travail important de classement (A et B de chaque partie, puis hiérarchisation à l'intérieur de chaque A et chaque B) reste à accomplir avant la rédaction définitive. Si l'on « tient » trop de sous-parties, un travail de réorganisation reste à accomplir pour parvenir à un plan satisfaisant.

B. Méthode 2 : rédigez des fiches par thèse

Il s'agit bien d'une rédaction par thèse et non par document.

L'analyse de la commande et des titres, la lecture de survol du dossier (et notamment celle des **titres**, **sous-titres**, **chapeaux introductifs**, **intertitres, encadrés, légendes**...) vous ont permis de repérer des thèses qui vous paraissent « incontournables » pour traiter le dossier, mais vous n'êtes pas encore en capacité de rédiger un plan, généralement parce que les thèses sont trop nombreuses.

À partir d'un document, si possible le « document pivot », vous ouvrez autant de fiches que ce document aborde de thèses (idées principales) différentes.

Bien sûr, vous n'ouvrez pas de fiche lorsqu'une thèse contenue dans le document est sans lien avec l'objet de la note de synthèse.

Il peut arriver qu'un document ne contienne qu'une seule thèse et ne donne donc lieu qu'à la rédaction d'une seule fiche.

Si vous retrouvez cette même thèse (idée principale) dans un autre document, vous n'ouvrez pas une autre fiche mais vous complétez celle que vous avez déjà ouverte.

CONSEILS DU FORMATEUR

Avantages : vous n'écrirez jamais deux fois la même chose. La rédaction définitive est facilitée par le regroupement logique des informations.

Inconvénients : l'ouverture d'un nombre excessif de fiches peut retarder l'élaboration du plan définitif. Certaines fiches auront été ouvertes « pour rien » dans la mesure où le faible nombre d'informations qu'elles contiendront ne permettront pas de nourrir une sous-partie, quelle qu'en soit la pertinence sur le fond. Parfois, vous n'osez pas vous risquer à mettre en valeur des thèses, de crainte de faire fausse route.

C. Méthode 3 : rédigez des fiches par document

L'analyse de la commande et des titres, la lecture de survol du dossier ne vous ont pas permis de mettre en valeur des thèses qui vous satisfassent. Vous avez tout de même repéré quelques « incontournables » qui vont vous aider.

Rien n'est donc perdu !

Pour que la méthode soit efficace, mettez en valeur l'essentiel dans la marge de vos fiches en vous aidant des titres, des chapeaux introductifs et des intertitres.

Vous pouvez utiliser des codes couleurs qui faciliteront le regroupement des informations au moment de la rédaction définitive, ou travailler par colonnes à partir de mots-clés.

CONSEILS DU FORMATEUR

Avantages : la méthode est rassurante, vous engrangez des informations au fur et à mesure de la lecture du dossier. C'est la méthode la moins risquée, la plus laborieuse, ou besogneuse.

Inconvénients : vous risquez d'écrire deux fois la même chose. Vous devez regrouper des informations éparses (éclatées sur plusieurs fiches) pour procéder à la rédaction définitive. Ceci requiert une indexation rigoureuse de l'information (des résumés des différents documents qui n'en mettraient pas en valeur les grands axes, les « arêtes », seraient très peu opérants). Vous risquez de vous trouver au terme du travail de prise de notes avec des fiches nombreuses qui ne vous permettent pas facilement d'élaborer un plan.

5. Arrêtez définitivement votre plan

À partir de là, il ne reste plus qu'à adopter un agencement cohérent des fiches pour construire le plan, ou affiner une intention de plan, ou valider un plan préconçu. En valorisant plus ou moins telle ou telle information (dans la limite de l'obligation d'objectivité), on peut bâtir à partir des fiches plusieurs plans entre lesquels il faudra rapidement choisir avant de passer à la rédaction définitive de la copie.

6. Mobilisez vos connaissances pour élaborer des propositions ou solutions opérationnelles

Lorsque vous traitez un sujet de **note ou rapport avec solutions ou propositions opérationnelles**, vous devez mobiliser des connaissances qui ne figurent pas dans le dossier pour élaborer des propositions ou solutions crédibles.

Soyez avant tout particulièrement attentif à la situation décrite dans la commande afin de ne pas élaborer des propositions sans rapport suffisant avec cette situation. Repérez dans le dossier les informations utiles à la rédaction de ces propositions, et notamment **les expériences** conduites par les établissements ou collectivités transposables à la situation dans laquelle le sujet vous place.

Préparez-vous également en vous familiarisant avec la **conduite de projet** à laquelle ces solutions ou propositions font souvent appel.

7. Rédigez votre copie

Reste à rédiger au brouillon l'introduction : on dispose déjà du passage essentiel de l'introduction, l'annonce de plan. On a également repéré les éléments utiles à une entrée en matière en analysant les documents. Il reste à exprimer clairement la problématique.

Profitons-en pour rédiger également la conclusion, qui, en quelques lignes, peut souligner l'essentiel.

On peut alors procéder directement à la rédaction au propre en recopiant, avec quelques réécritures ponctuelles, dans les parties et sous-parties *ad hoc*, les informations contenues dans les fiches.

Un conseil : pour éviter le piège du « copier-coller » et pour gagner du temps, adoptez un style « prise de notes » pour la rédaction de vos fiches (brouillon). Une seule exception : dans une note juridique, vous êtes légitimement amené à citer des dispositions légales ou réglementaires précises (sans abuser des citations toutefois).

8. Pendant toute l'épreuve : gérez votre temps

La réussite au concours ne réside pas uniquement dans la capacité à rédiger une note de synthèse, mais à la faire en **temps limité**, c'est-à-dire en trois ou quatre heures généralement. Il convient donc de s'entraîner en temps limité et de ne pas brûler les premières étapes du travail.

Multipliez les incursions sur les sites des autorités organisatrices pour accéder aux sujets d'annales qui vous permettront de vous entraîner, sans limite de temps si nécessaire pour commencer, puis dans le temps limité de l'épreuve.

C'est seulement en vous entraînant sur des sujets des sessions précédentes du concours préparé que vous mesurerez les difficultés que vous aurez à surmonter.

Certains ont des difficultés dans la première partie du travail, celle qui permet d'accéder au plan, d'autres dans la prise de notes, d'autres enfin dans la rédaction. Il vous faut impérativement **connaître vos forces et vos faiblesses**, et travailler pour atténuer celles-ci et accroître celles-là.

Le travail de la note ou du rapport sur dossier exige une capacité particulière à travailler vite, à ne pas « paniquer » devant la taille du dossier, les documents qui peuvent apparaître longs à lire, des textes juridiques difficilement lisibles pour qui n'a pas l'habitude d'en lire.

Pourtant, un minimum d'entraînement va petit à petit vous rassurer, car vous allez constater que rédiger en temps limité une note de synthèse rigoureusement organisée comptant six ou sept pages à partir d'un dossier de trente à quarante pages en temps limité n'est nullement pari impossible.

CONSEILS DU FORMATEUR

Ménagez-vous un temps suffisant (dix à quinze minutes) de **relecture** de votre copie.

Vous gagnerez moins de points à écrire jusqu'au terme de l'épreuve sans vous relire que vous n'en perdrez si vous ne vous relisez pas. Dans tous les concours de catégorie A et B de la fonction publique territoriale organisés par les centres de gestion, **vous n'obtiendrez pas la moyenne si votre copie témoigne d'une maîtrise linguistique insuffisante (trop nombreuses erreurs d'orthographe, de syntaxe, de ponctuation, de vocabulaire).**

Composition

1. En amont de l'épreuve, maîtrisez les connaissances requises

Si l'épreuve comporte un programme, pas d'autre solution pour réussir que d'acquérir méthodiquement les connaissances précisément énumérées par ce programme

Lorsque **l'épreuve ne comporte pas de programme**, exploitez les notes de cadrage qui peuvent, à défaut, donner des exemples de thèmes et procurez-vous les sujets d'annales. Soyez également attentif à l'intitulé réglementaire de l'épreuve qui peut donner des indications assez précises (c'est par exemple le cas de l'intitulé de l'épreuve de « **composition sur un sujet d'ordre général relatif à la place et au rôle des collectivités territoriales dans les problématiques locales** » du concours externe d'attaché territorial).

2. Faites preuve d'une aptitude au raisonnement

C'est le candidat tout entier qu'on s'efforce de découvrir au moyen de cette épreuve, ses **connaissances** mais aussi son tempérament et, surtout, son **aptitude au raisonnement, à la conduite d'une réflexion ordonnée**. Cela implique de solides **connaissances**, mais aussi un intérêt pour **l'actualité** et une **ouverture d'esprit**.

On récusera donc toujours la répétition mécanique d'un cours, le blocage dans la spécialisation des connaissances… de même que les égarements bavards, les attitudes sectaires, trop provocatrices, passionnées, tout comme un conformisme excessif.

En revanche, on évaluera les **aptitudes à mener une réflexion ordonnée** et à exprimer clairement un point de vue fondé sur des arguments intéressants et convaincants.

3. Recherchez des idées

A. Analysez le sujet

Tout sujet pose un problème qu'il faut analyser, expliciter, résoudre (avec une certaine modestie : le temps, les moyens sont limités, et l'on n'attend pas de vous une réponse qui mette définitivement fin au débat).

Les sujets proposés peuvent se présenter sous différentes formes qui induisent des approches différentes :

- Il peut s'agir d'une **affirmation :** on attend de vous une explication, une illustration de la thèse proposée, mais aussi une remise en question, une critique de cette thèse (exemple : « La démocratie locale est un mythe »).
- Le sujet pourra être réduit à **un simple concept** (exemple : « La démocratie locale »), à la juxtaposition ou la coordination de deux mots (exemple : « Service public et laïcité »). Cette formulation vous impose de bâtir votre propre thèse avant de la nuancer ou de la contredire par une autre thèse. Ce n'est en aucun cas un appel à un traitement type « question de cours » qui ne serait qu'un exposé de connaissances sans volonté de démonstration.
- Il peut s'agir d'une **question** : certaines induisent une réflexion qui peut démarrer à partir d'un « oui » et se poursuivre par un « mais » (ou « non / mais », ou « bien que / cependant », ou « si / pourtant »). En toute hypothèse, on n'attend jamais de vous que vous ne répondiez **que** par « oui » ou par « non ».
- Il peut aussi s'agir d'une **citation :** vous vous trouvez ainsi face à une thèse que vous devez éclairer et contester. La connaissance de l'auteur, de l'œuvre, de l'époque… peut évidemment orienter votre réflexion. Là encore, on n'attend de vous ni un accord total ni un désaccord total avec la thèse de la citation.

Si la citation s'accompagne d'une phrase du type : « Qu'en pensez-vous ? », ou : « Quelles réflexions vous inspire cette citation ? », ou encore : « Commentez cette phrase », ne vous trompez pas d'exercice : **on ne vous demande pas un libre exposé de vos pensées, de vos réflexions, de vos commentaires, mais une démonstration organisée** à partir de la thèse de l'auteur.

B. Identifiez et définissez les mots-clés

Les mots-clés sont tout d'abord les **termes** qui vous permettent de déterminer précisément le **sujet** sur lequel vous allez disserter.

Il est indispensable – sous peine de contresens, de faux-sens, de hors sujet ou de restriction abusive du sujet – que vous disposiez de définitions précises des mots-clés. Pour y parvenir, il est parfois utile de recourir à l'étymologie.

C. Développez les idées, les mots, les libellés

D'autres mots et expressions traduisent cette phase essentielle de la réflexion : « vrac », **« *brainstorming* »**, **« *free wheeling* »** ou encore **« remue-méninges »**. Tous reposent sur l'idée que vous devez consacrer un temps suffisant à associer librement des mots à partir des mots du sujet. « Penser, c'est relier » : ce mot me fait penser à tel mot, qui me fait penser à tel mot… Il est important, à ce stade, de laisser place à l'imagination afin d'accumuler le plus possible de matériaux : peut-être certains éléments ne serviront-ils pas, mais mieux vaut ne pas fermer trop tôt des pistes possibles…

On peut vous conseiller une présentation en colonnes au brouillon qui vous permet **de développer chaque mot** du sujet. Attention toutefois à une trop longue expansion de mots qui ne serait pas productrice d'idées : ces mots doivent donner naissance à des phrases dont vous validerez certaines ; les **mots** produisent ainsi des **problématiques** à partir desquelles vous allez élaborer la **thèse** de votre dissertation. Notez ces phrases (qui peuvent être des citations qui vous reviennent à l'esprit comme des phrases inventées de toutes pièces) au fur et à mesure de l'avancée de vos réflexions.

Vous pouvez aussi **développer le libellé** du sujet, afin de tirer d'autres idées du sujet. On peut, par exemple, développer le libellé :

– par des adverbes : adverbe de temps (maintenant, enfin...), de manière (directement, indirectement...), de degré (plus, autant, moins...) ;

– par des adjectifs ;

– par des appositions grammaticales (autrement dit, c'est-à-dire...) ;

– par des propositions relatives (qui, que...) ;

– par des compléments circonstanciels (temps, lieu...).

D. Variez les « points de vue »

La variation des « points de vue » peut également vous permettre de trouver le plus possible d'idées sur un sujet : demandez-vous si le sujet peut être envisagé d'un point de vue **culturel, économique, financier, historique, humain, individuel, collectif, juridique, moral, politique, professionnel, qualitatif, quantitatif, social, sociologique, technique...**

4. Bâtissez un plan

La construction du plan est l'étape la plus difficile de l'épreuve : souvent, après avoir « développé les idées » et imaginé des problématiques, vous disposez de matériaux dont vous ne savez pas très bien que faire. La tentation est donc grande de vous contenter d'un « plan bateau » qui pourrait servir à n'importe quel autre sujet ; cette démarche vous conduit parfois à éliminer sans discernement des arguments pertinents... mais qui n'entrent pas dans la structure retenue.

Ne vous imaginez pas que le plan va se présenter automatiquement à votre esprit dès que vous aurez fini d'accumuler des idées : si, par commodité méthodologique, on sépare souvent la recherche des idées de celle du plan, dans la réalité de l'épreuve, il arrive que vous démarriez avec une idée de plan que la recherche des idées validera ou invalidera ; il est aussi possible que vous élaboriez, au fur et à mesure de la recherche des arguments, des ébauches de plans possibles que vous retiendrez ou éliminerez après les avoir essayées : **un plan se cherche, s'adapte, se modifie**.

Un conseil : **inutile de rédiger une annonce de partie ou de sous-partie si l'on pressent que l'on aura du mal à la rédiger** ; ce pressentiment est fondé, fiez-vous à votre impression première, vous éprouverez effectivement des difficultés... Trop de compositions commencent bien et se poursuivent par une deuxième partie indigente (volume insuffisant, idées faibles...) parce que vous vous êtes précipité sur ce que vous savez faire (la première partie) en sous-estimant les difficultés que vous pressentiez pour la suite, plutôt que de prendre le temps de bâtir un autre plan. Une fois le plan bâti, au cours de la rédaction du développement, il faut sans cesse se demander, suffisamment tôt dans l'épreuve, si on répond bien au sujet, et ne pas hésiter à revenir à la construction du plan si on s'égare dans des développements hors sujet.

Rassurez-vous toutefois : **mieux vaut un plan bateau que pas de plan du tout**. Une accumulation d'arguments extrêmement pertinents, intelligents, nuancés, originaux… ne produira jamais une bonne composition, alors que l'organisation rigoureuse de quelques idées recevables, convenablement illustrées, permettra une prestation moyenne, voire supérieure à la moyenne. Comme le chantait Brassens : « Sans technique, un don n'est rien qu'une sale manie » ; le génie n'est pas interdit, mais sans technique, il risque de ne pas permettre de passer le cap de l'admissibilité, alors qu'une bonne technique, même sans génie, le permettra.

CONSEIL DU FORMATEUR

Pour vous entraîner à la construction de plans, lorsque vous vous préparez à un concours, vous avez tout intérêt à vous entraîner à **forger sur le vif de petites démonstrations à partir de n'importe quel sujet.**

Des plans « passe-partout » « passent » très bien s'ils sont intelligemment utilisés et si vous savez faire mieux qu'annoncer simplement **la structure** de votre développement pour en **annoncer précisément le contenu.**

De très nombreux **plans analytiques** valent la peine d'être essayés. Remarquons que beaucoup sont une variation autour de la logique du « **oui / mais** », du « **non / mais** », du « **bien que / cependant** » ou du « **si / pourtant** » :

- thèse / antithèse ;
- thèse (de l'auteur) / critique de cette thèse ;
- explication de la thèse (de l'auteur), critique par d'autres thèses / exposé rectificatif ;
- approbation de la thèse (de l'auteur), explication / déplacement du problème ;
- c'est vrai / sous réserve (à condition) que ;
- c'est faux / à moins que ;
- convergences / divergences ;
- causes / conséquences ;
- dangers / remèdes ;
- problèmes / solutions ;
- aspects positifs / aspects négatifs ;
- avantages / inconvénients ;
- vertus / défauts ;
- cela empêche / cela permet ;
- cela permet / à condition que ;
- bilan / perspectives ;
- organisation / fonctionnement ;
- aspects internes / aspects externes ;
- les faits / le droit.

5. Conformez-vous aux exigences rédactionnelles de l'épreuve

A. La composition doit séduire

Vous devez mesurer combien le graphisme des mots détermine la note. Obligé de déchiffrer, le lecteur / correcteur perd le contact avec la pensée de l'auteur / candidat et ne parvient plus à comprendre le message. Quelle que soit la qualité du travail, vous courez malheureusement le risque de ne pas être compris, voire de ne pas être lu si votre écriture est illisible.

La première impression produite par une copie est parfois déterminante : on pourra être « porté » longtemps par une première impression favorable, on risque de ne pas se défaire d'une première impression négative… C'est dire combien « l'entrée en contact » au moment de l'introduction est fondamentale et combien cette dernière doit être irréprochable.

B. La mise en page de la copie est fondamentale

Avant même de lire la copie, le correcteur perçoit les éventuelles difficultés d'un simple coup d'œil de repérage.

Une copie aérée, sculptée, avec des structures apparentes, des titres de parties et sous-parties éclairants, des paragraphes visibles, témoigne de la rigueur du développement, rendue évidente par les marges, les espaces, les interlignes. Cette présentation doit être constante : vous devez gérer votre temps de telle sorte que le temps qui passe ne soit pas lisible dans votre copie.

N'oubliez jamais que **votre correcteur va passer peu de temps avec vous** et qu'il n'acceptera pas de « perdre » du temps en essayant de discerner une construction qui ne serait pas suffisamment visible. Cette présentation est un outil essentiel dont vous devez vous servir pour faciliter la lisibilité de votre copie en rendant sa structure la plus évidente possible.

Vous devez maîtriser le volume de votre production : une composition-fleuve est la plupart du temps catastrophique ; une copie double avec un intercalaire recto verso suffit largement. En bref, **il faut savoir ne pas trop écrire**.

6. Montrez votre maîtrise de la langue française

Vous devez absolument vous ménager un temps de relecture suffisant (dix minutes sont indispensables à une relecture attentive) même (et surtout) si vous êtes pris par le temps.

Les barèmes de correction pénalisent souvent lourdement les problèmes d'orthographe et de syntaxe.

Le « **niveau de langage** » (ou **registre de langue**) ne doit jamais être « relâché », il peut parfois, sans affectation, atteindre le niveau « soutenu ». Attention, lorsque le langage « soutenu » joue sur le registre « technique », à éviter la « langue de bois ».

Tous les jargons, qu'ils soient philosophiques, juridiques, économiques, sociologiques, syndicaux, politiques, journalistiques…, sont à proscrire.

Il convient également d'éviter les **impropriétés**, c'est-à-dire l'utilisation de mots dans un sens qu'ils n'ont pas. De même, les **barbarismes**, néologismes inacceptables, sont également à éviter, surtout lorsqu'ils sont galvaudés, comme « juridicisation », « procéduralisation », « facilitation ».

Efforcez-vous de n'utiliser que les mots dont vous connaissez le sens précis. Est-ce un appel à la pauvreté ? Non, c'est une invitation à enrichir votre vocabulaire, à rechercher la **définition** précise des mots dont le sens ne va pas de soi.

7. Choisissez le bon style et le ton juste

On exige de la clarté, de la simplicité, du naturel et de l'élégance (« Beau et naturel comme le génie », écrivait Charles Baudelaire).

On récuse donc la confusion, l'imprécision, le déséquilibre et l'affectation.

Le respect de quelques règles élémentaires permet d'atteindre ce résultat :

- un seul adjectif par nom ;
- un seul adverbe pour un verbe ;
- un seul verbe pour une action.

Il faut chasser les digressions, les phrases et les mots trop longs qui nuisent à la **lisibilité**.

Les verbes « **fades** » sont à proscrire : « faire », « avoir », « dire », « être » peuvent être facilement remplacés par des verbes plus signifiants ; les mots « choses », « problèmes »… peuvent également être remplacés par des mots plus riches de sens.

La largeur d'esprit, l'aptitude au recul, la capacité d'analyse que l'on cherche à évaluer peuvent être anéanties par un **ton** inapproprié.

D'abord, n'employez jamais ni le « je » (on sait que c'est vous qui écrivez !), ni le « nous », pluriel de majesté qui laisse souvent deviner un candidat qui s'écoute parler ou se regarde écrire. Vous pouvez à la rigueur utiliser le « on », mais méfiez-vous de son ambiguïté : est-ce vous qui parlez ou rapportez-vous les idées d'un autre ? Qui est cet autre ?

Rappelez-vous qu'une personnalisation à outrance de la copie n'augmente pas la crédibilité des arguments, bien au contraire.

Plus généralement, toutes les formules « qui pèsent et qui posent », comme « on observera », « il faut noter que », « il faut souligner que », « il faut remarquer que »…, sont à utiliser avec discernement.

8. Sachez introduire, développer, conclure

La composition comprend une **introduction** d'une trentaine de lignes comportant une entrée en matière, une contextualisation du sujet, une problématique et une annonce de plan.

Le **développement** compte nécessairement plusieurs parties. Le plan en deux parties comptant chacune deux sous-parties s'est, comme on l'a vu, largement imposé.

La composition comporte une **conclusion**. Même si celle-ci est parfois considérée comme facultative, vous avez tout intérêt à conclure pour rendre évident le caractère achevé de votre copie.

A. L'introduction est stratégique

Sa première phrase permet la première prise de contact entre le candidat et le correcteur: elle ne doit surtout pas indisposer, mais au contraire « faire bonne impression ».

Son dernier paragraphe, l'annonce de plan, est **le** passage essentiel de la composition.

Les définitions qu'on y trouve fréquemment donnent un éclairage souvent décisif des connaissances du candidat et de sa capacité à rédiger de manière concise et précise.

L'approche problématique qu'elle contient permet de percevoir à la seule lecture de quelques lignes si le sujet a été ou non compris.

Plus précisément, construisez **votre introduction** autour des trois axes suivants:

a. Entrée en matière

L'entrée en matière est destinée à susciter l'intérêt du lecteur pour le thème de la composition.

N'oubliez pas que, dans la pratique, les correcteurs ont beaucoup de copies à évaluer et qu'ils ont souvent l'impression de lire toujours la même chose: toutes les copies médiocres se ressemblent. Sans rechercher une originalité excessive, sachez jouer sur différents registres pour intéresser.

Pour que l'entrée en matière soit digne de ce nom, n'allez pas trop vite en besogne: introduisez le thème (le sujet sur lequel vous allez réfléchir) mais non la thèse (ce que vous allez démontrer sur le sujet en question). Essayez, dans la première phrase, de n'utiliser aucun des mots du sujet: vous serez ainsi certain de ne pas « débouler » trop vite.

Des entrées en matière de plusieurs types sont possibles:

- une **référence à l'histoire** (précise, autant que faire se peut);
- une **référence à l'actualité récente ou immédiate**;
- un **paradoxe**;
- une **saynète** (petit « tableau » qui peut trouver sa source dans l'actualité comme dans l'histoire);
- une **citation** (à manier avec prudence: attention à ne pas commencer à disserter sur un autre sujet que celui qui vous est proposé).

b. Reformulation du sujet

Vous devez ici proposer votre interprétation du sujet en le reformulant: vous expliquez comment vous avez compris le sujet, notamment en précisant le cas échéant le **cadre** historique ou géographique de celui-ci, en proposant des **définitions** des mots-clés du sujet. Ici intervient la personnalité du candidat qui doit persuader son correcteur de la pertinence de son approche.

La reformulation des problèmes posés par le sujet peut prendre la forme de plusieurs questions (approche **problématique**) : dans ce cas, vous aurez tout intérêt à adopter une annonce de plan affirmative, l'annonce de plan étant l'annonce des réponses que vous allez apporter aux questions que pose le sujet.

c. Annonce du plan

C'est **le** passage essentiel de la composition : pas de composition sans plan, pas de composition sans annonce de plan, pas de composition réussie sans annonce de plan réussie.

Cette annonce doit être clairement identifiable : faites-en le dernier mini-paragraphe de l'introduction. Dans ce paragraphe, n'écrivez rien avant l'annonce de plan, n'écrivez rien après l'annonce de plan.

Une annonce de plan en deux phrases, séparées par un point ou un point-virgule, permet de comprendre que la première phrase annonce la première partie, la seconde phrase la seconde partie.

La numérotation des parties **(I, II)** et sous-parties **(A, B)** étant généralement autorisée dans l'annonce de plan, n'hésitez pas à y recourir pour rendre l'annonce de plan limpide.

B. À la fin de votre développement, sachez conclure

La conclusion vous permet de rendre évident l'achèvement de votre démonstration, en synthétisant brièvement l'essentiel de celle-ci. Si, après la phase de « fermeture », une ultime ouverture est généralement appréciée, soyez particulièrement attentif à ce que cette ouverture ne suggère pas que vous auriez oublié dans votre développement un pan entier du sujet. Certaines conclusions sont parfois des « conclusions-repentirs » (j'ai oublié d'en parler avant, j'en parle donc maintenant), pouvant comporter des formulations malheureuses du type « sans oublier » qui attirent inutilement l'attention sur ce que vous avez oublié de développer.

Entretien avec un jury

1. Ne vous trompez pas d'entretien

L'intitulé réglementaire de cette épreuve ne doit pas vous induire en erreur : **un entretien est tout sauf une aimable conversation de salon**. Il prend la forme de questions généralement brèves du jury, qui peuvent être d'abord inspirées par votre exposé lorsque l'épreuve comprend un exposé, avant de s'élargir pour mesurer vos aptitudes à exercer les missions correspondant au grade auquel le concours vous donne vocation à accéder.

Le concept d'entretien correspond bien à la nature même de l'épreuve en ce qu'il fait écho à celui d'**entretien de recrutement** : si le jury ne cherche pas à recruter pour pourvoir un poste précis, l'entretien du concours n'est guère éloigné d'un entretien de recrutement en ce que le jury cherche à mesurer si ce que vous dites et si votre comportement pendant l'épreuve vous donnent vocation à exercer l'ensemble des missions confiées au fonctionnaire recherché.

Ces questions ne comportent à l'évidence **ni temps de préparation, ni tirage au sort de question**.

Tirage au sort d'une question ou d'un texte puis temps de préparation existent en revanche dans des épreuves d'interrogation spécialisée destinées à vérifier des connaissances souvent délimitées par un programme.

2. Apprenez à connaître le jury

Les textes réglementaires qui déterminent l'organisation des concours précisent la qualité des membres des jurys.

S'agissant des concours et examens de la **fonction publique territoriale**, un décret en Conseil d'État (décret du 5 juillet 2013) valable pour tous ces concours et examens dispose que chaque jury de concours (également baptisé jury plénier ou jury réglementaire, au sens où il s'agit du jury qui choisit le cas échéant les sujets, prononce l'admissibilité et l'admission des candidats) est composé d'au moins six membres.

Ce décret précise en outre que les jurys sont composés de trois collèges égaux : celui des **élus locaux**, celui des **fonctionnaires territoriaux**, celui des **personnalités qualifiées**.

En application des dispositions de ce décret, lorsque le jury se scinde en groupes d'examinateurs pour auditionner les candidats admissibles convoqués à l'épreuve d'entretien, chaque groupe d'examinateurs (également baptisé sous-jury, ou jury d'entretien) est composé d'un nombre égal de membres de chaque collège.

Cela signifie que le jury d'oral, s'il comprend trois personnes, sera composé d'un élu local, d'un fonctionnaire territorial et d'une personnalité qualifiée ; celle-ci peut, par exemple, appartenir à une autre fonction publique que la fonction publique territoriale, être salariée de droit privé, etc.

L'affichage de la composition du jury sur le lieu des épreuves vous permettra d'être informé de la qualité des différents membres de ce jury.

Soyez attentif si les membres du jury – c'est une pratique courante – se présentent en début d'épreuve. Cela vous permettra de bien repérer qui est qui. Bien évidemment, si un ou plusieurs élus siègent dans votre jury, vous serez attentif à ce que rien dans vos propos ne laisse transparaître un jugement de valeur déplacé à leur encontre.

3. Préparez un exposé sur votre formation, votre parcours, votre expérience

De nombreuses épreuves d'entretien comportent réglementairement un exposé du candidat sur sa formation, son parcours, son expérience, le plus généralement d'une durée fixée à un maximum de cinq ou dix minutes.

Vous disposez ainsi du droit de présenter votre expérience pendant la totalité du temps réglementairement fixé. S'il est envisageable que votre exposé dure un peu moins longtemps, il paraît vivement souhaitable d'utiliser pleinement le temps imparti, dans la mesure où un exposé trop bref risque d'être pénalisé par le jury et vous expose à une durée d'entretien d'autant plus longue que l'exposé aura été court, temps évidemment moins « confortable » que celui de l'exposé puisque vous n'y êtes pas maître des questions posées par le jury.

Vous ne serez généralement pas interrompu pendant cet exposé, sauf si vous excédez le temps réglementaire, auquel cas le jury vous invitera fermement à conclure.

Une précision essentielle : **vous n'êtes pas autorisé à utiliser quelque document que ce soit**, ni votre CV, ni le document retraçant votre parcours professionnel, ni le texte même de votre exposé. Cela signifie que **vous devez préparer votre exposé** et veiller, en vous y entraînant, à ce qu'il n'excède pas la durée réglementaire.

Il est donc vivement conseillé que vous vous entraîniez, dans les conditions réelles de l'épreuve, à présenter un parcours raisonné.

Les jurys déplorent souvent que les exposés soient, selon le cas : trop anecdotiques, trop plats, exclusivement chronologiques, abusivement valorisants, dénués de toute motivation, vides de tout projet, stéréotypés, incomplets, exagérément détaillés, insuffisamment détaillés, peu compréhensibles, déséquilibrés, trop tournés vers le passé.

Vous avez donc tout intérêt à préparer très soigneusement votre exposé, en sachant éviter une approche trop anecdotique pour valoriser les compétences que vous avez acquises tout au long de votre parcours.

Les membres du jury déplorent souvent, lorsqu'ils dressent le bilan des opérations, que **trop de candidats récitent par cœur un exposé préparé et mémorisé,** ce qui le rend assez pénible à écouter et pèse inévitablement sur son évaluation.

Cette préparation minutieuse vous impose en toute hypothèse de mémoriser les grands axes de votre exposé. **Une bonne préparation va donc jusqu'à donner l'impression de ne pas avoir appris par cœur même lorsque l'on restitue ce que l'on a le cas échéant appris par cœur.**

Profitez de l'exposé pour semer des « petits cailloux ». Le temps de l'exposé, contrairement aux temps suivants de l'entretien, vous appartient totalement, puisqu'il ne donne lieu à aucune intervention du jury. Dès que votre exposé est achevé, le jury reprend la main.

Pour autant, vous pouvez, de manière non négligeable, influer sur la suite de l'entretien en semant dans votre exposé des « petits cailloux » que le jury ramassera peut-être.

Un « petit caillou », c'est un mot ou une expression que vous utilisez sans le développer parce que vous souhaitez que le jury s'en saisisse pendant le temps qui suit l'exposé. En d'autres termes, vous vous efforcez d'emmener le jury sur un terrain que vous connaissez et vous permet de vous valoriser.

4. Prêtez-vous à la mesure de vos capacités par le jury

Vos capacités sont fréquemment évaluées sous forme d'une ou plusieurs mises en situation professionnelles.

Exemple : « Vous venez d'être recruté en qualité de chef d'un service comptant neuf agents dans une commune de 40 000 habitants. Vous succédez à un chef de service qui a exercé ces mêmes fonctions pendant vingt ans. »

À partir de cette situation, de nombreuses questions peuvent vous être posées, comme :

- Lors de votre prise de fonctions, quelles sont vos premières actions ?
- Concrètement, comment encadrer une équipe de neuf agents ?
- Comment réussir les changements que vous souhaitez ?
- Un des agents du service se montre particulièrement opposé au changement : que faites-vous ?
- Un conflit latent entre deux agents pèse sur le service depuis plusieurs années : comment agissez-vous ?
- Une violente altercation oppose deux agents du service en présence d'un administré : comment réagissez-vous ?
- Les insuffisances du chef de service auquel vous succédez ont conduit l'adjoint au maire en charge du secteur dont relève votre service à exercer directement la responsabilité de ce service. Comment agissez-vous ?

– La répartition des tâches entre les différents agents est confuse : comment agissez-vous ?

– L'adjoint au maire en charge de votre secteur vous demande de mettre en œuvre une procédure qui vous paraît juridiquement contestable : que faites-vous ?

– Pouvez-vous nous décrire l'organisation des services dans une commune de 40 000 habitants ?

– Le maire vous demande une note sur un sujet qu'il entend soumettre au bureau municipal : en quoi le rôle et le fonctionnement de cette instance vous éclairent-ils sur la rédaction de cette note ?

– Etc.

Le jury entend également mesurer votre compréhension de votre environnement professionnel actuel ou à venir.

Une connaissance précise de l'environnement institutionnel dans lequel vous serez appelé à exercer si vous devenez lauréat du concours est ainsi requise.

Si, par exemple, vous vous présentez à un **concours de la fonction publique territoriale**, vous aurez à répondre à des questions portant notamment sur :

– les compétences des collectivités territoriales ;

– les modes de désignation et les compétences des organes délibérants et exécutifs des collectivités territoriales et de leurs établissements publics ;

– l'intercommunalité ;

– la fonction publique territoriale, les droits et obligations des fonctionnaires ;

– des notions générales sur les finances publiques locales ;

– des notions générales sur les moyens d'action des collectivités territoriales ;

– **l'actualité des collectivités territoriales.**

Enfin, le jury cherche fréquemment à évaluer votre aptitude à résoudre les problèmes d'encadrement.

On a déjà rencontré dans les mises en situation ci-dessus des problèmes d'encadrement, mais bien d'autres questions peuvent être posées, comme :

– Qu'est-ce qu'encadrer ?

– Qu'est-ce qui fait la légitimité d'un responsable ?

– Faut-il savoir faire pour faire faire ?

– Quel type (mode) de management pratiquez-vous ou entendez-vous pratiquer ?

– Comment articuler confiance et contrôle ?

– Quelles sont les conditions d'une délégation réussie ?

– Comment motiver un collaborateur ?

– Comment évaluer la « manière de servir » ?

– Quelles sont les conditions de l'évaluation réussie d'un collaborateur ?

– À partir d'un cas précis que vous avez connu, que signifie « gérer un conflit » ?

– Qu'est-ce que la conduite de projet ?

– Qu'est-ce qui vous paraît essentiel dans la conduite de projet ?

– Qu'est-ce qu'un expert ?

– Qu'est-ce qui rend un expert légitime ?

– La transversalité : mythe ou réalité ?
– Qu'est-ce que l'évaluation d'une action, d'une politique ?
– Comment conduire le changement ?
– Comment vaincre les résistances au changement ?

On peut aussi envisager des questions transversales permettant d'évaluer votre capacité à résoudre des problèmes plus ou moins complexes :

– Votre directeur vous demande d'appliquer une mesure illégale : que faites-vous ?
– Chef de service, vous devez mettre en œuvre une décision prise par votre directeur qui soulève une forte opposition de tous les agents de votre service : que faites-vous ?
– En fort désaccord avec votre hiérarchie, quel autre choix que se taire ou démissionner ?
– Peut-on bien encadrer sans aimer encadrer ?
– Un cadre peut-il avoir raison seul contre tous ?

5. Adoptez un comportement adapté

Incontestablement, le jury cherche à évaluer non seulement vos connaissances mais aussi, compte tenu des missions incombant à un cadre A ou B, la capacité à assumer les responsabilités exercées par un cadre, à communiquer, à faire preuve de réactivité, à argumenter...

Faire face à l'adversité, rester lucide devant l'imprévu, savoir s'adapter, faire preuve à la fois de souplesse et de fermeté, tenir à ses idées tout en sachant prendre en compte la contradiction, être capable de faire avancer la réflexion même lorsqu'on n'a pas de réponse, savoir « rebondir »..., autant d'aptitudes que le jury va chercher à évaluer au moins pendant le temps d'entretien qui suit l'exposé.

A. Il vous faut maîtriser la communication non verbale

Votre **posture**, votre **comportement** pendant l'épreuve doivent délivrer le message que vous êtes une personne ouverte, équilibrée (assise bien droite, utilisant bien l'espace, sachant regarder la personne qui lui parle et les membres du jury quand elle parle...), à l'écoute, impliquée, responsable.

Un candidat avachi, ou replié sur lui-même, crée un *a priori* défavorable, inévitablement pénalisant.

L'exposé ne vous permet pas toujours suffisamment de regarder les membres du jury : la réflexion projette parfois vers le haut un regard vide, avec des clignements d'yeux, qui ne cherche pas à recueillir des informations sur l'environnement mais à traquer des idées « à l'intérieur de la tête ». Ce sera souvent votre attitude si vous cherchez à reconstituer un exposé cohérent à partir de bribes insuffisamment mémorisées.

Évitez également pendant cette phase d'exposé la tête baissée, le regard obstinément fixé sur la table (souvent accompagné du marmonnement...), posture qui traduit souvent la livraison un peu trop laborieuse d'un exposé appris par cœur.

Efforcez-vous au contraire, tout au long de votre exposé et de l'entretien, de regarder équitablement les membres du jury afin de mesurer si vous êtes entendu et si vous intéressez. Si vous percevez une incompréhension, n'hésitez pas à reformuler. Si vous croyez sentir un manque d'intérêt, adoptez un ton plus convaincant, moins monocorde, introduisez des ruptures de rythme, par exemple par des reformulations fortement synthétiques (comme : « un an, donc, d'apprentissage du management » ou : « commence alors une expérience d'une tout autre nature »).

Ensuite, pendant l'entretien proprement dit, efforcez-vous de regarder le membre du jury qui vous pose une question et, lorsque vous répondez, regardez-le mais regardez aussi les deux autres membres du jury afin de recueillir des informations sur la manière dont vos propos sont reçus et d'éviter une « entrée dans le jeu » un peu agressive du ou des membres du jury que vous ne regarderiez jamais...

Attention aux gestes parasites : ne vous balancez pas sur votre chaise, ne tripotez pas vos cheveux, votre stylo, contrôlez vos jambes. Asseyez-vous confortablement sur votre chaise.

Vous pouvez vous détendre mais ne vous relâchez pas.

Parlez assez fort (pas trop), assez lentement (pas trop), articulez : ni lenteur solennelle, ni précipitation. Le ton est celui de la conversation, même quand vous exposez. Sachez également jouer sur **les inflexions de la voix** pour soutenir l'attention du jury.

Pensez à respirer : pas de trop longues apnées...

Vos gestes doivent être naturels mais maîtrisés (ni paralysie, ni désordre gestuel), ils ne doivent pas donner d'indications sur votre trouble. Soyez sincère et « assurez ». Lorsque le jury affirme quelque chose, n'opinez pas systématiquement du bonnet : c'est dangereux !

B. Vous n'êtes pas une victime, les membres du jury ne sont pas vos bourreaux

Vous n'êtes ni celui qui sait tout, ni celui qui ne sait rien.

Les membres du jury ne sont ni ceux qui savent tout, ni ceux qui ne savent rien.

Pas d'agressivité à l'encontre du jury. Retourner les questions au jury, lui demander d'apporter réponse aux questions qu'il pose, est contraire à la « posture » requise et peut être vécu par le jury comme une forme d'agression.

Cela étant, ne vous laissez aller à **aucune familiarité avec le jury**, même si vous avez l'impression que tout se passe bien et si vous pensez que le « bon climat » que vous percevez vous permet un certain relâchement. Veillez également à ne pas envahir l'espace du jury. À cet égard, serrer en arrivant la main de chacun des membres du jury est plutôt malvenu et peut laisser entendre au jury que vous cherchez à forcer la sympathie pour obtenir une appréciation favorable de votre prestation.

Efforcez-vous toujours d'apporter réponse et de vous comporter comme vous le feriez en situation professionnelle si la question vous était posée par votre directeur général ou par l'exécutif de votre collectivité.

6. Exprimez-vous correctement

Ne recherchez pas à tout prix la perfection du langage (au risque du blocage) : la spontanéité n'est pas interdite et « passe » mieux qu'un temps trop long de réflexion imposé par le souci maniaque d'une syntaxe absolument parfaite.

Cependant, évitez la langue de bois, les formules creuses. Le registre de langue (niveau de langage) ne sera jamais relâché, ni, évidemment, vulgaire, mais normal et parfois soutenu, plutôt dans le registre technique que littéraire, sans affectation inutile toutefois.

Si possible, préparez-vous à plusieurs avant le concours et enregistrez-vous afin de repérer vos tics de langage et vos formules d'hésitation (ben, heu, voilà, alors voilà...).

7. Choisissez une tenue correcte

Un seul slogan : « À l'aise dans vos baskets... mais ne venez pas en baskets. »

« Tenue correcte exigée », ce qui n'impose ni la cravate ni le tailleur, mais empêche le pull avachi, la barbe de trois jours. Choisissez une tenue dans laquelle vous vous sentez à l'aise (si vous portez une cravate, qu'elle ne vous étrangle pas ; si vous avez choisi un tailleur, que la jupe ne soit pas trop courte...).

Évidemment, pas de signe distinctif (appartenance à une collectivité, une association...) ; bref, pas de signes ostensibles qui pourraient donner l'impression que vous cherchez à influencer le jury.

Une tenue trop provocante peut donner l'impression que vous cherchez à utiliser pour convaincre des arguments qui ne relèvent pas des aptitudes attendues du fonctionnaire recherché.

Pour conclure, en fin d'entretien, le jury, au moment de vous attribuer une note, aura toujours en tête la question suivante : au vu de votre exposé, de vos réponses, de votre comportement, vous confierait-il ou non les fonctions exercées par les titulaires du grade postulé ? Travaillerait-il quotidiennement avec vous en toute confiance ? Les qualités qu'il a perçues compensent-elles ou non les possibles imperfections de l'exercice imposé ?

PARTIE 1

Maîtriser le **droit constitutionnel**

1. L'État et la séparation des pouvoirs

Un État est **un ensemble de personnes qui vit sur un territoire déterminé, délimité par des frontières établies à l'intérieur desquelles ses lois s'appliquent à une population permanente, sous l'autorité d'un gouvernement** (« sous la domination d'un prince ou en république », *Dictionnaire de l'Académie française*, 1696) **constitué d'institutions par lesquelles il exerce un pouvoir effectif**, dont la légitimité repose en principe – au moins pour les États qui se disent démocratiques – sur la souveraineté du peuple.

En France, l'État désigne **l'ensemble des pouvoirs d'autorité et de contrainte collective** prévus pour préserver **l'intérêt général et l'ordre public** (un ordre « normal » et raisonnable). On désigne souvent, sous le terme d'État, le pouvoir central et ses représentants déconcentrés ; l'État rassemble ainsi, pêle-mêle, le gouvernement, l'administration, le Parlement et le président de la République.

1. La séparation des pouvoirs

La **démocratie française** repose sur le principe de **séparation des pouvoirs**, développé par le philosophe **Montesquieu** (1689-1755) dans un ouvrage intitulé *De l'esprit des lois* (1748).

Montesquieu est un **philosophe des Lumières** dont les théories ont inspiré les révolutionnaires et les rédacteurs des Constitutions successives.

L'État détient **trois pouvoirs principaux** qui doivent être **indépendants les uns des autres**, sans être tout à fait autonomes, et se contrôler mutuellement, pour maintenir entre eux un **équilibre subtil**, parfois précaire : puisque « tout homme qui a du pouvoir est porté à en abuser [...], il faut que, par la disposition des choses, le pouvoir arrête le pouvoir » (Montesquieu, *De l'esprit des lois*).

Le **pouvoir législatif appartient au Parlement**, qui vote les lois : on dit qu'il légifère.

Le **pouvoir exécutif appartient au gouvernement** et à ses représentants, qui les exécutent.

Le **pouvoir judiciaire appartient à la justice**, qui les applique.

Lorsqu'un de ces pouvoirs prend l'ascendant sur les autres, la démocratie n'est plus garantie.

La démocratie est « le gouvernement du peuple, par le peuple, pour le peuple » (Constitution, art. 2). Le terme démocratie (du grec ancien *demos*, « ensemble des citoyens », et *kratos*, « pouvoir ») désigne un **régime politique dans lequel les citoyens ont le pouvoir**.

La France est une **démocratie représentative** : le peuple, **par l'intermédiaire des élections**, élit ses représentants que, comme tout bon employeur, il doit surveiller, à qui il doit donner des directives, pour qu'ils prennent, en son nom, les meilleures décisions possibles.

Lorsque le peuple ne gouverne plus, mais se contente d'obéir, la démocratie ne peut plus réellement fonctionner.

La France est une **république démocratique** (Constitution, art. 1) : la démocratie est le régime politique dans lequel le peuple gouverne. La **démocratie** est **représentative** quand le peuple gouverne par l'intermédiaire de ses représentants élus, ou **directe**, quand le peuple est appelé à se prononcer directement, souvent sous forme de référendum (ou de « votation » dans certains cantons suisses), sur toutes les questions qu'ont à traiter ses élus dans une démocratie représentative.

Il existe en France des **élections nationales** (législatives, sénatoriales, présidentielle), des **élections locales** (municipales, départementales, régionales) et des **élections européennes**. Organisées tous les cinq ans, celles-ci permettent que la France soit représentée désormais par **79 députés** au Parlement européen (depuis la redistribution des sièges du Royaume-Uni, en raison du Brexit).

Les **citoyens français** (ou européens, depuis 1999 pour les élections européennes, depuis 2001 pour les élections municipales) de plus de dix-huit ans (un mineur émancipé ne peut pas voter) qui jouissent de leurs droits civils et politiques peuvent devenir **électeurs** en s'inscrivant sur les **listes électorales** : **s'inscrire est un droit** (pas une obligation), **voter est un droit** (pas une obligation) que certains considèrent comme **un devoir** (le suffrage en France est universel depuis 1848, le droit de vote a été reconnu aux femmes en 1944, aux militaires en 1945).

2. Le référendum

Le **référendum** est un instrument de **démocratie directe** qui permet de **consulter directement les électeurs sur une question ou un texte**, qui ne sera – en théorie – adopté qu'en cas de réponse positive (en 2005, les Français ont largement rejeté par référendum le projet de traité constitutionnel européen, qui a tout de même été ratifié en 2007 par voie parlementaire).

La Constitution française prévoit **quatre cas de référendum** :

– pour **l'adoption d'un projet de loi portant sur l'organisation des pouvoirs publics**, sur des réformes relatives à la politique économique, sociale ou environnementale de la nation et aux services publics qui y concourent, **ou d'un projet de loi tendant à autoriser la ratification d'un traité** (Constitution, art. 11) : c'est le **référendum législatif**;

– pour **réviser la Constitution**, mais aucune révision constitutionnelle, même approuvée par référendum, ne peut remettre en cause « la forme républicaine du gouvernement » : c'est le **référendum constituant** (Constitution, art. 89);

– pour soumettre, au niveau local, à la décision des électeurs d'une **collectivité territoriale**, un projet d'acte relevant de sa compétence : c'est **le référendum d'initiative locale** (Constitution, art. 72-1).

Il existe également un référendum d'intérêt européen (Constitution, art. 88-5), qui concerne « tout projet de loi autorisant la ratification d'un traité relatif à l'adhésion d'un État à l'Union européenne ».

Le **plébiscite**, quant à lui, est une forme détournée de référendum : le peuple ne répond pas vraiment à la question qui lui est posée, il vote pour ou contre celui qui la lui pose. Il est alors utilisé pour vérifier ou consacrer **la légitimité du président de la République et de sa majorité**, ou pour **contraindre un Parlement défavorable**. Le référendum de 1969 du général de Gaulle, qui portait sur la réforme du Sénat et la régionalisation, était par exemple un plébiscite déguisé : le général de Gaulle dut ainsi démissionner quand les citoyens rejetèrent sa proposition de réforme.

Enfin, le **référendum d'initiative partagée** (RIP) permet, depuis le 1er février 2015, d'organiser un référendum sur une proposition de loi (Constitution, art. 11). Elle doit être présentée par au moins un cinquième des parlementaires et soutenue par un dixième du corps électoral (environ 4,7 millions d'électeurs) : en pratique, tout citoyen français inscrit sur les listes électorales qui souhaite apporter son soutien à une proposition de loi référendaire dans le cadre d'un RIP doit remplir un formulaire mis en ligne par le ministère de l'Intérieur (ou un formulaire Cerfa). La période de recueil des soutiens est ouverte pour une durée de 9 mois. Le Conseil constitutionnel veille à la régularité des opérations. Si le seuil des 10 % d'électeurs est atteint, chacune des assemblées dispose d'un délai de six mois pour examiner la proposition de loi soumise au RIP.

3. Le droit constitutionnel

Le droit constitutionnel est composé de **l'ensemble des règles** qui régissent **les rapports entre les gouvernants** (les autorités politiques et, dans une moindre mesure, les autorités administratives) **et les gouvernés** (les citoyens) : c'est une **branche du droit public** qui rassemble les **règles de fonctionnement des institutions** et les **droits fondamentaux reconnus aux citoyens**.

Le droit constitutionnel découle directement de la Constitution : il se situe au sommet de la **hiérarchie des normes** (tous les textes de loi ou réglementaires doivent à peine de caducité respecter les principes qu'il édicte). Son non-respect est sanctionné par le **Conseil constitutionnel**.

L'État est garant du respect des **droits fondamentaux et inaliénables** que la Constitution reconnaît à tout citoyen sur le sol français : le droit au respect de la vie privée, le droit de résister à l'oppression, le droit à la liberté (d'aller et venir, d'expression ou de conscience, dont découle la laïcité), le droit à la propriété et à la sûreté (l'État doit s'organiser pour garantir la sûreté – alimentaire, médicamenteuse, etc. – et la sécurité de la population qui vit sous sa protection). Lorsque l'État faillit à sa mission, il peut être poursuivi devant la juridiction administrative, et condamné. Il existe d'autres droits reconnus par la Constitution ou prévus par la loi (droit aux soins, droit à l'éducation, droit à la culture, droit à connaître ses origines, etc.).

QCM

Dans cet exercice, la question peut appeler une ou plusieurs bonnes réponses, voire toutes ou aucune.

❶ La séparation des pouvoirs concerne :

a. Le pouvoir législatif
b. Le pouvoir administratif
c. L'autorité judiciaire
d. Le pouvoir militaire

❷ La démocratie française est dite « représentative » parce que le peuple est représenté par :

a. Le Sénat
b. Le gouvernement
c. Le président de la République
d. L'Assemblée nationale

❸ Qui vote aux élections législatives ?

a. Les électeurs
b. Les citoyens
c. Le peuple
d. La population du département

❹ La Constitution française prévoit quatre cas de référendum :

a. Pour adopter un projet de loi
b. Pour adopter une proposition de loi
c. Pour autoriser la ratification d'un traité
d. Pour réviser la Constitution

❺ Selon l'article 1 de la Constitution de 1958, la France est une République :

a. Laïque (elle respecte toutes les croyances)
b. Démocratique (ceux qui la dirigent sont choisis grâce au suffrage universel)
c. Sociale (selon le principe d'égalité, l'État doit contribuer à la cohésion sociale et favoriser l'amélioration de la condition des plus démunis)
d. Déconcentrée (son organisation repose sur le maillage du territoire par des administrations qui dépendent du pouvoir central)

Corrigé

❶ a, c. Le pouvoir judiciaire est plutôt une autorité qu'un pouvoir, qui bénéficie d'une relative autonomie.

❷ d. Le Sénat est considéré comme le représentant des collectivités, il n'est pas élu directement par les électeurs, mais le Parlement a à accepter ou non, au nom du peuple, les projets de loi élaborés par le gouvernement.

❸ a.

❹ a, c, d. Les propositions de loi émanent du Parlement, elles ne peuvent pas être approuvées par référendum.

❺ a, b, c. Elle n'est pas déconcentrée, elle est décentralisée.

2. La Constitution

La Constitution est la loi fondamentale qui fixe l'organisation d'un État (ou d'un ensemble d'États, pour, par exemple, la Constitution européenne), sa norme juridique suprême. Elle rappelle les principes fondateurs et les valeurs sur lesquelles il repose, qui définissent son identité. Elle garantit le respect des droits fondamentaux, dits « inaliénables », qu'elle édicte.

La Constitution de 1958 : la Ve République

La France est actuellement **sous la Ve République** parce qu'elle respecte **la cinquième Constitution républicaine** de son histoire (il y en a eu quinze si l'on compte les Constitutions monarchiques, impériales, du Directoire, du Consulat, etc.).

Les Constitutions de la République française

Ire République	24 juin 1793
IIe République	4 novembre 1848
IIIe République	25 février 1875
IVe République	27 octobre 1946
Ve République	4 octobre 1958

Le 28 septembre 1958, la cinquième Constitution de la République a été adoptée par référendum avec 79,25 % des suffrages : elle a été promulguée le 4 octobre 1958. Elle a depuis fait l'objet de vingt-quatre révisions plus ou moins importantes. Elle a été rédigée au château de La Celle-Saint-Cloud (Yvelines), sous la direction de Michel Debré. Elle avait pour objectif principal de mettre un terme à l'instabilité gouvernementale et d'écarter tout risque de coup d'État militaire (le « putsch d'Alger » a eu lieu le 13 mai 1958). Elle impose la séparation des pouvoirs et augmente les pouvoirs de l'exécutif en limitant ceux du Parlement. Elle augmente aussi considérablement les pouvoirs du président de la République. Elle permet au gouvernement d'intervenir dans l'élaboration des lois, ce qui n'était auparavant pas le cas. Elle crée le Conseil constitutionnel, qui veille à la constitutionnalité des lois. Elle prévoit l'élection du président de la République au suffrage indirect, et Charles de Gaulle a été élu président de la République le 21 décembre 1958 par un collège de grands électeurs. Le référendum du 28 octobre 1962 prévoit son élection au suffrage universel direct : il le sera pour la première fois le 19 décembre 1965.

La Constitution comporte un préambule et un premier article hors sections, suivis de dix-sept titres.

Son **préambule** renvoie à la **Déclaration des droits de l'homme et du citoyen** du 26 août 1789 et au **préambule de la Constitution du 27 octobre 1946**, textes auxquels a été ajoutée la **Charte de l'environnement de 2004** : avec les **principes jurisprudentiels** qu'ils ont permis de dégager, ils constituent le **bloc de constitutionnalité**.

Son article 1er dispose que la France « est une république indivisible, laïque, démocratique et sociale. [...] Son organisation est décentralisée. »

La France est une **république indivisible.**

La France est une **république laïque.**

La France est une **république démocratique** : elle est gouvernée par son peuple, sur le modèle de la démocratie représentative (le peuple élit ceux qui le représentent et devrait les surveiller).

La France est une **république sociale** : son fonctionnement favorise le bien-être des individus, prend en charge ceux qui en ont besoin et intervient pour résoudre les problématiques sociales.

Sommaire de la Constitution du 4 octobre 1958

« Titre I - De la souveraineté
La langue de la République est le français. L'emblème national est le drapeau tricolore. L'hymne national est « La Marseillaise ». La devise de la République est « Liberté, Égalité, Fraternité ».
Titre II - Le président de la République
Titre III - Le gouvernement
Titre IV - Le Parlement
Titre V - Des rapports entre le Parlement et le gouvernement
Titre VI - Des traités et accords internationaux
Titre VII - Le Conseil constitutionnel
Titre VIII - De l'autorité judiciaire
Titre IX - La Haute Cour
Titre X - De la responsabilité pénale des membres du gouvernement
Titre XI - Le Conseil économique, social et environnemental
Titre XI bis - Le Défenseur des droits
Titre XII - Des collectivités territoriales
Titre XIII - Dispositions transitoires relatives à la Nouvelle-Calédonie
Titre XIV - De la francophonie et des accords d'association
Titre XV - De l'Union européenne
Titre XVI - De la révision (de la Constitution) »

QCM

Dans cet exercice, la question peut appeler une ou plusieurs bonnes réponses, voire toutes ou aucune.

❶ **Le président de la République est élu au suffrage universel direct depuis:**
a. 1958
b. 1946
c. 1962
d. 1965

❷ **Qui était le premier président de la République française?**
a. Charles de Gaulle
b. Louis-Napoléon Bonaparte
c. Maximilien Robespierre
d. Patrice de Mac-Mahon

❸ **«La France est une république laïque» signifie:**
a. Qu'elle protège ses racines chrétiennes
b. Qu'elle autorise et respecte toutes les croyances
c. Qu'elle peut interdire les coutumes des autres religions
d. Qu'il est défendu de tenir compte dans les restaurants scolaires municipaux des interdits alimentaires des différentes religions

❹ **«La France est une république indivisible» signifie:**
a. Qu'un droit identique et uniforme s'applique de la même manière sur tout son territoire
b. Qu'elle exerce sa souveraineté de la même manière sur tout son territoire
c. Que ses citoyens sont égaux devant la loi
d. Que le français est la langue officielle exclusive sur tout son territoire

❺ **La Constitution du 4 octobre 1958:**
a. Est la première de la Ve République
b. Est la cinquième de la République
c. Est la quinzième de l'histoire de France
d. Va disparaître quand la Constitution européenne sera adoptée

Corrigé

❶ d. Le président de la République a été élu au suffrage universel direct pour la première fois le 19 décembre 1965.

❷ b. Élu en décembre 1848, Louis-Napoléon Bonaparte a été le premier président de la République, le premier président de la IIe République, et le premier à s'installer à l'Élysée.

❸ b.

❹ a, b, c, d.

❺ a, b, c. Si une Constitution européenne est un jour adoptée, elle ne remettra pas en cause la souveraineté de chacun des États qui composent l'Union.

3. Le Conseil constitutionnel

Le Conseil constitutionnel est un conseil de sages qui veille à la **constitutionnalité des lois**. Il siège à l'hôtel de Montpensier (Paris). Il a été créé par la Constitution du 4 octobre 1958, pour remplacer le Comité constitutionnel prévu par la Constitution de 1946.

Le Comité constitutionnel, constitué du président de l'Assemblée nationale, du Conseil de la République (ancêtre du Sénat), de 7 membres élus par l'Assemblée nationale et de 3 membres élus par le Conseil de la République, était présidé par le président de la République.

La mise en place d'un contrôle de constitutionnalité a longtemps été considérée comme contraire à l'idéal démocratique : la loi émane du peuple, elle ne peut pas être soumise au contrôle d'une instance juridictionnelle.

Le général de Gaulle estimait que la « cour suprême » d'une démocratie était le peuple, mais Michel Debré, principal rédacteur de la Constitution de 1958, voulait que la démocratie se dote d'une « arme contre les dérives du régime parlementaire ».

Le Conseil constitutionnel vérifie que l'État, soumis au droit, respecte la Constitution, norme suprême, qui protège le peuple et lui garantit le plein exercice de ses droits fondamentaux.

1. La composition du Conseil constitutionnel

Le Conseil constitutionnel est **composé de 9 membres nommés pour 9 ans** : 3 sont nommés par le président de l'Assemblée nationale, 3 par le président du Sénat, et 3, dont le président, par le président de la République. Leur mandat n'est pas renouvelable. La loi constitutionnelle du 23 juillet 2008, précisée par loi organique du 23 juillet 2010, prévoit que la désignation des membres du Conseil constitutionnel peut faire l'objet d'un veto des commissions des lois permanentes des deux chambres du Parlement (Constitution, art. 56). Les **anciens présidents de la République** en sont à vie membres de droit. Le Conseil constitutionnel se renouvelle par tiers tous les 3 ans, son **président** dispose d'une **voix prépondérante** : il s'agit actuellement de Laurent Fabius (2016-2025), qui a remplacé Jean-Louis Debré.

2. Les missions du Conseil constitutionnel

Le Conseil constitutionnel est le seul à bénéficier d'un **droit de veto** sur les activités du Parlement. Ses décisions sont sans appel. Il vérifie, avant leur promulgation, que les lois votées par le Parlement sont conformes à la Constitution : une loi que le Conseil déclare anticonstitutionnelle n'est pas promulguée. Ses décisions s'imposent « aux pouvoirs publics et à toutes les autorités administratives et juridictionnelles » (Constitution, art. 62). Il est consulté sur les référendums nationaux (Constitution, art. 60). Il donne son avis obligatoire, motivé, publié, mais non conforme (il ne s'impose pas au Président) sur la mise en œuvre de l'article 16 de la Constitution, qui donne au président de la République « **les pleins pouvoirs** » et lui permet de prendre « les mesures exigées par les circonstances » lorsque « les institutions de la République, l'indépendance de la nation, l'intégrité de son territoire ou l'exécution de ses engagements internationaux sont menacés d'une manière grave et immédiate et que le fonctionnement régulier des pouvoirs publics constitutionnels est interrompu ». Il rend ensuite un avis pour chaque acte pris en application de l'article 16 par le président de la République.

Il établit la liste des candidats aux élections présidentielles, et vérifie les 500 signatures que les candidats doivent recueillir pour se présenter. Il proclame les résultats, mais la vérification des comptes de campagne est désormais de la compétence de la **Commission nationale des comptes de campagne et des financements politiques** (depuis la loi organique du 5 avril 2006), qui contrôle aussi les comptes de campagne des candidats aux élections européennes, locales et nationales.

3. La saisine du Conseil constitutionnel

Le Conseil constitutionnel peut être saisi « par le président de la République, le Premier ministre, le président de l'Assemblée nationale, le président du Sénat ou 60 députés ou 60 sénateurs » (Constitution, art. 61). Il a un mois pour statuer et répondre à la question qui lui est posée.

La saisine par les députés ou les sénateurs a été ajoutée par la loi constitutionnelle du 29 octobre 1974, dans la logique de l'extension des pouvoirs du Conseil constitutionnel et du Parlement voulue par le président de la République de l'époque, Valéry Giscard d'Estaing.

La **révision constitutionnelle** du 23 juillet 2008 a créé la « **question prioritaire de constitutionnalité** » (Constitution, art. 61-1). Chaque citoyen, depuis son entrée en vigueur le 1er mars 2010, a la possibilité de contester devant la justice la constitutionnalité d'une disposition légale « qui porte atteinte aux droits et libertés que la Constitution garantit » (Constitution, art. 23-1).

Le Conseil constitutionnel, qui ne pouvait auparavant se prononcer que sur la constitutionnalité d'une loi qui n'était pas encore promulguée, peut désormais annuler, ou limiter, en la déclarant totalement ou partiellement contraire à la Constitution, une loi en vigueur depuis des années.

La question prioritaire de constitutionnalité (QPC) est posée par n'importe quelle partie à l'instance devant une juridiction de l'ordre administratif ou de l'ordre judiciaire, à tout moment de la procédure (première instance, appel ou cassation). En matière criminelle, elle ne peut être posée que durant la phase d'instruction, pas devant la cour d'assises. La juridiction qui la reçoit l'examine et décide de la transmettre, ou non, au Conseil d'État (juridiction administrative) ou à la Cour de cassation (juridiction judiciaire), qui l'examine à son tour, et décide de la transmettre, ou non, dans un délai de trois mois, au Conseil constitutionnel.

4. Le Conseil économique, social et environnemental (CESE)

Le CESE est une assemblée constitutionnelle (Constitution, art. 69, 70 et 71) composée de 293 représentants « de la société civile ». Créé par la Constitution de 1946, il exerce une fonction consultative auprès du gouvernement et des assemblées. Il donne son avis sur les projets de loi, d'ordonnance ou de décret et sur les propositions de loi qui lui sont soumis (sa saisine est souvent facultative, parfois obligatoire). Il peut être consulté par le Premier ministre, le président de l'Assemblée nationale ou le président du Sénat, sur tout problème à caractère économique, social ou environnemental. Il siège au palais d'Iéna (Paris).

Son utilité est souvent critiquée, il est parfois qualifié de « cimetière des éléphants », parce qu'il offre une confortable solution de secours aux proches du pouvoir qui se retrouvent sans poste ou circonscription.

Il a été envisagé en 2015 de le fusionner avec le Sénat, qui serait devenu une instance d'évaluation et de contrôle.

Il existe également un **Conseil économique, social et environnemental régional** (CESER), qui joue un rôle consultatif auprès de chaque conseil régional. Il comprend entre 40 à 110 membres, désignés pour 6 ans renouvelables, répartis en quatre catégories socioprofessionnelles appelées « collèges ». Il existe aussi un **Comité économique et social européen** (CESE) qui exerce la même mission au niveau de l'Union européenne.

LA CHAMBRE DE LA SOCIÉTÉ CIVILE

Il a longtemps été envisagé de fusionner le Sénat et le Conseil économique, social et environnemental (CESE), pour en faire une sorte de « conseil de sages » réunis en assemblée consultative sans pouvoir législatif. Il est aujourd'hui envisagé de **remplacer le Conseil économique, social et environnemental (CESE) par la Chambre de la société civile**, composée de « représentants de la société civile dont le nombre ne peut excéder cent cinquante-cinq ». Elle aura pour mission d'éclairer « le gouvernement et le Parlement [...] sur les enjeux économiques, sociaux et environnementaux et sur les conséquences à long terme des décisions prises par les pouvoirs publics ». Elle pourra être « saisie par voie de pétition ».

QCM

Dans cet exercice, la question peut appeler une ou plusieurs bonnes réponses, voire toutes ou aucune.

1 Les membres du Conseil constitutionnel sont :

a. Élus par les parlementaires
b. Nommés par le président de la République
c. Cooptés par les membres en place
d. Nommés pour 9 ans non renouvelables

2 La question prioritaire de constitutionnalité permet :

a. De vérifier la légalité constitutionnelle d'une disposition juridique existante
b. De poser une question sur la culpabilité ou la responsabilité d'une des parties
c. De faire modifier la loi
d. De faire appel d'une décision défavorable

3 Les anciens présidents de la République :

a. Sont à vie membres de droit du Conseil constitutionnel
b. Font forcément partie des 9 membres
c. Sont libres de siéger aux côtés des 9 membres
d. Sont, à leur demande, nommés par le président de la République

4 Le Conseil constitutionnel se prononce :

a. Avant l'adoption d'une loi
b. Avant la promulgation d'une loi
c. Avant la publication d'une loi
d. Avant l'abrogation d'une loi

5 Le Conseil constitutionnel français se situe au sommet de la hiérarchie :

a. Des juridictions judiciaires
b. Des juridictions administratives
c. Des juridictions publiques
d. Des juridictions politiques

Corrigé

1 d.

2 a. Le Conseil constitutionnel n'a pas le pouvoir de modifier la loi, la réponse à la QPC arrive avant le jugement, toujours susceptible d'appel.

3 a, c.

4 b. On peut ajouter c puisque la publication suit la promulgation.

5 a, b.

4. Le pouvoir exécutif

Le **pouvoir exécutif** exécute les lois adoptées par le législateur, c'est-à-dire le Parlement, composé de l'Assemblée nationale et du Sénat (le pouvoir judiciaire les applique).

Le pouvoir exécutif est dirigé par le **Premier ministre** et son gouvernement, qui disposent du **pouvoir réglementaire**, c'est-à-dire du pouvoir d'édicter des règlements (ordonnances, décrets, arrêtés, circulaires).

1. Une représentation locale

Le pouvoir exécutif est **représenté localement par deux autorités déconcentrées : le préfet et le maire** (dans son rôle d'agent de l'État), qui disposent également du pouvoir réglementaire (ils peuvent signer des arrêtés, préfectoraux ou municipaux).

2. Un pouvoir exécutif bicéphale

La France dispose d'un pouvoir exécutif bicéphale (qui a deux têtes) : le Premier ministre est le **chef du gouvernement** ; le président de la République, le **chef de l'État** (dans un régime présidentiel, comme aux États-Unis ou en Turquie, le pouvoir exécutif est monocéphale : il n'y a pas de Premier ministre).

Le Premier ministre dirige l'action du gouvernement (Constitution, art. 21).

Il est responsable de la défense nationale et assure l'exécution des lois.

Il exerce le pouvoir réglementaire et peut déléguer certains de ses pouvoirs aux ministres, ses actes sont contresignés le cas échéant par les ministres chargés de leur exécution (Constitution, art. 22). Il peut remplacer le président de la République dans la présidence des conseils et comités supérieurs de la défense nationale (Constitution, art. 15) et, à titre exceptionnel, le remplacer à la présidence d'un conseil des ministres, pour un ordre du jour déterminé. Il contresigne la plupart des actes du président de la République (Constitution, art. 19) et nomme, comme le président de la République, à certains emplois civils et militaires (Constitution, art. 13).

Le gouvernement « détermine et conduit la politique de la nation », il « dispose de l'administration et de la force armée » (Constitution, art. 20) et assume devant le Parlement la responsabilité de son action et de ses choix politiques (le président de la République est politiquement irresponsable). Il a **l'initiative des lois** : il peut proposer au Parlement un **projet de loi** (le président de la République n'a pas l'initiative des lois).

3. Un gouvernement nommé par le président de la République

Le président de la République nomme le Premier ministre (Constitution, art. 8), il ne peut pas le renvoyer, seulement lui demander la démission de son gouvernement (le Premier ministre ne peut pas démissionner seul). Le président de la République nomme les autres membres du gouvernement et met fin à leurs fonctions sur proposition du Premier ministre : en théorie, c'est donc le Premier ministre qui constitue son équipe, mais, en pratique, cela n'arrive réellement qu'en période de cohabitation (le président de la République peut alors refuser de nommer un ou plusieurs membres de cette équipe).

Il n'existe aucun texte déterminant le nombre de ministres et de secrétaires d'État ou le nom donné aux ministères qui – selon les orientations politiques et les priorités affichées – vont se retrouver dotés de plus ou moins de moyens. Leurs compétences peuvent également être regroupées. Les **missions régaliennes** de l'État doivent toutefois être assurées, comme la sécurité intérieure (police) et extérieure (armée, diplomatie), la justice et la gestion des finances publiques (est régalien ce qui est attaché à la souveraineté, du ressort exclusif de l'État). Le Premier ministre n'est pas tenu de respecter le principe de parité lorsqu'il constitue son gouvernement.

4. Un Conseil des ministres

Le président de la République préside le Conseil des ministres (Constitution, art. 9) qui se réunit chaque mercredi matin (le choix du mercredi relève de la tradition) : c'est la seule réunion formelle de l'ensemble des membres du gouvernement.

S'il n'existe juridiquement pas de hiérarchie officielle au sein gouvernement, on distingue toutefois différents statuts :

- le **ministre d'État** (titre symbolique à portée honorifique, ou politique, le ministre d'État bénéficie néanmoins d'une attribution supplémentaire : il peut organiser des réunions interministérielles) ;
- le **ministre** dit « de plein exercice » ;
- le **ministre délégué** qui exerce ses fonctions auprès du Premier ministre, ou auprès d'un ministre afin de prendre en charge plus particulièrement certaines de ses attributions ;
- le **secrétaire d'État** n'assiste au Conseil des ministres **que lorsque l'ordre du jour comporte une question qui le concerne,** ne gère pas de budget propre, il ne peut pas signer de décret et est légèrement moins bien payé : 9 966 euros bruts au lieu de 10 490 euros bruts pour un ministre en 2022.

En 2012, sous l'impulsion de François Hollande, le traitement des membres du gouvernement a été diminué de 30 %.

Le Conseil des ministres permet de présenter à l'ensemble du gouvernement, de discuter et d'adopter les **projets de loi** qui seront ensuite présentés au Parlement, et de nommer certains hauts fonctionnaires et officiers militaires (conseillers d'État, ambassadeurs, préfets, recteurs d'académie, etc.). Leur nomination est ensuite formalisée par un **décret pris en Conseil des ministres** (qui comporte la mention « le Conseil des ministres entendu »), signé par le président de la République, contresigné par le Premier ministre et, le cas échéant, par les ministres concernés.

Le Conseil des ministres permet également au président de la République de diriger le pouvoir exécutif, bien que ce rôle soit théoriquement dévolu par la Constitution au Premier ministre. En période de cohabitation, il lui permet de rester informé du travail du gouvernement, de l'influencer de manière limitée et de rendre public ses désaccords.

5. Un gouvernement responsable

Le Premier ministre peut, après délibération du Conseil des ministres, engager devant l'Assemblée nationale la responsabilité de son gouvernement, sur son programme ou éventuellement sur une **déclaration de politique générale** (Constitution, art. 49).

L'Assemblée nationale peut mettre en cause sa responsabilité en votant une **motion de censure**, qui doit être signée – avant d'être déposée – par un dixième au moins des membres de l'Assemblée nationale (soit 58 députés). Elle ne peut être adoptée qu'à la majorité des membres composant l'Assemblée.

Le Premier ministre peut également engager la responsabilité de son gouvernement devant l'Assemblée nationale sur le vote d'un projet de loi de finances ou de financement de la sécurité sociale : le projet sera considéré comme adopté, sauf si une motion de censure est votée (elle doit être déposée dans les vingt-quatre heures).

Sous la Vᵉ République, la tradition républicaine (la Constitution ne l'impose pas) prévoit que le Premier ministre, sitôt nommé, prononce devant les députés un discours où il expose les grandes orientations de son gouvernement, les principales réformes et mesures qu'il veut mettre en place : c'est ce que l'on appelle la déclaration de politique générale (DPG). Il peut aussi demander au Sénat l'approbation de sa déclaration de politique générale, ce qui lui permet d'impliquer dans son action les deux chambres du Parlement.

Lorsque l'Assemblée nationale adopte une motion de censure ou lorsqu'elle désapprouve le programme ou une déclaration de politique générale du gouvernement, le Premier ministre doit remettre au président de la République la démission du gouvernement.

QCM

Dans cet exercice, la question peut appeler une ou plusieurs bonnes réponses, voire toutes ou aucune.

❶ **Le Conseil des ministres :**
a. Se déroule à l'hôtel Matignon
b. Se déroule au palais de l'Élysée
c. Est présidé par le Premier ministre
d. A lieu une fois par mois

❷ **Le gouvernement :**
a. A l'initiative des lois
b. Adopte les lois en Conseil des ministres
c. Adopte les propositions de loi en Conseil des ministres
d. Adopte les projets de loi en Conseil des ministres

❸ **Le Premier ministre engage la responsabilité de son gouvernement :**
a. Devant le Conseil des ministres
b. Devant le Parlement
c. Devant l'Assemblée nationale
d. Devant le Conseil constitutionnel

❹ **Le Premier ministre :**
a. Est le chef des armées
b. Dirige l'action du gouvernement
c. Peut refuser de démissionner si le président de la République le lui demande
d. Est choisi par le président de la République parmi les députés ou les sénateurs

❺ **En période de cohabitation :**
a. Le Premier ministre appartient à la majorité parlementaire
b. Le Premier ministre appartient à l'opposition parlementaire
c. Le gouvernement « expédie les affaires courantes » (il n'a que des pouvoirs restreints)
d. Le président de la République appartient à l'opposition parlementaire

Corrigé

❶ b. L'hôtel Matignon est la résidence du Premier ministre, mais le Conseil des ministres se déroule à l'Élysée, résidence du président de la République, une fois par semaine.

❷ a, d. Les projets de loi sont déposés par le gouvernement, les propositions de loi par les parlementaires.

❸ c.

❹ b, c.

❺ a, d.

5. Le président de la République

Le président de la République « veille au respect de la Constitution [...], assure, par son arbitrage, le fonctionnement régulier des pouvoirs publics ainsi que la continuité de l'État [...], est le garant de l'indépendance nationale, de l'intégrité du territoire et du respect des traités » (Constitution, art. 5).

1. L'élection du président de la République

Il est élu pour 5 ans au **suffrage universel direct** (Constitution, art. 6), à la majorité absolue : s'il ne l'obtient pas au premier tour, un second tour a lieu 14 jours plus tard, entre les deux candidats arrivés en tête au premier tour. Il était auparavant élu pour 7 ans : le 2 octobre 2000, le **quinquennat** a remplacé le **septennat**, instauré le 20 novembre 1873. Le président de la République est élu au suffrage universel direct depuis les élections du 19 décembre 1965 : il l'était auparavant par les deux chambres du Parlement réunies en Congrès, puis par un collège d'environ 82 000 grands électeurs (parlementaires, conseillers municipaux et généraux). Il ne peut exercer que deux mandats consécutifs (depuis la révision constitutionnelle du 23 juillet 2008).

2. Le chef de l'État

Il nomme le Premier ministre et, sur proposition du Premier ministre, les autres membres du gouvernement (Constitution, art. 8). Il préside le Conseil des ministres, signe les ordonnances et les décrets délibérés en Conseil des ministres. Il peut, après consultation du Premier ministre et des présidents des assemblées, prononcer (une seule fois par an) **la dissolution de l'Assemblée nationale** (Constitution, art. 12).

La diplomatie et la défense sont traditionnellement les « **domaines réservés** » du président de la République, qui est le **chef des armées** (Constitution, art. 15). Il préside les conseils et comités supérieurs de la défense nationale, ainsi que le Conseil de sécurité intérieure (depuis le 15 mai 2002). Il **décide seul de l'emploi de la force nucléaire** (depuis le 14 janvier 1964). Il **accrédite les ambassadeurs** et les ambassadeurs étrangers sont accrédités auprès de lui (Constitution, art. 13). Il négocie et ratifie les traités (Constitution, art. 52).

Le président de la République nomme à certains emplois civils et militaires (Constitution, art. 13). La loi organique n° 2010-837 du 23 juillet 2010 précise les emplois ou fonctions pour lesquels son pouvoir de nomination s'exerce après que la commission permanente compétente de chaque assemblée a rendu un avis public, qu'il doit respecter.

Il peut également, sur proposition du gouvernement, « soumettre au référendum tout projet de loi portant sur l'organisation des pouvoirs publics, sur des réformes relatives à la politique économique, sociale ou environnementale de la nation et aux services publics qui y concourent, ou tendant à autoriser la ratification d'un traité qui, sans être contraire à la Constitution, aurait des incidences sur le fonctionnement des institutions » (Constitution, art. 11).

Le président de la République a le droit de faire grâce à titre individuel (Constitution, art. 17). La grâce collective a été rendue impossible par la réforme constitutionnelle de 2008 (depuis 1991, une grâce collective plus ou moins étendue était accordée le 14 juillet). Le droit de faire grâce est une prérogative personnelle du chef de l'État, mais le décret – le seul à ne pas être publié au *Journal officiel* – doit néanmoins être contresigné par le ministre de la Justice (la grâce est la suppression ou la réduction de la peine : contrairement à l'amnistie, la condamnation reste inscrite au casier judiciaire).

En cas de **vacance de la présidence de la République** (décès, maladie, démission), ou d'empêchement constaté par le Conseil constitutionnel, l'intérim est exercé par le président du Sénat (Constitution, art. 7), en attendant que de nouvelles élections soient organisées (il ne peut pas organiser de référendum ou dissoudre l'Assemblée). Si le président du Sénat est à son tour empêché, le gouvernement assure l'intérim.

L'**empêchement du président de la République** doit être constaté par le Conseil constitutionnel saisi par le gouvernement, qui statue à la majorité absolue de ses membres. La Constitution ne précise pas pour quelles raisons peut intervenir l'empêchement, mais il s'agit évidemment d'une cause incompatible avec la poursuite de la fonction, provisoire (maladie, enlèvement, disparition, etc.) ou définitive (trahison, démence, etc.).

3. Le président de la République est irresponsable

Le président de la République est **politiquement irresponsable** (Constitution, art. 67) : la plupart des actes qu'il signe sont contresignés par le Premier ministre, parfois par les ministres (ils en assument la responsabilité selon le principe du **contreseing ministériel**).

Le président de la République est **pénalement irresponsable** : il « ne peut, durant son mandat et devant aucune juridiction ou autorité administrative française, être requis de témoigner non plus que faire l'objet d'une action, d'un acte d'information, d'instruction ou de poursuite » (Constitution, art. 67). Les délais de prescription et de forclusion sont suspendus, les actions et poursuites peuvent être « reprises ou engagées contre lui à l'expiration d'un délai d'un mois suivant la cessation des fonctions ».

Il ne peut « être destitué qu'en cas de manquement à ses devoirs manifestement incompatible avec l'exercice de son mandat » (Constitution, art. 68). Sa destitution est prononcée par **le Parlement constitué en Haute Cour**. Elle est présidée par le président de l'Assemblée nationale et statue après 48 heures maximum de débats, auxquels seuls le président et le Premier ministre peuvent participer, à bulletins secrets, sans appel.

4. Le président de la République peut prendre les pleins pouvoirs

Lorsque les institutions de la République, l'indépendance de la nation, l'intégrité de son territoire ou l'exécution de ses engagements internationaux sont menacées d'une manière grave et immédiate et que le fonctionnement régulier des pouvoirs publics constitutionnels est interrompu (Constitution, art. 16), le président de la République peut prendre « **les pleins pouvoirs** ». Il doit d'abord consulter le Premier ministre, les présidents des assemblées et du Conseil constitutionnel, puis il en informe la nation par un message. Le Parlement se réunit et l'Assemblée nationale ne peut être dissoute (afin d'éviter les coups d'État). Le Conseil constitutionnel peut se prononcer tous les 30 jours sur la nécessité de prolonger cette situation exceptionnelle.

5. Le président de la République promulgue les lois

Le président de la République n'a pas l'initiative des lois, mais il les promulgue « dans les quinze jours » (Constitution, art. 10), ce qui autorise leur publication au Journal officiel. Il ne peut pas refuser de promulguer une loi, mais il peut demander au Parlement une nouvelle délibération, qui ne peut pas lui être refusée. Il peut aussi saisir le Conseil constitutionnel pour qu'il se prononce sur la constitutionnalité de la loi qui lui est présentée. La séparation des pouvoirs lui interdit de pénétrer à l'intérieur d'une des chambres du Parlement, mais il peut leur faire lire un message qui ne donne lieu à aucun débat (Constitution, art. 18). Il peut également, depuis la révision constitutionnelle du 23 juillet 2008, prendre la parole devant le Parlement réuni en Congrès à Versailles.

QCM

Dans cet exercice, la question peut appeler une ou plusieurs bonnes réponses, voire toutes ou aucune.

❶ Le président de la République :

a. N'a pas l'initiative des lois
b. Promulgue les lois
c. Peut dissoudre le Parlement
d. A le droit d'amnistie

❷ Le président de la République préside :

a. le Conseil constitutionnel
b. Le Conseil des ministres
c. Le Conseil supérieur de la magistrature
d. Le Conseil d'État

❸ Si le président de la République refuse de signer une loi qui a été adoptée par le Parlement :

a. Il peut saisir le Conseil constitutionnel
b. Il peut la renvoyer devant le Conseil des ministres
c. Il peut demander au Parlement de l'examiner à nouveau
d. Il peut saisir le Conseil d'État

❹ Le président de la République peut organiser un référendum pour faire adopter un projet de loi :

a. Sur proposition du gouvernement
b. Après avoir informé le Conseil des ministres
c. Sur proposition d'un cinquième des parlementaires soutenus par un dixième des électeurs inscrits sur les listes électorales
d. Sur proposition conjointe des deux assemblées

❺ En cas de vacance de la présidence de la République, l'intérim est assuré par :

a. Le Premier ministre
b. Le président de l'Assemblée nationale
c. Le président du Sénat
d. Le président du Conseil constitutionnel

Corrigé

❶ a, b. Il a le droit de faire grâce, pas d'amnistier, et ne peut dissoudre que l'Assemblée nationale.

❷ b. Il ne préside plus le CSM depuis le 23 juillet 2008, et ne pourra faire partie du Conseil constitutionnel qu'une fois son mandat terminé, mais n'en sera pas président.

❸ a, c.

❹ a, c, d.

❺ c.

6. Le pouvoir réglementaire

Le pouvoir réglementaire – par opposition au pouvoir législatif – appartient aux autorités exécutives et administratives pour édicter des règlements (le Code de la route est essentiellement réglementaire : ses articles commencent par R).

Les règlements sont des **actes exécutoires** pris unilatéralement (sans l'accord des intéressés, ou sans que leur accord soit formalisé). Ils peuvent avoir une **portée générale** (interdire le stationnement, limiter la vitesse sur les routes secondaires) ou une **portée individuelle** (nomination, naturalisation, etc.).

1. Un pouvoir détenu par des autorités administratives

Le pouvoir réglementaire est principalement exercé par le Premier ministre (Constitution, art. 21) et le président de la République pour les **décrets en Conseil des ministres** (ils comportent la mention : le Conseil des ministres entendu). Trois types de décrets sont pris en Conseil des ministres : ceux pour lesquels la loi le prévoit, ceux qui interviennent dans un « domaine réservé » du président de la République (relations internationales, défense) et ceux que le président de la République décide de signer (la Constitution n'en dit pas plus). Ils sont contresignés par le Premier ministre et le ou les ministre(s) concerné(s). La Constitution prévoit également que le président de la République signe certains décrets sans le contreseing du Premier ministre (Constitution, art. 19), comme la dissolution de l'Assemblée nationale (Constitution, art. 12), la décision de soumettre un projet de loi au référendum (Constitution, art. 11), et certaines nominations (Constitution, art. 13), ainsi que les mesures exigées par une situation de crise (Constitution, art. 16).

Les ministres disposent du pouvoir réglementaire pour organiser leurs services (nominations, autorisations, délégations par **arrêtés ministériels**), mais le Premier ministre peut leur déléguer la mise en application d'une loi (**décrets d'application**, par exemple).

Les **préfets** exercent le pouvoir réglementaire en signant des **arrêtés préfectoraux** de **police administrative générale** et de **polices administratives spéciales**.

Les collectivités territoriales « disposent d'un pouvoir réglementaire pour l'exercice de leurs compétences » (Constitution, art. 72) : les **arrêtés municipaux** permettent au maire d'administrer sa commune, d'en gérer le personnel et d'exercer ses pouvoirs de **police administrative**. Certaines autorités administratives indépendantes (AAI), comme la Commission nationale de l'informatique et des libertés (CNIL), le Conseil supérieur de l'audiovisuel (CSA), l'Autorité de régulation des communications électroniques et des postes (ARCEP) ou la Commission de régulation de l'énergie (CRE), détiennent un pouvoir réglementaire limité pour mener à bien leurs missions.

2. Un pouvoir subordonné ou autonome

Le pouvoir réglementaire ne servait auparavant qu'à faire appliquer les lois : on l'appelle alors **pouvoir réglementaire subordonné** (subordonné à l'existence de la loi). L'article 37 de la Constitution du 4 octobre 1958 crée un **pouvoir réglementaire autonome**, qui permet au gouvernement d'intervenir dans des domaines où la loi n'a pas sa place (ceux qui relèvent de la loi sont détaillés à l'article 34).

Le gouvernement peut aussi intervenir dans le domaine législatif au moyen d'**ordonnances** (Constitution, art. 38) : ce sont des textes réglementaires qui n'ont de valeur législative qu'une fois ratifiées par le Parlement (on les appelait jadis décret-loi ou loi-cadre). Le gouvernement demande au Parlement l'autorisation de prendre une ordonnance en faisant voter une **loi d'habilitation**. L'ordonnance est ensuite prise en Conseil des ministres et signée par le président de la République, puis le gouvernement soumet au Parlement un projet de **loi de ratification** : si le Parlement l'adopte, l'ordonnance « prend force de loi » (s'il le rejette, l'ordonnance devient caduque). Gouverner par ordonnances permet de faire plus rapidement adopter une loi, en limitant les débats devant le Parlement.

Le processus d'adoption d'une ordonnance

Source : Direction de l'information légale et administrative, Paris 2017.

7. La hiérarchie des normes

La hiérarchie des normes est le **classement hiérarchisé de l'ensemble des normes** qui composent le système juridique d'un État : une norme inférieure doit respecter une norme supérieure (un arrêté doit respecter la loi qui doit respecter la Constitution, etc.).

On appelle normes les lois, les décrets, les arrêtés, etc. : **tous les textes législatifs ou réglementaires sont des normes**, certaines sont plus importantes que d'autres.

La **norme supérieure** prévaut toujours sur la **norme inférieure** : cela permet de régler les conflits quand deux textes prévoient des choses différentes.

La hiérarchie des normes a été théorisée par Hans Kelsen (1881-1973). Elle ne fonctionne que si son respect est contrôlé par une juridiction : c'est en France le rôle du **Conseil constitutionnel**.

On présente traditionnellement la hiérarchie des normes sous la forme d'une pyramide : les textes les plus importants sont les moins nombreux (ce sont des textes fondamentaux), ils se trouvent tout en haut, au sommet ; les textes les moins importants, beaucoup plus nombreux, se trouvent tout en bas.

La **Constitution** est généralement considérée comme la norme la plus élevée, mais, en Europe, la **Cour de justice de l'Union européenne** (CJUE) et la **Cour européenne des droits de l'homme** (CEDH) donnent la primauté aux engagements internationaux des États membres de l'Union. Il y a donc débat sur la question, et les deux versions cohabitent.

La pyramides des normes

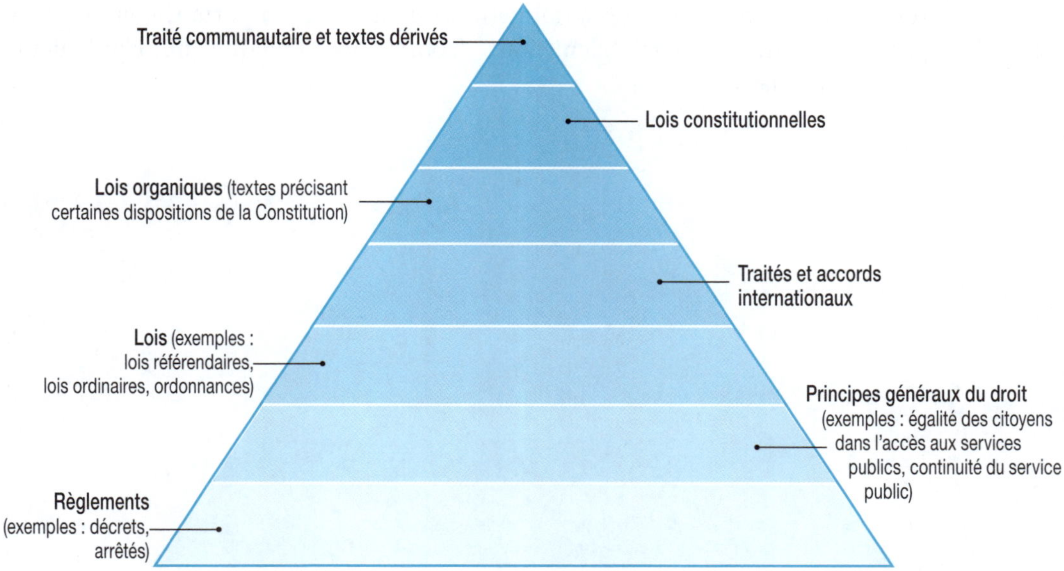

Le **bloc de constitutionnalité** comprend les articles de la Constitution de la Ve République (1958), la Déclaration des droits de l'homme et du citoyen (1789), le préambule de la Constitution de la IVe République (1946) et la Charte de l'environnement (2004).

Le **bloc de conventionalité** comprend les traités et les accords internationaux (dont la Convention européenne des droits de l'homme et la Convention relative aux droits de l'enfant) ainsi que les normes de l'Union européenne (traités, règlements et directives communautaires).

Le **bloc de légalité** comprend (dans l'ordre) les **lois organiques**, les **lois ordinaires**, les **lois de finances** et de **financement de la Sécurité sociale**, les **lois référendaires**, les **ordonnances**, les **règlements autonomes** pris en vertu de l'article 37 de la Constitution (lorsqu'une loi déjà adoptée relevant du domaine réglementaire est modifiée par décret) et les **décisions prises en vertu de l'article 16 de la Constitution** (état d'urgence).

Les **principes généraux du droit** (PGD) sont des règles non écrites dont la violation est considérée comme une violation de la règle de droit.

Ils ont été établis ou confirmés par la **jurisprudence**, comme le « droit à l'image » (déduit des dispositions du Code civil qui protègent la vie privée), les principes de continuité et de mutabilité du service public (les « lois de Rolland »), l'égalité des usagers devant le service public et devant l'impôt, l'interdiction d'extrader un réfugié politique, etc.

Le **bloc réglementaire** comprend les **décrets** (décrets en Conseil d'État, décrets en Conseil des ministres, décrets simples), les **arrêtés** (ministériels ou interministériels, préfectoraux, régionaux, départementaux, municipaux), les **actes réglementaires des collectivités territoriales** (certaines délibérations) **et des établissements publics**.

Le **bloc contractuel** et les **actes administratifs** comprennent, d'une part, l'ensemble des contrats et des conventions (bloc contractuel), les conventions collectives, les règlements intérieurs d'entreprise ou d'établissement et les contrats de travail, d'autre part, les actes administratifs de moindre importance, qui ne sont pas compris dans le bloc réglementaire (comme les circulaires, qui n'ont aucun pouvoir normatif).

QCM

Dans cet exercice, la question peut appeler une ou plusieurs bonnes réponses, voire toutes ou aucune.

❶ Les principes généraux du droit (PGD):
a. Se retrouvent pour la plupart dans le Code civil ;
b. Sont essentiellement d'origine jurisprudentielle ;
c. Apparaissent dans la Constitution ;
d. Sont issus de la Déclaration universelle des droits de l'homme.

❷ Le principe de la hiérarchie des normes a été théorisé par:
a. Louis Rolland (1877-1956), il s'inscrit dans les « lois de Rolland ».
b. Montesquieu (1689-1755), il est une conséquence de la séparation des pouvoirs.
c. Hans Kelsen (1881-1973), il découle des principes du normativisme et du positivisme.
d. James Matthew Barrie (1860-1937), il s'intègre dans une logique d'organisation récurrente.

❸ La hiérarchie des normes ne fonctionne que si une autorité peut contrôler son respect et sanctionner tout manquement. C'est en France le rôle:
a. Du Conseil d'État ;
b. De la Cour de cassation ;
c. Du Parlement ;
d. Du Conseil constitutionnel.

❹ Dans le bloc de légalité, se trouvent:
a. Les lois de financement de la Sécurité sociale ;
b. La Charte de l'environnement ;
c. Les décrets en Conseil d'État ;
d. Les décrets pris au titre de l'article 37 de la Constitution.

❺ Les circulaires interministérielles sont classées dans le bloc:
a. Réglementaire ;
b. Contractuel ;
c. De légalité ;
d. De subsidiarité.

Corrigé

❶ b.

❷ c.

❸ d.

❹ a, d.

❺ b.

8. Le pouvoir législatif

Le pouvoir législatif appartient au Parlement, composé de l'**Assemblée nationale** et du **Sénat**: il est donc **bicaméral** (composé de deux chambres). Les **députés** et les **sénateurs** sont des **parlementaires**.

Le Parlement **élabore et adopte les lois**. Il examine les **propositions de loi** des parlementaires et les **projets de loi** du gouvernement (ils lui sont soumis après avoir été adoptés en Conseil des ministres).

Il **contrôle l'action du gouvernement** (Constitution, art. 24) au nom du peuple qu'il représente. Il dispose de moyens d'information et d'investigation, comme les **questions écrites** posées au gouvernement (publiées avec leurs réponses au Journal officiel), les **questions orales** (pour interroger un ministre sur un sujet technique, sur un thème précis), ou les **questions au gouvernement**, qui sont télévisées.

Chacune des chambres peut créer des **commissions d'enquête** (Constitution, art. 51-2), pour recueillir des informations sur la gestion d'un service public ou d'une entreprise nationale, ou sur des questions de société, ainsi que des **missions d'information** et des groupes de travail au sein des **commissions permanentes.**

Le Parlement contrôle – sur pièces et sur place – l'utilisation de l'argent public: c'est le rôle de la **commission des finances** de chaque assemblée.

1. Un hémicycle

Les Chambres se réunissent dans une salle appelée « hémicycle »: les députés et les sénateurs sont assis en demi-cercle face au président de leur chambre. Il y a un hémicycle à l'Assemblée nationale (au palais Bourbon), un hémicycle au Sénat (au palais du Luxembourg).

Les parlementaires « de gauche » sont assis en face du président, à sa gauche, les parlementaires « de droite », à sa droite, et les parlementaires « du centre », entre les deux: l'origine historique de cette organisation provient de la position des différents partis politiques dans l'Assemblée constituante d'août-septembre 1789. Les députés défenseurs d'un « veto royal » (issus de la noblesse et du clergé) se sont – lors d'un débat – regroupés à *droite* du président de l'Assemblée (où se trouvaient habituellement les places d'honneur), tandis que les opposants à ce veto (le tiers état, représentant le peuple) se sont rassemblés à sa *gauche,* sous l'étiquette de « patriotes ».

2. Un président

Le **président de l'Assemblée nationale** est un député, élu pour 5 ans par les députés. Le **président du Sénat** est un sénateur, élu pour 3 ans par les sénateurs (on retrouve le même principe au sein des collectivités territoriales : le maire est un conseiller municipal élu pour 6 ans par les conseillers municipaux pour présider le conseil municipal).

Le président du Sénat assure **l'intérim du président de la République**, en attendant une nouvelle élection présidentielle soit organisée, quand le président de la République ne peut plus assumer ses fonctions.

3. Une Assemblée nationale

L'Assemblée nationale compte **577 députés** (depuis 1986), élus au **suffrage universel direct au scrutin uninominal majoritaire à deux tours** pour une durée de 5 ans lors des **élections législatives** qui se déroulent dans 541 circonscriptions en métropole, 25 en outre-mer et 11 pour les Français « de l'étranger ». Chaque département contient au moins une circonscription (Creuse, Lozère) ; le Nord, plus peuplé, est découpé en 21 circonscriptions, Paris en 18, les Bouches-du-Rhône en 16, etc.

4. Un Sénat

Le Sénat **représente les collectivités territoriales** (Constitution, art. 24). Il compte **348 sénateurs** (depuis 2011) élus pour 6 ans (9 auparavant) dont le renouvellement s'effectue par moitié (par tiers auparavant) tous les 3 ans. Les sénateurs sont **élus au suffrage universel indirect par 150 000 grands électeurs** (environ). Le scrutin est soit proportionnel (dans les départements qui désignent 3 sénateurs ou plus), soit uninominal à deux tours (dans les départements qui désignent un ou 2 sénateurs) : le nombre de sénateurs varie en fonction de la population (un sénateur en Lozère, 5 dans le Bas-Rhin, 12 à Paris).

5. Un Congrès

Le **Congrès du Parlement** est la réunion des deux chambres dans la salle du Congrès du château de Versailles, sous la présidence du président de l'Assemblée nationale (il se réunit pour voter une révision constitutionnelle ou autoriser l'adhésion d'un État à l'Union européenne, sauf quand la procédure de référendum est utilisée).

La loi constitutionnelle du 23 juillet 2008 de modernisation des institutions de la Ve République permet désormais au président de la République de convoquer le Congrès pour faire une déclaration » (Emmanuel Macron s'est exprimé devant le

Congrès le 3 juillet 2017, pour fixer les priorités de son mandat, et le 9 juillet 2018, pour dresser un bilan de son action et annoncer les réformes à venir, dont la révision constitutionnelle en cours). Un débat peut suivre sa déclaration, en dehors de sa présence : la révision constitutionnelle en cours permettra, si elle aboutit, qu'il soit présent pendant le débat (depuis la loi de Broglie du 13 mars 1873, le président de la République ne pouvait communiquer avec les deux assemblées du Parlement que « par des messages qu'il fait lire et qui ne donnent lieu à aucun débat »).

Le Congrès s'est réuni 20 fois depuis 1958, dont 16 fois pour adopter une révision de la Constitution et 4 fois pour une déclaration du président de la République.

6. Une organisation en commissions

Les **commissions parlementaires** sont des groupes constitués d'un nombre limité de députés ou de sénateurs chargés de suivre plus précisément des sujets de leur compétence.

Les **commissions permanentes** préparent le débat législatif : chaque projet ou proposition de loi entraîne la nomination d'un rapporteur qui rédige un rapport (mission d'expertise) et présente des amendements (mission d'initiative). Elles participent à l'information des parlementaires et contrôlent l'action du gouvernement.

Chaque commission désigne, pour la diriger, un bureau composé d'un président, quatre vice-présidents et quatre secrétaires. Elle dispose de sa propre salle de réunion, de fonctionnaires dédiés et de moyens financiers spécifiques.

L'Assemblée nationale comporte **huit commissions permanentes** (affaires culturelles et éducation, affaires économiques, affaires étrangères, affaires sociales, etc.).

Le Sénat comporte **sept commissions permanentes** et **une commission des affaires européennes** (affaires économiques, affaires étrangères, défense et forces armées, affaires sociales, finances, etc.).

Les **commissions permanentes** possèdent un **droit de veto**, pour une cinquantaine de postes (autorités administratives indépendantes, agences nationales, établissements publics, etc.), aux nominations décrétées par le président de la République. Ce droit de veto s'exerce aussi pour les personnalités qualifiées qui siègent au Conseil supérieur de la magistrature (Constitution, art. 65) et pour le Défenseur des droits (Constitution, art. 71-1).

Une **commission spéciale** peut être mise en place (dans l'une ou l'autre des assemblées) pour travailler sur un sujet particulier ; une **commission d'enquête** peut être formée pour recueillir des informations soit sur des faits déterminés, soit sur la gestion des services publics ou des entreprises nationales.

QCM

Dans cet exercice, la question peut appeler une ou plusieurs bonnes réponses, voire toutes ou aucune.

❶ Le pouvoir législatif :
a. Examine les projets et les propositions de loi
b. Examine uniquement les projets de loi (pas les propositions)
c. Ne peut amender que les propositions de loi (pas les projets)
d. Ne peut pas amender sans l'accord du gouvernement un projet adopté en Conseil des ministres

❷ Le président de la République :
a. Peut dissoudre le Parlement
b. Peut dissoudre le Sénat
c. Peut dissoudre le Congrès
d. Peut dissoudre l'Assemblée nationale

❸ Lorsque le Congrès se réunit à Versailles, il est présidé par :
a. Le président de la République
b. Le président du Parlement
c. Le président de l'Assemblée nationale
d. Le président du Sénat

❹ Le principe de séparation des pouvoirs :
a. Interdit au président de la République de venir visiter l'Assemblée nationale ou le Sénat
b. Interdit à un député d'être en même temps ministre
c. Autorise néanmoins un secrétaire d'État à être en même temps sénateur
d. Explique que le gouvernement siège à l'Assemblée nationale

❺ Le Parlement :
a. Vote les lois
b. Vote les ordonnances
c. Vote les décrets les plus importants
d. Peut refuser au gouvernement le droit de légiférer par ordonnances

Corrigé

❶ a.

❷ d. Une seule fois par an, et le Sénat est indissoluble.

❸ c. Le Parlement n'a pas de président, chacune de ses deux chambres élit en son sein son propre président.

❹ a, b. Le président de la République n'a pas le droit d'entrer pendant son mandat à l'Assemblée nationale et au Sénat, un parlementaire ne peut pas faire partie du gouvernement, et le gouvernement ne siège pas à l'Assemblée nationale : il vient ponctuellement répondre aux questions qui lui sont posées, présenter et défendre ses projets de loi.

❺ a, d.

9. L'élaboration et l'adoption des lois

Les **lois constitutionnelles** modifient la Constitution, elles sont adoptées par le Congrès, au terme d'une procédure législative spécifique, ou par référendum.

Les **lois référendaires** sont adoptées par référendum. Un projet de loi référendaire émane du président de la République, sur proposition du gouvernement ou des deux assemblées; une proposition de loi référendaire émane d'un cinquième des parlementaires, soutenus par un dixième des électeurs inscrits sur les listes électorales (depuis la révision constitutionnelle de 2008).

Les **lois organiques** précisent la Constitution: le Conseil constitutionnel est automatiquement saisi, la majorité absolue est requise pour leur adoption par l'Assemblée nationale lorsque le Sénat n'est pas d'accord (mais son accord est obligatoire pour les lois organiques qui le concernent).

Les **lois de finances** déterminent le budget de l'État, les **lois de financement de la sécurité sociale (LFSS)** déterminent les conditions générales de son équilibre financier (l'initiative appartient au gouvernement, leur première lecture a lieu obligatoirement à l'Assemblée nationale, leur examen est encadré de stricts délais).

Les **lois ordinaires** sont adoptées à l'issue de la **navette parlementaire**.

Les **lois autorisant la ratification ou l'approbation de traités ou accords internationaux**, les **lois de programmation**, qui fixent des objectifs à long terme dans un domaine déterminé, et **les lois de programmation des finances publiques** (LPFP) sont des lois ordinaires, qui s'adoptent selon une procédure particulière.

1. Du dépôt à la promulgation

Les projets et propositions de loi doivent être examinés par les deux chambres du Parlement.

Le dépôt d'un projet de loi s'effectue indifféremment (sauf dans quelques cas spécifiques prévus par la Constitution) au bureau d'une des deux assemblées (la première lecture se déroule traditionnellement à l'Assemblée nationale). Le dépôt d'une proposition de loi s'effectue obligatoirement au bureau de l'assemblée du parlementaire qui la dépose. Les projets de loi doivent être accompagnés d'une étude d'impact (depuis une loi organique du 15 avril 2009).

> Les « propositions et amendements formulés par les membres du Parlement ne sont pas recevables lorsque leur adoption aurait pour conséquence soit une diminution des ressources publiques, soit la création ou l'aggravation d'une charge publique » (Constitution, art. 40).

Le texte est **examiné par une commission parlementaire**. Elle désigne un **rapporteur** pour l'étudier. Il rédige un rapport qui sera adopté par la commission. Il peut – ainsi que la commission – proposer des **amendements** (des modifications).

Le texte est ensuite **inscrit à l'ordre du jour**, pour être examiné en **première lecture**.

Le texte est défendu dans l'hémicycle par le ministre qui le porte, puis présenté par son rapporteur lors d'une séance plénière. Les séances plénières sont publiques, leur compte rendu intégral est publié au *Journal officiel* (Constitution, art. 33). Le débat parlementaire permet ensuite aux députés ou aux sénateurs de voter chaque article du texte, chaque amendement, avant de voter l'ensemble du texte. Une fois adopté, le texte est transmis à la seconde assemblée.

La Constitution prévoit que le Parlement se réunit en **session ordinaire** du premier jour ouvrable d'octobre au dernier jour ouvrable de juin (le nombre de jours de séance ne peut pas en théorie excéder 120), mais le président de la République peut convoquer par décret le Parlement en **session extraordinaire** sur un ordre du jour déterminé, à la demande du Premier ministre ou d'une majorité de députés.

La seconde assemblée examine le texte selon les mêmes règles. Elle peut également voter des amendements : le texte adopté doit alors repartir vers la première assemblée pour que les articles modifiés soient de nouveau étudiés, puis éventuellement revenir devant la seconde assemblée, et ainsi de suite. Le texte est adopté lorsqu'il est voté dans les mêmes termes par les deux assemblées.

En cas de désaccord, le gouvernement convoque une **commission mixte paritaire** composée de 7 députés et de 7 sénateurs. Elle doit proposer un texte qui sera voté par chaque assemblée, s'il n'est pas adopté, une nouvelle lecture du texte a lieu dans les deux assemblées, et le gouvernement peut donner **le dernier mot à l'Assemblée nationale**.

2. De la promulgation à la publication

Le texte adopté à l'issue de la navette parlementaire est ensuite **promulgué par le président de la République**. Il dispose de 15 jours et n'a **pas le droit de veto** : il ne peut pas refuser de le signer, mais il peut – à l'issue de ce délai – demander un nouvel examen du texte à l'Assemblée nationale, ou saisir le Conseil constitutionnel pour vérifier que le texte n'est pas contraire à la Constitution. Le texte promulgué par le président de la République est **contresigné par le Premier ministre**, qui en assume ainsi la responsabilité politique.

La loi promulguée entre en vigueur après sa **publication au Journal officiel** (elle prévoit parfois un délai et n'est applicable qu'au bout de quelques mois). Des **décrets d'application** sont parfois nécessaires pour qu'elle puisse être mise en œuvre.

QCM

Dans cet exercice, la question peut appeler une ou plusieurs bonnes réponses, voire toutes ou aucune.

❶ **Le Parlement se réunit :**
a. Pendant toute l'année scolaire
b. Pendant toute l'année civile
c. D'octobre à juin (session ordinaire)
d. Quand c'est nécessaire

❷ **Si le texte élaboré par la commission mixte paritaire n'est pas adopté par les deux assemblées, pourquoi le gouvernement peut-il donner le dernier mot à l'Assemblée nationale ?**
a. Parce que les députés sont plus nombreux que les sénateurs
b. Élue au suffrage universel direct, elle a plus de légitimité populaire
c. Les députés sont plus jeunes et plus modernes que les sénateurs
d. Les députés sont de la même « couleur politique » que le gouvernement

❸ **Les trois questeurs de l'Assemblée nationale :**
a. Gèrent, par délégation du bureau dont ils font partie, les aspects administratifs et matériels de la vie de l'Assemblée
b. Sont des députés élus par leurs pairs au début de chaque législature, puis tous les ans au début de la session ordinaire, sauf celle qui précède le renouvellement de l'Assemblée
c. Appartiennent à la majorité pour deux d'entre eux, et le troisième à l'opposition (cette tradition remonte à 1973)
d. Ont un rôle similaire aux trois questeurs du Sénat

❹ **Le dépôt d'un projet de loi :**
a. Peut se faire indifféremment au bureau d'une des deux assemblées
b. Se fait traditionnellement au bureau de l'Assemblée nationale
c. Sera fait au bureau du Sénat si le planning de l'Assemblée nationale est très chargé
d. Sera fait au bureau de l'Assemblée à laquelle appartient le rapporteur

❺ **Le bureau du Sénat est composé :**
a. de fonctionnaires attachés au Sénat
b. Du président du Sénat, des 8 vice-présidents, des 3 questeurs et 14 secrétaires
c. Du président du Sénat, des 8 vice-présidents, des présidents des commissions permanentes, des rapporteurs généraux de la commission des affaires sociales et de la commission des finances, de l'économie générale et du plan, du président de la commission des affaires européennes et des présidents de groupe
d. Du président du Sénat, des 8 vice-présidents, du secrétaire général et du trésorier

Corrigé

❶ c. ❷ b. ❸ a, b, c, d.

❹ a, b, c. Le projet sera examiné par un rapporteur dans chaque chambre, membre d'une commission permanente.

❺ c.

10. L'autorité judiciaire

La **séparation des pouvoirs** impose que les trois pouvoirs (législatif, exécutif et judiciaire) soient indépendants les uns des autres, sans être autonomes, et se surveillent mutuellement pour garantir « **l'équilibre des pouvoirs** ». Le pouvoir judiciaire n'est pas réellement un pouvoir, mais plutôt une autorité, qui jouit d'une certaine indépendance, dont est garant le président de la République (Constitution, art. 64) : il appartient à l'autorité judiciaire (la justice) de faire appliquer les lois votées par le pouvoir législatif (le Parlement) et les règlements imposés par le pouvoir exécutif (le gouvernement).

1. Le droit public et le droit privé

Le **droit public** régit les relations entre les **personnes publiques**, et entre les **personnes privées** et les personnes publiques. Les personnes publiques sont des **personnes morales** (collectivité territoriale, université, etc.), les personnes privées sont des **personnes physiques** (individu) ou morales (entreprise, association, etc.). Le droit public englobe le droit administratif, le droit constitutionnel, le droit fiscal (etc.).

Le droit privé régit **les relations entre les personnes privées**, physiques ou morales. Il se divise en deux branches principales : le **droit civil** (qui organise et protège) et le **droit pénal** (qui permet de réprimer les infractions). Il englobe le **droit du travail**, le **droit des affaires**, le **droit de la sécurité sociale**, etc. Le droit civil regroupe le **droit de la famille** (de la naissance au décès, avec le droit des successions), le **droit des contrats** et des obligations.

Droit public	Droit privé	
Juridictions administratives[1]	**Juridictions judiciaires civiles**	**Juridictions pénales**
tribunal administratif	antenne de proximité du tribunal judiciaire tribunal judiciaire (depuis le 1er janvier 2020)	tribunal de police tribunal correctionnel tribunal pour enfants Cour d'assises Cour d'assises des mineurs Cour criminelle départementale (sorte de Cour d'assises sans jurés)
Cour administrative d'appel Conseil d'État	Cour d'appel Cour de Cassation	

1. Voir la fiche 8 « Les juridictions administratives », partie 2.

Précisons que le terme « **juridique** » renvoie au droit (un conseiller juridique), et le terme « **judiciaire** », à la justice (une procédure judiciaire).

- L'**antenne de proximité du tribunal judiciaire** (appelée aussi « **tribunal de proximité** ») se prononce sur les litiges inférieurs à 10 000 euros, sur ceux liés à la location (non-paiement de loyer, refus de travaux de la part du propriétaire, etc.) et aux crédits à la consommation (quel qu'en soit le montant). Le **juge des contentieux de la protection** est un juge spécialisé du tribunal judiciaire et de l'antenne de proximité, compétent pour la protection des majeurs, les baux d'habitation, les actions relatives aux contrats de crédits à la consommation et le surendettement des particuliers.
- Le **tribunal judiciaire** (TJ) se prononce sur les litiges supérieurs à 10 000 euros, sur ceux liés à la propriété et aux crédits immobiliers (quel qu'en soit le montant). Le juge aux affaires familiales siège au tribunal judiciaire, qui est aussi compétent pour toutes les questions qui concernent la famille (obligations alimentaires, nom et prénom, adoption, etc.).
- Le **tribunal de police** juge les contraventions (elles ne sont punies que d'une peine d'amende), le **tribunal correctionnel** juge les délits, la **Cour d'assises** et la **Cour criminelle départementale**, les crimes.
- Le **tribunal pour enfants** juge les délits commis par les mineurs et les crimes commis par les mineurs de moins de seize ans ; la **Cour d'assises des mineurs** (CAM), les crimes commis par les mineurs de seize à dix-huit ans au moment des faits.

2. Le siège et le parquet

Le parquet est le service dirigé par le **procureur de la République** : il exerce la fonction de **ministère public** en requérant la sanction (lors de son **réquisitoire**) ou l'application de la loi. Le parquet n'est pas indépendant : il dépend hiérarchiquement du ministère de la Justice (appelé aussi la Chancellerie). Les **magistrats du parquet** sont le procureur de la République et ses substituts (le procureur général et l'avocat général en cour d'appel). En droit pénal, le procureur reçoit les plaintes, les signalements et les dénonciations, il décide des suites à leur donner (on dit qu'il a **l'opportunité des poursuites**). Il est l'autorité de tutelle du maire en matière d'**état civil** et de **police judiciaire**. Les **magistrats du siège** sont les juges, chargés de dire le droit en rendant des décisions de justice. Leur statut leur garantit une **indépendance renforcée**. Ils sont **inamovibles** (Constitution, art. 64) : ils ne peuvent pas être mutés sans leur consentement (pour éviter les pressions). Leurs carrières sont gérées par le **Conseil supérieur de la magistrature**.

3. Le Conseil supérieur de la magistrature (CSM)

Le président de la République, garant de l'indépendance de l'autorité judiciaire, est assisté dans cette mission par le Conseil supérieur de la magistrature (Constitution, art. 64), composé de magistrats élus par leurs pairs (depuis 2008, ils sont minoritaires) et de personnalités extérieures (un magistrat du parquet, un conseiller d'État, un avocat et six personnalités qualifiées nommées par le président de la République, le président de l'Assemblée nationale et le président du Sénat). Le Conseil propose ou donne un avis sur les nominations des magistrats du siège et du parquet. Le président de la République – qui signe les décrets de nomination – ne peut passer outre son avis que pour les magistrats du parquet.

Le Conseil statue également en matière disciplinaire.

4. Le Conseil d'État

Le Conseil d'État est le **conseiller juridique et administratif du gouvernement** : il peut être consulté sur n'importe quel sujet de sa compétence. Il étudie les projets de loi, d'ordonnance et de décret avant qu'ils ne soient présentés en Conseil des ministres.

Il rédige les décrets « en Conseil d'État ».

Il adresse chaque année au président de la République un rapport public qui suggère des réformes d'ordre législatif, réglementaire ou administratif.

Il est également le **juge suprême des juridictions administratives** : il fait office de Cour de cassation pour le droit administratif.

Le Conseil d'État est également compétent en **contentieux électoral** pour les élections régionales et européennes (en premier et dernier ressort, c'est-à-dire sans possibilité d'appel), et en appel pour les élections municipales ou cantonales (le tribunal administratif est compétent en premier ressort). Le tribunal judiciaire est compétent pour le contentieux lié à l'inscription sur les listes électorales, et le Conseil constitutionnel, pour les élections les plus importantes (élection présidentielle, élections législatives, sénatoriales, référendums).

Le Conseil d'État comprend environ 350 membres (un tiers travaille ailleurs, souvent dans les cabinets ministériels). Les élèves qui achèvent leur scolarité à l'Institut du service publique (ISP), qui a remplacé l'École nationale d'administration (ENA) le 1er janvier 2022, se voient chaque année proposer entre cinq et sept postes d'auditeurs, qui offrent la possibilité de devenir trois ans plus tard maître des requêtes, puis conseiller d'État douze ans plus tard.

Le **tribunal des conflits** est domicilié au Conseil d'État. Il se prononce lorsqu'une juridiction administrative et une juridiction judiciaire veulent juger le même procès (on parle alors de conflit positif), lorsqu'une juridiction administrative et une juridiction judiciaire se déclarent incompétentes pour juger un procès (on parle alors de conflit négatif), ou lorsque les tribunaux de l'ordre administratif et judiciaire ont pris sur la même affaire des décisions contradictoires.

QCM

Dans cet exercice, la question peut appeler une ou plusieurs bonnes réponses, voire toutes ou aucune.

❶ **En droit pénal, le procureur de la République :**

a. Décide de la sanction
b. Requiert la sanction
c. Fixe la sanction minimum
d. Détermine qui peut se constituer partie civile

❷ **Le Conseil d'État :**

a. Donne un avis sur les nominations des magistrats du siège et du parquet
b. Est compétent en contentieux électoral pour les élections législatives et sénatoriales
c. Est le conseiller juridique et administratif du gouvernement
d. Est le juge suprême des juridictions administratives

❸ **Le Conseil supérieur de la magistrature (CSM) :**

a. Est présidé par le président de la République
b. Statue également en matière disciplinaire
c. Est composé en majorité de juges élus par leurs pairs
d. Est une formation spécifique du Conseil d'État

❹ **Le droit dit « du travail » détaillé dans le Code du travail :**

a. Relève du droit civil
b. Relève du droit public
c. Relève du droit des contrats
d. Relève du droit privé

❺ **Sont des juridictions pénales :**

a. Le tribunal correctionnel
b. Le tribunal des conflits
c. Le tribunal pour enfants
d. Le tribunal administratif (quand un fonctionnaire a commis une infraction)

Corrigé

❶ b.

❷ c, d.

❸ b.

❹ d.

❺ a, c. Un fonctionnaire qui commet une infraction relève comme tout citoyen des juridictions pénales.

11. La décentralisation et les collectivités territoriales

La Constitution précise que **l'organisation de la France est décentralisée.**

Un **État centralisé** est un État où toutes les décisions se prennent où se trouve le pouvoir central (avant la Révolution, les décisions se prenaient à la cour du roi, le gouvernement central n'avait aucun représentant local).

Un **État déconcentré** est localement représenté par une autorité qui dépend de lui, qui fait appliquer ses décisions, lui obéit et lui rend des comptes.

Les **préfets** et les **sous-préfets** sont des **autorités déconcentrées** : ils représentent le gouvernement et dirigent en son nom les **services déconcentrés** qui interviennent localement. Ils dépendent du pouvoir central, ils ne sont pas autonomes : ils ne sont donc pas décentralisés.

Un **État décentralisé** est un État dans lequel une partie des décisions n'est plus prise au siège du pouvoir central, mais à l'échelon local, par des **assemblées délibérantes élues** qui administrent des **collectivités territoriales** jouissant d'une très grande indépendance.

1. Trois collectivités territoriales

Le **conseil régional**, composé de **conseillers régionaux** élus pour 6 ans lors des **élections régionales**, administre la région.

Le **conseil départemental**, composé de **conseillers départementaux** (2 par canton) élus pour 6 ans lors des **élections départementales,** administre le département (la loi du 17 mai 2013 a supprimé les **conseillers généraux**, élus lors des **élections cantonales** pour siéger au **conseil général**, et modifié leur mode d'élection).

Le **conseil municipal**, composé de **conseillers municipaux** élus pour 6 ans lors des **élections municipales**, administre la commune.

Les collectivités territoriales sont des **personnes morales de droit public** (les associations et les entreprises sont des **personnes morales de droit privé**). Elles sont dirigées par des **assemblées délibérantes élue**s qui votent des **délibérations**.

Les collectivités territoriales sont des **administrations décentralisées** qui détiennent des **compétences propres**. Elles **s'administrent librement**, leur **autonomie administrative** leur permet de disposer de leur propre personnel et de leur propre budget. Elles sont **indépendantes** : aucune collectivité territoriale n'exerce de tutelle sur une autre. Le **transfert de compétences** s'accompagne de l'attribution de ressources équivalentes : l'État verse aux collectivités des subventions supplémentaires pour financer les missions qu'il leur attribue ou l'extension de ces missions. La loi prévoit des **dispositifs de péréquation** destinés à favoriser l'égalité entre les collectivités territoriales (la péréquation est un mécanisme de redistribution qui vise à réduire les écarts de richesse et les inégalités, les collectivités les moins riches perçoivent plus de subventions et de dotations que les collectivités les plus riches).

Les fonctionnaires qui travaillent dans les collectivités territoriales appartiennent à la **fonction publique territoriale**. Les fonctionnaires qui travaillent dans les préfectures et dans les administrations déconcentrées appartiennent à la **fonction publique de l'État**. Il existe une troisième fonction publique : la **fonction publique hospitalière**.

Depuis l'abrogation de la loi du 13 juillet 1983 portant droits et obligations des fonctionnaires, les textes statutaires organisant la fonction publique ont été rassemblés dans le **Code général de la fonction publique** (CGFP).

2. Des compétences complémentaires

Les compétences des collectivités sont complémentaires : le conseil régional est responsable de l'entretien et de la construction des lycées, le conseil départemental est responsable de l'entretien et de la construction des collèges, la commune gère l'entretien et de la construction des écoles élémentaires et maternelles.

La loi du 7 janvier 1983, qui a complété la loi d'orientation du 2 mars 1982, a partagé en « **bloc de compétences** » les missions que l'État a transférées aux collectivités :

- la **maîtrise du sol** (urbanisme et équipements de proximité) est attribuée à la commune ;
- l'**action sociale** et la **santé**, l'**équipement rural** et les **routes départementales** sont attribués au département (qui a récemment récupéré les routes nationales) ;
- le **développement économique, les transports** et la **formation professionnelle** (des salariés ou des demandeurs d'emploi) sont attribués à la région.

L'État a conservé certaines de ses **missions régaliennes** : l'armée, la collecte des impôts, les affaires étrangères, la police, la justice, l'Éducation nationale, l'aménagement du territoire, etc.

La loi du 27 janvier 2014 de modernisation de l'action publique territoriale et d'affirmation des métropoles (MAPTAM) a renforcé le **chef de filât**, c'est-à-dire la possibilité de confier à une collectivité, dite « **chef de file** », un rôle de coordination de l'action commune des collectivités dans un domaine précis, distinct de tout rôle de décision (le département devient ainsi, par exemple, chef de file en matière d'action sociale et de développement social, la commune, en matière d'organisation des services publics de proximité, d'aménagement de l'espace et de développement local).

3. Le découpage territorial

L'article 72 de la Constitution définit comme « collectivités territoriales de la République » :

- les 34 955 communes (au 1er janvier 2022), plus de 700 communes nouvelles ont été créées entre le 1er janvier 2016 et le 1er janvier 2019, mais 9 seulement au cours de l'année 2021 ;
- les 96 départements de Corse et de métropole ;
- les 5 départements et régions d'outre-mer (DOM) : Guadeloupe, Guyane, Martinique, Mayotte (depuis le 31 mars 2011, le processus de départementalisation s'étend jusqu'en 2036) et La Réunion (en Guyane et en Martinique, le

département et la région ont fusionné en 2011 en une collectivité unique : l'Assemblée de Guyane et l'Assemblée de Martinique);

– les 12 régions de métropole (22 avant la réforme territoriale de 2015) et la collectivité territoriale de Corse, composée des départements de Haute-Corse et de Corse du Sud;

– les 5 collectivités d'outre-mer (COM): Saint-Pierre-et-Miquelon, Wallis-et-Futuna, la Polynésie française, Saint-Barthélemy et Saint-Martin (ce ne sont plus des TOM depuis la révision du 28 mars 2003);

– la Nouvelle-Calédonie (elle bénéficie d'un statut spécial et d'un gouvernement autonome);

– les TAAF (Terres australes et antarctiques françaises): elles restent le seul TOM (depuis la loi statutaire du 6 août 1955).

4. Des structures intercommunales

La loi a imposé aux communes de se regrouper au sein d'**établissements publics de coopération intercommunale** (EPCI) pour assurer ensemble certaines prestations (ramassage des ordures ménagères, assainissement, transports urbains, etc.), élaborer des projets de développement économique, d'urbanisme ou d'aménagement (construction et gestion d'un équipement sportif, d'un théâtre, etc.). Il en existe 1 254, dont 21 **métropoles** (hors celle de Lyon, qui réunit les 1 390 240 habitants de 59 communes et bénéficie statut particulier), 14 **communautés urbaines**, 227 **communautés d'agglomération** et 9 922 **communautés de communes** (DGCL, janvier 2022).

5. Les origines de la décentralisation

L'objectif de la décentralisation était de rapprocher les élus et les centres de décisions des électeurs: les collectivités territoriales sont dirigées par des élus que le peuple choisit et qu'il doit surveiller, pour que fonctionne la démocratie. La décentralisation a été engagée par Gaston Defferre, ministre de l'Intérieur du premier gouvernement de François Mitterrand: la loi d'orientation du 2 mars 1982 « relative aux droits et libertés des communes, des départements et des régions » en a défini le processus et la logique. Elle a prévu le transfert progressif aux collectivités territoriales d'un certain nombre de compétences exercées par l'État.

6. Sous le contrôle de l'État

Les collectivités territoriales sont surveillées, au nom de l'État, par le préfet, qui s'assure de la légalité de leurs actes et décisions: il effectue un **contrôle de légalité *a posteriori***.

Le préfet est une **autorité déconcentrée**: il dépend de l'État.

Les services de l'État installés au niveau local ne sont pas des personnes morales: ils ne sont que des **administrations déconcentrées**.

QCM

Dans cet exercice, la question peut appeler une ou plusieurs bonnes réponses, voire toutes ou aucune.

1 La protection de l'enfance est en France de la responsabilité :
a. De la DDASS (administration déconcentrée)
b. Du 119 (numéro vert)
c. De l'ASE (administration décentralisée)
d. Des associations habilitées

2 Les conseillers départementaux sont élus :
a. Au scrutin de liste (à la proportionnelle)
b. Au scrutin uninominal direct
c. Au scrutin binominal majoritaire
d. Dans le respect de la parité

3 Le président du conseil départemental :
a. Est un conseiller départemental élu par les autres conseillers départementaux
b. Est nommé par le préfet
c. Devient vice-président du conseil régional
d. Obtient dès son élection le statut de sous-préfet

4 Qui élit le maire ?
a. Les citoyens
b. Les électeurs
c. Les conseillers municipaux
d. Les membres de sa liste

5 Le préfet au nom de l'État réalise sur les collectivités territoriales :
a. Un contrôle d'opportunité : il se prononce sur l'utilité ou non de leurs décisions, et pas seulement sur leur légalité
b. Un contrôle *a priori* : elles ont besoin de son accord pour mettre en place leurs décisions
c. Un contrôle de légalité : il se contente de contrôler leur légalité, sans se prononcer sur l'utilité de leurs décisions
d. Un contrôle *a posteriori* : il contrôle la légalité des décisions après qu'elles ont été prises et parfois mises en place

Corrigé

1 c. L'aide sociale à l'enfance dépend du conseil départemental, la DDASS lui a transféré cette compétence en janvier 1986.

2 c, d. Depuis les élections de 2015, ils sont élus au scrutin binominal majoritaire, et leur binôme doit respecter la parité homme-femme.

3 a.

4 c. Le maire est élu au suffrage universel indirect par les conseillers municipaux élus au suffrage universel direct par les électeurs.

5 d.

12. Les autorités indépendantes

Les **autorités administratives indépendantes** (AAI) et les **autorités publiques indépendantes** (API) sont des institutions de l'État chargées d'**assurer la régulation de secteurs sensibles et essentiels** pour lesquels le gouvernement veut éviter d'intervenir directement (comme l'audiovisuel et les télécommunications).

Les AAI sont nées le 6 janvier 1978 avec la Commission nationale de l'informatique et des libertés (CNIL). Elles ne peuvent être créées que par une loi. L'API est la forme la plus aboutie d'AAI, elle dispose d'une personnalité juridique distincte de celle de l'État (elle a par exemple le droit d'ester en justice). Les AAI/API sont des personnes morales de droit public : il en existe aujourd'hui 24 (18 AAI et 8 API).

1. Elles agissent au nom de l'État

Les AAI et API **agissent au nom de l'État** et **certaines compétences dévolues à l'administration leur sont déléguées**. Elles **disposent d'un certain nombre de pouvoirs** (recommandation, décision, réglementation, sanction, etc.). Elles sont **indépendantes**, même si les lois organique et ordinaire du 20 janvier 2017 ont renforcé leur contrôle par le Parlement et le gouvernement : soumises à l'autorité d'aucun ministre, elles se situent en dehors des structures administratives traditionnelles. Elles ne peuvent pas recevoir d'ordres, de consignes ou de conseils, leurs membres sont irrévocables.

2. Elles répondent à trois besoins

Elles garantissent une **plus grande impartialité** dans les interventions qui relèvent de l'État. Elles favorisent une **plus importante participation de personnes d'origines et de compétences diverses**, notamment des « personnalités qualifiées ». Elles permettent – en théorie – une **plus grande réactivité**, une plus importante souplesse, mieux adaptée à l'évolution des besoins et des marchés.

3. Les différents pouvoirs détenus par les AAI et API

Elles peuvent détenir le **pouvoir d'émettre un avis, de formuler des propositions ou des recommandations**, **d'adresser des injonctions** ou **d'adopter des décisions individuelles** (autorisation d'exercer une activité, attribution des fréquences de télécommunications, des numéros de téléphone, nominations, décisions pour trancher les différends entre opérateurs). Elles peuvent détenir un **pouvoir d'investigation**, pour réaliser la mission de contrôle qui leur est confiée, ou un **pouvoir réglementaire**, pour **organiser un secteur d'activité en établissant des règles**, et même un **pouvoir de sanction**. Les sanctions peuvent être à caractère professionnel (ou « fonctionnel ») ou pécuniaire (l'Autorité de la concurrence ou l'Autorité des marchés financiers peuvent infliger des amendes importantes, et Arcom peut, par exemple, suspendre l'autorisation d'émettre d'une radio). Le Conseil constitutionnel n'accorde ce pouvoir à une AAI que « dans la limite nécessaire à l'accomplissement de la mission » qui lui est confiée. Elles ne peuvent pas prononcer de sanctions privatives de liberté.

Le 1er janvier 2022, le Conseil supérieur de l'audiovisuel (CSA) et la Haute Autorité pour la diffusion des œuvres et la protection des droits sur Internet (HADOPI) ont fusionné pour créer **l'Autorité de régulation de la communication audiovisuelle et numérique** (Arcom).

4. Elles protègent les droits des citoyens

Certaines d'entre elles doivent **veiller à l'impartialité des décisions de la puissance publique** (comme l'absence de discrimination ou de favoritisme) et **remédier aux dysfonctionnements** de l'administration. Elles ne sont pas toutes connues des citoyens, qui peuvent souvent les solliciter eux-mêmes, directement et gratuitement.

Les **7 autorités publiques indépendantes** interviennent dans des domaines très différents :
- l'Agence française de lutte contre le dopage (AFLD) ;
- l'Autorité de régulation des activités ferroviaires et routières (ARAFER) ;
- l'Autorité des marchés financiers (AMF) ;
- **l'Autorité de régulation de la communication audiovisuelle et numérique** (Arcom) ;
- Le Médiateur national de l'énergie ;
- le Haut Conseil du commissariat aux comptes (H3C) ;
- la **Haute Autorité de santé** (HAS) évalue d'un point de vue médical et économique les produits, actes, prestations et technologies de santé pour autoriser leur remboursement ; elle définit des recommandations de bonne pratique clinique, des recommandations de santé publique, des études médico-économiques, des guides de prise en charge, à destination des professionnels et des patients ; elle certifie les établissements de santé, les sites Internet en santé, les logiciels d'aide à la prescription et accrédite les praticiens de certaines disciplines médicales (par le biais d'une certification qui tend à améliorer la pratique médicale en établissements de santé par la réduction des risques).

Les **18 autorités administratives indépendantes** interviennent dans des domaines très spécifiques :

– l'Autorité de contrôle des nuisances sonores aéroportuaires (ACNUSA) ;
– l'Autorité de la concurrence ;
– l'Autorité de régulation de la distribution de la presse (ARDP) ;
– l'Autorité de régulation des communications électroniques et des postes (ARCEP) ;
– l'Autorité de régulation des jeux en ligne (ARJEL) ;
– l'Autorité de sûreté nucléaire (ASN) ;
– le Comité d'indemnisation des victimes des essais nucléaires (CIVEN) ;
– la **Commission d'accès aux documents administratifs** (CADA), créée par la loi du 17 juillet 1978, est chargée de veiller à la liberté d'accès aux documents administratifs et aux archives publiques ainsi qu'à la réutilisation des informations publiques ;
– la Commission de régulation de l'énergie (CRE) ;
– la Commission du secret de la défense nationale (CSDN) ;
– la Commission nationale de contrôle des techniques de renseignement (CNCTR) ;
– la **Commission nationale de l'informatique et des libertés** (CNIL), créée par la loi du 6 janvier 1978, est chargée de veiller au respect du droit pour toute personne de décider et de contrôler les usages qui sont faits de ses données à caractère personnel ;
– la Commission nationale des comptes de campagne et des financements politiques (CCFP) ;
– la Commission nationale du débat public (CNDP) ;
– le Contrôleur général des lieux de privation de liberté (CGLPL) ;
– le **Défenseur des droits**, créé par la révision constitutionnelle de 2008, est issu de la réunion du Médiateur de la République, du Défenseur des enfants, de la Haute Autorité de lutte contre les discriminations et pour l'égalité (HALDE) et de la Commission nationale de déontologie de la sécurité. Il peut être saisi directement et gratuitement par toute personne physique ou morale afin de défendre les personnes dont les droits ne sont pas respectés et de permettre l'égalité de tous dans l'accès aux droits ;
– le Haut Conseil de l'évaluation de la recherche et de l'enseignement supérieur (HCERES) ;
– la Haute Autorité pour la transparence de la vie publique (HATVP).

QCM

Dans cet exercice, la question peut appeler une ou plusieurs bonnes réponses, voire toutes ou aucune.

1 Le Défenseur des droits :
a. Remplace le Médiateur de la République
b. Est une autorité judiciaire qui relève du droit administratif
c. Chapeaute le Contrôleur général des lieux de privation de liberté
d. A pour adjoint le Défenseur des enfants qui était une AAI de 2000 à 2011

2 Le Médiateur national de l'énergie :
a. A pour mission de recommander des solutions aux litiges entre les automobilistes et les réseaux de stations-service
b. Est chargé de recommander des solutions aux litiges entre les consommateurs et les fournisseurs d'électricité ou de gaz naturel
c. Peut être saisi gratuitement dans un délai maximum de dix mois par celui qui, au bout de deux mois, n'a aucune réponse satisfaisante au litige qui l'oppose à son fournisseur d'énergie
d. Peut condamner un fournisseur d'énergie à une amende, au versement de dommages et intérêts

3 Les autorités publiques indépendantes (API) :
a. Sont des personnes morales de droit public
b. Sont des administrations déconcentrées
c. Sont des structures associatives dotées d'un conseil d'administration
d. Sont dirigées par un(e) président(e) élu(e)

4 Les autorités publiques indépendantes (API) :
a. Peuvent prononcer des sanctions à l'encontre d'une personne physique
b. Ne peuvent prononcer à l'encontre d'une personne physique que des sanctions pécuniaires
c. Ne peuvent prononcer de sanction qu'à l'encontre de personnes morales
d. Ne peuvent prononcer que des sanctions symboliques (avertissements, mises en garde, etc.)

5 La Haute Autorité pour la transparence de la vie publique (HATVP) :
a. A remplacé la Commission pour la transparence financière de la vie politique
b. Calcule pendant les campagnes électorales les temps d'antenne de chaque parti
c. Contrôle les déclarations de patrimoine et d'intérêts transmises par tout responsable public (ministre, parlementaire, élu local, etc.).
d. Vérifie la véracité des promesses de campagne et la faisabilité des mesures présentées dans les programmes

Corrigé

1 a, d. 2 b, c. 3 a. 4 c. 5 a, c.

13. Une réforme constitutionnelle en suspens

Un **projet de loi constitutionnelle** a été examiné le mardi 26 juin 2018 en commission à l'Assemblée nationale, avant d'être débattu en séance à partir du 10 juillet, au lendemain du discours du chef de l'État devant les parlementaires réunis en **Congrès à Versailles**.

Il s'agissait de la **première phase** d'un projet de révision constitutionnelle et de réforme des institutions, porté par Emmanuel Macron et son gouvernement, intitulé « Pour une démocratie plus représentative, plus responsable et plus efficace ». Il comporte deux autres volets, qui ont été présentés le 23 mai 2018 en Conseil des ministres, mais n'ont pas été transmis à l'Assemblée nationale.

Comme tous les projets de loi constitutionnelle, il doit être adopté « par les deux assemblées en termes identiques » (Constitution, art. 89), avant d'être présenté au Congrès, qui devra le voter à la majorité des trois cinquièmes des suffrages exprimés (une révision constitutionnelle peut également être approuvée par référendum, mais ce n'était pas, à l'époque, l'option choisie par le gouvernement).

1. Le report de la réforme

Les députés avaient deux semaines pour débattre des dix-huit articles défendus par le gouvernement, mais « l'affaire Benalla » les a conduits à reporter une première fois l'examen du texte. Puis, la mobilisation des « Gilets jaunes », les manifestations liées à la réforme des retraites, la campagne des élections municipales et la crise sanitaire, puis l'élection présidentielle et les élections législatives n'ont pas permis qu'il soit de nouveau inscrit à l'ordre du jour. On ignore absolument s'il a été abandonné, ou s'il va réapparaître, sous une forme ou sous une autre, d'autant plus que la composition du Parlement rend aléatoire son approbation par le Congrès.

2. Le contenu de la réforme

Le projet envisage d'**interdire le cumul d'une fonction ministérielle avec celle de président de l'assemblée délibérante d'une collectivité territoriale ou d'une intercommunalité** : ce n'est pour l'instant qu'une pratique (appelée « jurisprudence Balladur »). Il **supprime le statut de membre de droit à vie du Conseil constitutionnel pour les anciens présidents de la République**, sauf pour ceux qui ont déjà siégé au Conseil. Il prévoit que les ministres seront jugés, pour les crimes et délits commis dans l'exercice de leurs fonctions, non plus par la **Cour de justice de la**

République (CJR), qui sera supprimée, mais par la cour d'appel de Paris. Ils seront, pour les crimes et délits commis en dehors de leurs fonctions, jugés dans les mêmes conditions que n'importe quel citoyen, et la responsabilité pénale des ministres pourra être mise en cause en raison de leur inaction « lorsque celle-ci résulte d'un choix qui leur est directement et personnellement imputable ».

Le projet **encadre et limite les pouvoirs d'amendement et d'initiative des parlementaires.**

Il simplifie le processus d'adoption des lois en attribuant plus de pouvoirs au gouvernement, mais – dans l'optique de la réduction du nombre de parlementaires, qui fera l'objet d'une loi ultérieure – il baisse de 60 à 40 le nombre de députés ou de sénateurs nécessaire pour saisir le Conseil constitutionnel. L'objectif est que le Parlement puisse débattre « de manière plus approfondie sur les amendements qui ont une réelle portée et [que] la loi adoptée [soit] de meilleure qualité », et que le gouvernement, pour « répondre aux attentes des citoyens », puisse « mener plus rapidement les réformes qu'il juge prioritaires », mais la rapidité et la démocratie ne font pas forcément bon ménage, et les attentes des citoyens sont censées être portées par leurs députés.

3. L'indépendance des magistrats

Le texte fait **un pas vers l'indépendance des magistrats du parquet**, qui seront nommés « sur l'avis conforme de la formation du Conseil supérieur de la magistrature ». Ils le sont pour le moment « sur avis simple » : un « avis conforme » est un avis qui doit être respecté. La même formation du Conseil supérieur de la magistrature (CSM) siégera comme conseil de discipline des magistrats du parquet (ils ne sont pour le moment soumis qu'à l'autorité de leur hiérarchie). Une **Chambre de la société civile**, composée de « représentants de la société civile dont le nombre ne peut excéder cent cinquante-cinq », qui aura pour mission d'éclairer « le gouvernement et le Parlement […] sur les enjeux économiques, sociaux et environnementaux et sur les conséquences à long terme des décisions prises par les pouvoirs publics », remplacerait le Conseil économique, social et environnemental (CESE).

4. Des collectivités aux compétences « élargies »

Le projet prévoit que « certaines collectivités territoriales » pourront exercer « des compétences, en nombre limité, dont ne disposent pas l'ensemble des collectivités de la même catégorie », et qu'elles pourront « déroger, pour un objet limité, aux dispositions législatives ou réglementaires qui régissent l'exercice de leurs compétences, éventuellement après une expérimentation autorisée dans les mêmes conditions ». Elles pourront, à leur demande, « être habilitées, par décret en Conseil des ministres après avis du Conseil d'État, à fixer elles-mêmes les règles applicables sur leur territoire dans un nombre limité de matières pouvant relever du domaine de la loi ou du règlement ».

5. Les collectivités à statut particulier

Le projet de loi rappelle que « la Corse est une collectivité à statut particulier » et qu'il convient d'adapter les lois et règlements « aux spécificités liées à son insularité ainsi qu'à ses caractéristiques géographiques, économiques ou sociales ».

Le principe d'indivisibilité de la République est maintenu, mais la collectivité de Corse pourra décider de ces adaptations « dans les matières où s'exercent ses compétences et si elle y a été habilitée, selon le cas, par la loi ou le règlement », sauf « lorsque sont en cause les conditions essentielles d'exercice d'une liberté publique ou d'un droit constitutionnellement garanti ».

6. Une seconde phase à venir

Il est ensuite envisagé – dans une seconde phase – de réduire de 30 % le nombre de parlementaires, et d'introduire une dose de proportionnelle lors des élections législatives : l'Assemblée ne compterait plus que 404 députés (au lieu de 577), dont 15 % seront élus à la proportionnelle, et le Sénat ne compterait plus que 244 sénateurs (au lieu de 348). Il est également envisagé de limiter dans le temps l'éligibilité à trois mandats identiques.

QCM

Dans cet exercice, la question peut appeler une ou plusieurs bonnes réponses, voire toutes ou aucune.

❶ Un projet de loi constitutionnelle, enregistré le 9 mai 2018 par la présidence de l'Assemblée nationale, a été examiné à partir du mardi 26 juin 2018 par la commission des lois constitutionnelles, de la législation et de l'administration générale de la République : quelles sont les étapes à suivre avant qu'il soit publié au *Journal officiel* ?

a. Il doit être adopté par l'AN avant d'être transmis au Sénat.

b. Il doit être approuvé par un référendum populaire.

c. Il devra être validé par le Conseil constitutionnel avant que le chef de l'État ne puisse le promulguer.

d. Il devra être adopté par le Congrès réuni à Versailles après avoir été adopté en des termes identiques par les deux chambres du Parlement.

❷ La réforme constitutionnelle envisage de baisser de 60 à 40 le nombre de députés ou de sénateurs nécessaire pour saisir le Conseil constitutionnel :

a. Aux fins d'examiner si les conditions de l'état d'urgence demeurent réunies après trente jours d'exercice des pouvoirs exceptionnels du président de la République.

b. Aux fins d'imposer qu'un engagement international qui comporte une clause contraire à la Constitution ne puisse être ratifié ou approuvé qu'après révision de la Constitution.

c. Aux fins de se prononcer, avant leur promulgation, sur la conformité à la Constitution des lois ordinaires et organiques adoptées par le Parlement.
d. Aux fins de démettre de ses fonctions le président de la République.

❸ **La réforme constitutionnelle envisage de supprimer :**
a. Le Sénat ;
b. Le Conseil constitutionnel ;
c. Le Conseil économique, social et environnemental (CESE) ;
d. Le Conseil d'État.

❹ **Les ministres sont actuellement jugés, pour les crimes et délits commis dans l'exercice de leurs fonctions, par :**
a. La Haute Cour de justice ;
b. La Cour de justice de la République ;
c. La Haute Cour ;
d. Une chambre spéciale du Conseil d'État.

❺ **La réforme constitutionnelle ne prévoit pas :**
a. D'interdire le cumul de la fonction de ministre avec celle de président de conseil départemental.
b. De créer au sein du Conseil supérieur de la magistrature (CSM) un conseil de discipline pour les magistrats du parquet (procureurs, substituts, avocats généraux).
c. De supprimer le statut de membre de droit à vie du Conseil constitutionnel pour les anciens présidents de la République.
d. De diviser par deux le nombre de députés et de sénateurs.

Corrigé

❶ a, d.

❷ a, b, c.

❸ c.

❹ b. La Haute Cour est la juridiction qui peut juger le président de la République au cours de l'exercice de son mandat. Elle s'appelait Haute Cour de justice avant la réforme constitutionnelle de février 2007 : composée de membres du Parlement, elle ne pouvait juger le président de la République que pour crime de « haute trahison », mais aussi les membres du gouvernement.

❺ d. Un second texte, qui sera peut-être examiné par la suite, envisage de réduire de 30 % le nombre de députés et de sénateurs (et d'introduire une dose de proportionnelle lors des élections législatives).

Entraînement

Évaluez votre maîtrise du cours et entraînez-vous avec ces questions à réponse courte (QRC).

QRC N° 1

DIFFICULTÉ : ✕✕✕ / DURÉE : 10 MIN

Sujet

Qu'est-ce qu'une élection « à la proportionnelle » ?

Proposition de corrigé

Une élection « à la proportionnelle » permet d'élire les membres d'une assemblée (conseil municipal, départemental, régional, Assemblée nationale, Parlement européen, etc.).
Une assemblée est composée d'un certain nombre de sièges. Ce nombre est défini par la loi (577 à l'Assemblée nationale ; de 7 à 69, selon le nombre d'habitants, au conseil municipal ; 751 au Parlement européen, dont 79 occupés par des députés français, etc.).
Les sièges sont répartis après l'élection proportionnellement au nombre de suffrages obtenus par chaque liste. Pour permettre à une majorité de se constituer (sans majorité, une assemblée est ingouvernable, des compromis doivent sans cesse être négociés, qui limitent la réactivité), les élections « à la proportionnelle » sont souvent complétées d'une « **prime majoritaire** » : ainsi, la liste arrivée en tête aux élections municipales se voit attribuer d'office la moitié des sièges disponibles, seule l'autre moitié est attribuée au prorata des suffrages obtenus.
Le second volet de la révision constitutionnelle en cours prévoit d'introduire « une dose de proportionnelle » aux élections législatives : 15 % des sièges de députés à l'Assemblée nationale seront attribués à un parti proportionnellement au nombre de suffrages qu'il aura obtenu au niveau national (cela permettra de faire entrer des représentants de partis dont le nombre d'élus au suffrage universel direct uninominal à deux tours ne correspond pas à leur représentativité nationale).

QRC N° 2

DIFFICULTÉ : ××× / DURÉE : 15 MIN

Sujet

En quoi les « domaines réservés » du président de la République sont-ils plutôt des « domaines partagés » ?

Proposition de corrigé

La politique étrangère, la diplomatie et la défense font traditionnellement partie des « **domaines réservés** » du président de la République, même si la Constitution ne le reconnaît pas expressément. Ces **domaines de compétences privilégiés s'expriment surtout en période de cohabitation.**

Le président de la République est le chef de l'État, le Premier ministre est le chef du gouvernement : l'équilibre entre les deux « têtes » de l'exécutif est parfois difficile à conserver. Le gouvernement, dirigé par le Premier ministre, « responsable de la défense nationale » (Constitution, art. 21), « détermine et conduit la politique de la nation », qui « dispose de l'administration et de la force armée » (Constitution, art. 20), tandis que le chef de l'État est le chef des armées (Constitution, art. 15) : ce **« domaine partagé »** montre bien la complémentarité des différents acteurs de l'exécutif.

Chacun intervient dans la limite de ses attributions, et cette limite n'est pas toujours simple à définir.

En matière de politique étrangère, c'est le chef de l'État **qui** entre en relation directe avec les chefs d'États étrangers et assure la représentation de la France sur la scène internationale, mais, au gouvernement, un ministre gère les affaires étrangères.

Le président nomme les ambassadeurs et certains consuls ou consuls généraux (par décret pris en Conseil des ministres), qui dépendent, fonctionnellement et hiérarchiquement, du Quai d'Orsay.

L'exécutif doit donc s'organiser et se répartir les missions ou les dossiers, mais aussi pour pour ménager les susceptibilités.

QRC N° 3

DIFFICULTÉ : ××× / DURÉE : 10 MIN

Sujet

En quoi la séparation des pouvoirs participe-t-elle au fonctionnement démocratique d'un État ?

Proposition de corrigé

Le principe de séparation des pouvoirs, théorisé par le **philosophe Montesquieu** (1689-1755) dans son ouvrage *De l'esprit des lois* (1748), impose que les **trois pouvoirs principaux** détenus par l'État (législatif, exécutif et judiciaire) **soient indépendants les uns des autres** : sans être tout à fait autonomes, ils doivent se contrôler et se compléter pour maintenir entre eux un équilibre subtil, parfois précaire. Montesquieu pensait que « tout homme qui a du pouvoir est porté à en abuser » et que la seule manière de l'éviter est de mettre en place plusieurs contrepouvoirs, parce que « le pouvoir arrête le pouvoir » (Montesquieu, *De l'esprit des lois*). Lorsque l'un de ces trois pouvoirs dirige les autres, la démocratie n'est plus garantie, et celui qui les détiendrait tous n'aurait aucune limite.

La **complémentarité** entre le pouvoir exécutif et le pouvoir législatif (mais aussi le **bicamérisme** du parlement) permettent que l'enthousiasme d'un gouvernement soit tempéré par la procédure devant les assemblées, que la réforme constitutionnelle en cours se propose d'abréger : cela renforcerait le pouvoir exécutif au détriment du pouvoir législatif.

QRC N° 4

DIFFICULTÉ : ✕✕✕ / DURÉE : 15 MIN

Sujet

De quelle manière le Conseil constitutionnel vérifie-t-il la conformité des lois avec la Constitution ?

Proposition de corrigé

Le Conseil constitutionnel peut être saisi **après l'adoption d'une loi**, et **avant sa promulgation**, « par le président de la République, le Premier ministre, le président de l'Assemblée nationale, le président du Sénat ou soixante députés ou soixante sénateurs » (Constitution, art. 61). Cette disposition permet à l'**opposition parlementaire de contester un texte adopté** par la majorité. La réforme constitutionnelle en cours – qui envisage de diminuer le nombre de parlementaires élus – prévoit de laisser cette possibilité à « quarante députés ou quarante sénateurs » (puisque le projet prévoit aussi de réduire le nombre de parlementaires).

Le Conseil constitutionnel a **un mois pour statuer et répondre à la question qui lui est posée** : il est le seul à disposer **d'un droit de veto** – ou de correction – sur les lois adoptées par le Parlement. Le président de la République, qui dispose de quinze jours pour promulguer les lois adoptées par le Parlement, peut saisir le Conseil constitutionnel pour s'assurer de la constitutionnalité de la loi qu'il est dans l'obligation de signer, sauf décision contraire du Conseil constitutionnel.

Depuis le **1er mars 2010** (suite à la révision constitutionnelle du 23 juillet 2008), **le Conseil constitutionnel peut annuler, ou limiter**, en la déclarant totalement ou partiellement contraire à la Constitution, **une loi en vigueur** depuis des années : c'est la « question prioritaire de constitutionnalité » (Constitution, art. 61-1) qui autorise chaque citoyen à contester « devant une juridiction relevant du Conseil d'État ou de la Cour de cassation » (Constitution, art. 23-1) la constitutionnalité d'une disposition légale « qui porte atteinte aux droits et libertés que la Constitution garantit ». Le Conseil constitutionnel se retrouve ainsi avec un pouvoir considérablement renforcé, et un domaine de compétences élargi.

QRC N° 5

DIFFICULTÉ : ××× / DURÉE : 10 MIN

Sujet

Le maire a une « double casquette », ou une double compétence, il exerce ses différentes missions sous l'autorité de différents interlocuteurs : développez.

Proposition de corrigé

Le maire est une autorité décentralisée lorsqu'il préside le conseil municipal : détenteur d'un pouvoir législatif, il propose des délibérations que le conseil est libre d'adopter ou non lors d'un vote auquel il participe. Il exerce sa mission sous l'autorité du préfet, qui assure un contrôle de légalité. Les délibérations sont contestables devant la juridiction administrative. Le maire doit rendre des comptes au préfet sur sa gestion du budget municipal, et le préfet peut saisir la chambre régionale des comptes s'il l'estime nécessaire.

Il doit aussi rendre des comptes au conseil municipal et aux électeurs.

Le maire est également une autorité déconcentrée, un agent de l'État qui représente le pouvoir exécutif. Il détient à ce titre un pouvoir réglementaire qu'il peut exercer sous forme d'arrêtés municipaux soumis au contrôle de légalité préfectoral, contestables devant la juridiction administrative. Il est officier d'état civil et officier de police judiciaire sous l'autorité du procureur de la République. Il peut à ce titre, en théorie, remplacer l'officier du ministère public auprès du tribunal de police (l'officier du ministère public est un commissaire de police qui représente le parquet). Il peut également constater des infractions. Le maire organise les élections et le recensement, il dispose de pouvoirs de police administrative générale pour organiser la vie de la commune. Il dispose de pouvoirs de police administrative spéciale qui lui permettent d'intervenir dans des domaines spécifiques (police des baignades et des activités nautiques, police des cimetières, immeubles insalubres, etc.). Il exerce ses pouvoirs de police administrative sous l'autorité du préfet.

PARTIE 2

Maîtriser le **droit administratif**

Tout le cours

1. La structure de l'État

La Constitution française a consacré la subordination de l'administration au gouvernement qui dispose, au sens de l'article 20, de l'administration et de la force armée. Comme le précisent certains auteurs, **administrer, c'est assurer une application journalière de la loi**, c'est gérer les affaires courantes. C'est en ce sens que l'État est structuré de manière très fine jusqu'à l'administré. Le nombre de ministères est libre : il en est donc créé autant que de besoins spécifiques liés à la politique que souhaite mener le pouvoir en place. À partir de ces ministères se déclinent les états-majors et les services. Les différentes administrations existantes pourront être rattachées, selon les gouvernements, à un ministère ou à un autre (par exemple, la gendarmerie a été rattachée à la Défense puis à l'Intérieur).

1. La structure politico-administrative

Les services sont créés dans un **sens hiérarchique** en allant de la présidence vers les unités de travail déconcentrées. Le président de la République s'entoure d'abord d'un **état-major** : les services de la présidence (500 personnes) peuvent regrouper des hauts fonctionnaires, des militaires ou des personnalités civiles, qui jouent un rôle de conseil, de filtre et de gestion des dossiers que la présidence se réserve. Souvent, le secrétariat de la présidence de la République (secrétaire général de l'Élysée) s'attache à suivre le fonctionnement du gouvernement et la correcte coordination entre les ministères, voire à donner les impulsions présidentielles nécessaires.

Par tradition, le Premier ministre est le chef de l'administration. Il dispose du droit de nomination général sur tous les emplois publics et dispose de services liés à sa fonction. On y retrouve en particulier un cabinet, des conseillers techniques chargés de préparer ou suivre des projets, un secrétariat général et des chargés de mission (pour préparer les réunions interministérielles, notamment). Le Premier ministre, dépourvu de département ministériel, donc de grandes administrations qui lui seraient rattachées, est toutefois gérant de services stratégiques comme le conseil d'orientation des retraites, d'autorités administratives indépendantes comme l'observatoire de la laïcité.

Les ministres gèrent des ministères auxquels sont attachées les diverses administrations composant le spectre des services publics français. Ils disposent du pouvoir de nomination des fonctionnaires de leur portefeuille ministériel. Chaque ministre s'entoure d'un cabinet composé d'un nombre de collaborateurs restreint.

2. Les administrations centrales sous tutelle

Sous la tutelle de ces ministres, les administrations dites centrales sont gérées par un directeur, des adjoints et souvent un cabinet selon le périmètre de l'administration concernée. C'est au cœur de ces **services centraux** que l'on retrouve les administrateurs civils (hauts fonctionnaires issus de l'INSP – Institut national du service public, l'ENA – École nationale d'administration – a été dissoute en 2021). À ce propos, il est important de noter une particularité de l'administration française qui est la nomination des hauts fonctionnaires et directeurs des administrations centrales et déconcentrées. Ces nominations sont **à discrétion du gouvernement** ; les emplois de ces fonctionnaires sont essentiellement révocables et, selon les époques, relativement politisés.

Les administrations sont souvent gérées depuis Paris, siège du pouvoir central. Les directions de ces administrations sont organisées la plupart du temps en sous-directions et bureaux. Elles sont l'état-major des services publics et se chargent des diverses **politiques stratégiques** de l'administration concernée. On retrouvera d'ailleurs généralement le même éventail de responsabilités au cœur de cette organisation centrale : personnel, budget, formation, informatique, réglementation…

Aux termes d'un décret du 9 mai 1997, les administrations civiles de l'État se composent, d'une part, d'**administrations centrales** et de **services à compétence nationale (SCN)**, d'autre part, de **services déconcentrés**. En tant que service de l'État, une administration centrale ne dispose bien sûr pas de la personnalité morale juridique et se trouve placée sous l'autorité hiérarchique directe d'un ministre ou d'un secrétaire d'État. Il ne s'agit donc en aucune manière d'une structure autonome. Une des missions les plus importantes des administrations centrales consiste à élaborer des **normes juridiques** nécessaires à la mise en œuvre des politiques publiques. Qu'il s'agisse de textes législatifs ou réglementaires, le gouvernement doit pouvoir disposer de services capables de concevoir et de rédiger des normes traduisant sa volonté politique. Ces services centraux sont également les interlocuteurs habituels du Secrétariat général du gouvernement. L'échelon central exerce enfin des missions de contrôle, d'**inspection et d'évaluation** ; il s'agit d'éclairer les autorités ministérielles sur le fonctionnement de leurs administrations. Toutefois, le plus souvent, ces missions d'inspection, de contrôle, d'audit et d'évaluation relèvent de services directement placés sous l'autorité du ou des ministres.

3. Les services à compétence nationales

Les SCN sont des administrations chargées d'attributions qui ne peuvent être reprises par les services centraux ou déconcentrés. Elles bénéficient pour remplir ces attributions d'un certain degré d'autonomie. On peut citer comme exemple les SCN qui gèrent le recrutement ou la formation professionnelle dans certaines administrations.

4. Les administrations déconcentrées

Les services publics se trouvent ensuite, toujours sous le couvert de l'administration centrale, déclinés dans les régions et départements en **administrations déconcentrées** avec à leur tête des directeurs d'administration déconcentrée (le recteur, le directeur départemental de la sécurité publique...). Ces directions locales ont leur propre manière de s'organiser selon les administrations auxquelles elles correspondent.

Structure générale de l'administration

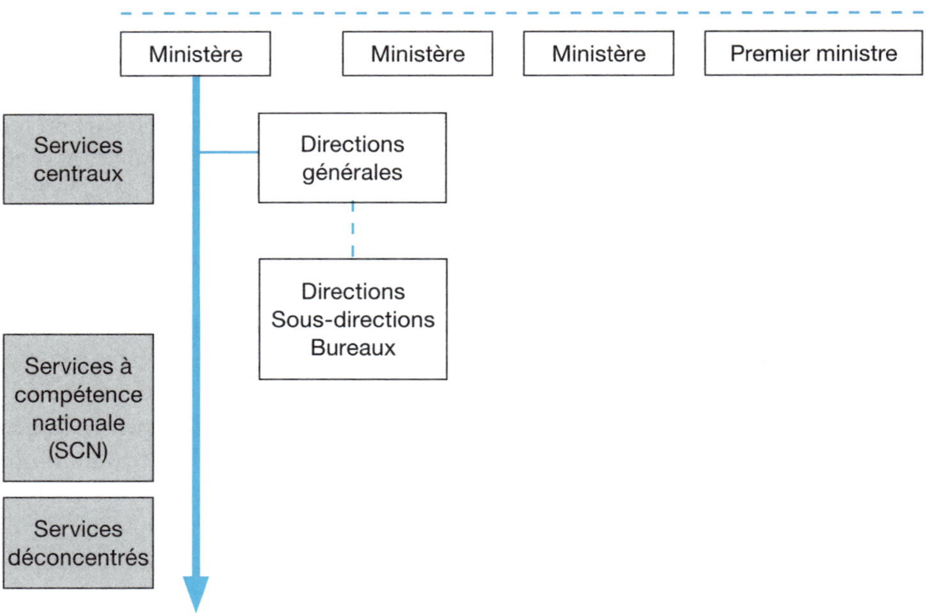

QCM

Dans cet exercice, la question peut appeler une ou plusieurs bonnes réponses, voire toutes ou aucune.

1 Ne conservez que les réponses exactes:

a. Les circulaires sont des normes émanant des ministres
b. Les ministres sont nommés par le président de la République
c. La structure administrative est organisée en administrations centrales et déconcentrées

❷ **Ne conservez que les réponses exactes :**
a. Il existe des services à compétence nationale
b. Chaque ministre dispose d'un cabinet propre
c. Les ministres élaborent leur budget de manière individuelle

❸ **Ne conservez que les réponses exactes :**
a. Les administrateurs civils ne sont pas des fonctionnaires
b. La Constitution française prévoit le nombre maximal de ministères pouvant être créés
c. Les collectivités territoriales ne dépendent pas des ministères

❹ **Ne conservez que les réponses exactes :**
a. L'administration centrale est organisée en directions, sous-directions, bureaux
b. Les parlementaires peuvent dissoudre un ministère
c. Le président de la République dirige le gouvernement

❺ **Ne conservez que les réponses exactes :**
a. SCN signifie « service centralisé national »
b. Le secrétariat général de l'Elysée est un organe d'inspection des services publics rattaché au président de la République
c. Les directives sont des normes de travail émises par le président de la République pour les hauts fonctionnaires

Corrigé

❶ a, b, c. Les ministres disposent d'un pouvoir réglementaire limité et donnent des consignes à leurs services, les administrations qui leur sont rattachées, par voie de circulaire. Les ministres sont proposés par le Premier ministre mais nommés par le président de la République.

❷ a, b. Les ministres n'élaborent un budget que selon des orientations fournies par le Premier ministre (lettres de cadrage). Par ailleurs, les budgets sont décidés en concertation avec le ministre du Budget, sous l'arbitrage du Premier ministre.

❸ c. Les administrateurs civils sont des hauts fonctionnaires recrutés par le biais de l'INSP. La Constitution ne limite pas le nombre de ministères, qui dépend essentiellement des politiques que veut mener le gouvernement.

❹ a. Les députés peuvent renverser un gouvernement (motion de censure), mais les ministères ne peuvent être dissous par les parlementaires. C'est le Premier ministre qui dirige le gouvernement, même si le président de la République préside le Conseil des ministres.

❺ Aucune. SCN signifie « service à compétence nationale ». Le secrétariat général de l'Elysée assure le contrôle du gouvernement et la coordination entre les ministères. Les directives sont des normes juridiques n'ayant pas de lien avec la haute fonction publique.

2. Services publics et grands principes

Les grands principes du service public sont issus des lois dites de Rolland et sont, à l'origine, au nombre de trois : la continuité, l'adaptation et l'égalité.

1. Le principe de continuité

Le **principe de continuité** assure une action d'intérêt public sans discontinuer et permet au service de fonctionner au profit soit des usagers, soit du pouvoir central, soit des deux. Le fonctionnement de l'État ne peut se permettre de mise entre parenthèses pour certaines activités (la lutte contre l'incendie, les communications, la défense...). Ce principe n'est inscrit dans aucun texte mais résulte d'une jurisprudence constante affirmant que « la continuité est de l'essence même du service public ». Le Conseil constitutionnel a même validé ce principe comme principe à valeur constitutionnelle (25 juillet 1979). La continuité doit fonctionner à l'égard de tous : agents comme État, administrés et usagers. Cela signifie que, pour assurer la continuité d'un service, ses agents devront assumer eux-mêmes ce principe. Il en découle logiquement des **conséquences sur le droit de grève** reconnu aux agents desdits services publics.

Les usagers et citoyens ont droit à un fonctionnement normal des services, sans soubresauts, sans heurts affectant une régularité, ou à une absence d'interruption générale. Cela ne veut pas dire cependant que les services doivent être assurés dans des conditions identiques quels que soient les événements. Cela implique que les usagers ont droit au bon fonctionnement (c'est-à-dire à un **fonctionnement « normal »**) ou au fonctionnement minimum d'un service, mais n'ont pas forcément droit au maintien du service. L'administration cherche ainsi constamment à **concilier** une liberté fondamentale, le droit de grève, avec les nécessités de la continuité du service.

2. Le principe d'adaptation

Le second principe de base est celui dit de l'**adaptation** ou de la **mutabilité.** Comme toute entreprise ou organisme, les services publics sont contraints par les évolutions sociales, économiques, financières et doivent s'adapter à leur environnement. On peut à titre général remarquer deux types de changements : de droit ou de fait. Dès qu'il y a **modification juridique**, par exemple une loi nouvelle venant modifier le fonctionnement d'un service, les autorités qui gèrent le service doivent abroger l'ancien règlement et le remplacer par le nouveau cadre juridique. S'il y a **changement des circonstances** de fait, par exemple des éléments nouveaux dans la vie économique et sociale, l'administration devra infléchir le fonctionnement du service en fonction de cette évolution.

3. Le principe d'égalité

Le troisième principe vise **l'égalité**, il est le pendant d'un autre principe général porté par la même terminologie, issu de la Déclaration des droits de l'homme (article 6). Ce principe est d'ailleurs consacré par le Conseil constitutionnel dans sa décision du 12 juillet 1979. L'égalité implique que le service doit traiter ses collaborateurs, certes, mais aussi les usagers sur un pied d'égalité. Le plus important ici sera le principe d'égalité des usagers qui constitue un véritable intérêt général.

On retient habituellement, vis-à-vis des usagers, l'égalité de traitement et l'**égalité des charges**. De fait, le service doit fonctionner de la même manière pour tous. Il ne s'agit pas seulement des avantages que procure le service aux usagers et qui doivent être **d'effets équivalents**. L'égalité des charges, ce sont aussi les sujétions que peut entraîner le fonctionnement du service sur le patrimoine des particuliers, que l'on évoque d'ailleurs le plan financier ou le plan pratique. Il s'agira pour les usagers de supporter également ou équitablement les charges financières du fonctionnement des services publics (égalité des citoyens devant les charges publiques). On peut toutefois constater que nombre d'exceptions existent à ce principe, visant notamment à taxer différemment chacune des catégories socioprofessionnelles pour le bénéfice d'un service d'intérêt général (cantines scolaires, centres de loisirs).

Le **droit d'accès au service public** constitue un critère corrélatif du principe d'égalité. En effet, tout candidat usager doit pouvoir accéder audit service à des conditions semblables aux autres usagers. Cela n'exclut pas cependant des disparités, par exemple entre tarifications. Les limites au droit d'accès des usagers à un service peuvent trouver leur cause dans deux origines :

- des **différences de situation** : un service public non obligatoire ne peut exclure la possibilité que l'accès y soit interdit à certaines catégories d'usagers (par exemple, des services locaux refusant l'accès aux habitants de communes voisines ou accordant des priorités à l'inscription pour des écoles de musique ou de danse…) ;
- des motifs tenant à **l'ordre public** (par exemple, le gestionnaire ayant la responsabilité de la sécurité dans son établissement pourra en refuser l'accès pour des motifs de trouble à l'ordre public ou pour des motifs tenant à la capacité dudit service public).

Ce sont ici des inégalités **de fait** et non de droit qui motivent ces restrictions (par exemple, la capacité d'accueil d'une salle de spectacle, des gradins d'un stade…).

QCM

Dans cet exercice, la question peut appeler une ou plusieurs bonnes réponses, voire toutes ou aucune.

1 Ne conservez que les réponses exactes :

a. Les services publics peuvent être gérés par des personnes privées

b. Les fonctionnaires ne peuvent refuser de s'adapter aux nouvelles normes de fonctionnement

c. La limitation du droit de grève provient en partie de la notion de continuité

❷ Ne conservez que les réponses exactes :

a. Le principe de neutralité est un des grands principes des services publics

b. Les services publics peuvent être soumis à la notion de rentabilité issue de la loi organique sur les lois de finances (LOLF)

c. Le principe d'égalité des charges signifie que tous les citoyens sont égaux devant l'impôt

❸ Ne conservez que les réponses exactes :

a. Le principe de gratuité s'impose aux services publics

b. La laïcité est le quatrième principe du service public ajouté en 2013

c. Les grands principes des services publics sont inscrits dans la Constitution

❹ Ne conservez que les réponses exactes :

a. Les lois dites de Rolland sont à l'origine des grands principes des services publics

b. L'usager n'a aucun droit acquis au maintien d'un service dans sa commune

c. La grève est interdite dans la haute fonction publique afin de respecter le principe de légalité

❺ Ne conservez que les réponses exactes :

a. L'adaptation est aussi appelée principe de mutabilité

b. Il est possible d'exclure certains usagers de l'accès à un service public

c. Des services publics peuvent être payants s'ils sont rendus non obligatoires

Corrigé

❶ a, b, c. Des personnes privées peuvent être chargées d'un service public, les concessions de service public, par exemple (autoroute), ou encore la sécurité des aéroports. Les agents publics sont tenus de s'adapter aux évolutions de leur service. La continuité des services publics implique des limitations ou interdictions du droit de grève.

❷ a, b. La rentabilité peut servir de base à des réformes de structures (par exemple, les hôpitaux), même si cette notion n'entre pas dans le classique trio issu des lois de Rolland.

❸ Aucun. La gratuité n'est pas, au sens premier du terme, une obligation, car il existe des services publics payants. La laïcité est un principe de la République et, si elle est inscrite dans nombre de textes, y compris la Constitution, elle n'est pas à proprement parler un principe du service public (le principe d'égalité joue déjà ce rôle).

❹ a, b. Les pouvoirs publics peuvent décider unilatéralement de la suppression de tel ou tel service. Le droit de grève existe bel et bien, mais son maintien ou son utilisation varient suivant les administrations, et la limitation du droit de grève des hauts fonctionnaires n'est pas liée au principe de légalité mais plutôt à celui de loyalisme (ou de loyauté).

❺ a, b, c. On peut exclure certains usagers de l'accès au service pour des motifs d'ordre public, notamment. Les usagers qui se trouvent dans des situations non comparables peuvent aussi être traités différemment par les services publics. Par ailleurs, ces derniers peuvent être payants s'ils ne sont pas rendus obligatoires (les transports en commun).

3. La police administrative

La notion de police administrative renvoie au domaine de l'activité préventive de l'administration. Elle a pour mission essentielle d'assurer contrôles et surveillance générale.

1. Une mission de prévention

L'idée étant, par la voie de la prévention, d'**éviter les désordres** qui ne pourraient qu'engendrer des difficultés de contentieux ou de répression. L'administration prend alors des mesures en amont de l'événement afin de limiter ou d'éviter tous types de désordre (par exemple, l'interdiction d'emporter certains objets lors de matches ou d'événements culturels divers). La limitation des déplacements, la fermeture de commerces, etc., peuvent être considérées comme des mesures de police venant prévenir une potentialité de désordres et de développement d'infractions.

La prévention s'affiche sous de multiples aspects, que l'on évoque la circulation routière (par exemple, le passage de 90 à 80 km/h), la mise en forme de plans de protection pour un déploiement rapide et efficient des services de secours (plan ORSEC), les analyses prescrites pour vérifier certains aspects sanitaires (répression des fraudes pour la sécurité alimentaire, analyse de l'eau de mer pour la baignade) ou encore pour donner un exemple récent, les mesures prises par les pouvoirs publics dans le cadre de la COVID19… Tout cela fait partie du domaine de la police administrative.

La police administrative prévient, renseigne et assiste également. C'est du rôle de l'État en effet que de venir en appui des administrés en cas d'urgence, de danger révélé. On peut citer, par exemple, l'organisation du SAMU, le secours en montagne, la lutte contre les incendies de forêt…

2. Une répartition nationale ou locale des compétences

Les compétences entre les différentes autorités responsables de police administrative varient selon les actions de **police administrative générale** (PAG) ou celles de **police administrative spéciale** (PAS). La police spéciale est d'abord une police spécifique du fait de son attribution à des détenteurs pouvant être différents de ceux de la police générale (par exemple, la police des chemins de fer qui, au niveau national, appartient non au Premier ministre mais au ministre chargé des transports ; de la même manière, la police des cinémas est attribuée au ministre de la Culture…). Les polices spéciales concernent tel ou tel domaine précis d'activité et visent très fréquemment des buts plus larges que les classiques **tranquillité, salubrité, sécurité**. Ces polices sont organisées par des textes particuliers qui déterminent les autorités compétentes et les mesures à édicter.

Tableau des compétences en matière de police

Police administrative spéciale	Chaque ministre (sauf Premier ministre)	Préfet	Maire ou président d'EPCI[1]
Police administrative générale	Premier ministre	Préfet	Maire ou président d'EPCI[1]

À titre général, les autorités décisionnaires sont le Premier ministre, les ministres, les préfets et les maires. Les maires, les préfets et le Premier ministre sont titulaires du pouvoir de PAG ; les maires, les préfets et les ministres sont titulaires du pouvoir de PAS. Ces autorités n'interviennent que pour le compte de l'État ou de la commune et ce, dans un seul objectif : l'ordre public.

Le président de la République peut être également amené à édicter des mesures de police à l'occasion de l'exercice de son propre pouvoir réglementaire et plus spécialement dans le cadre de l'application de l'article 16 de la Constitution. En revanche, le ministre de l'Intérieur, hors sa compétence en police spéciale sur quelques domaines (cultes, presse), n'est pas autorité de police générale.

Le préfet exerce son pouvoir de police dans le département pour le compte de l'État. À ce titre, il exerce la police de la circulation en dehors des agglomérations, sauf pour les chemins communaux. Il peut se substituer au maire lorsque ce dernier néglige de prendre, dans sa commune, une mesure de police nécessaire.

3. Gestion des conflits de compétences

Dans la mesure où les titulaires de PAS et PAG sont en grande partie identiques et que, sur une même PAG, on trouve plusieurs niveaux, se poseront immanquablement des questions d'arbitrage. Il existe une **collaboration entre autorités de police** avec l'application de deux principes : la prédominance de la police générale exercée sur le plan supérieur ; le respect des compétences des autorités inférieures.

La prédominance des autorités supérieures se manifeste d'abord par l'obligation faite aux détenteurs inférieurs du pouvoir de police de respecter les dispositions réglementaires et les mesures individuelles prises au-dessus d'eux. Ainsi, un maire ne saurait, sous prétexte de circonstances locales, violer les dispositions du Code de la route en modifiant les règles de priorité aux carrefours. En second lieu, les autorités de police inférieures doivent respecter leur compétence territoriale.

1. EPCI : Etablissement Public de Coopération Intercommunale.

On trouve ensuite au sein de la police administrative une **concurrence entre la police générale et la police spéciale** avec l'usage de deux règles :

– la première règle est que la police spéciale exclut la police générale. Ainsi, dans l'enceinte des chemins de fer, le ministre des Transports est seul compétent ;

– la seconde règle constitue l'exception : le concours des deux polices est possible si la réglementation n'est pas exclusivement réservée à l'autorité de police spéciale.

Une autorité de police locale peut **aggraver la décision** rendue par une autorité de police générale. Ainsi, la violence d'un film ou son caractère immoral peuvent entraîner une restriction locale de diffusion alors que ce film pourrait être libre de diffusion sur l'ensemble du territoire national (rien n'empêche d'aller voir ce film dans une autre commune). La police administrative poursuit donc bien la réalisation de l'ordre public au niveau national et local.

4. Distinction entre police administrative et police judiciaire

La distinction entre police administrative et police judiciaire est nécessaire, car le contentieux lié à la police relève soit de la responsabilité du juge administratif soit de celle du juge judiciaire. De plus, la police administrative est exercée au nom de l'État, des communes ou des départements, etc., alors que la police judiciaire est exercée exclusivement sous la responsabilité du pouvoir judiciaire. Une même opération peut passer de judiciaire à administrative et inversement, et ce sont aussi les mêmes personnels (fonctionnaires) qui assurent les deux missions. Ainsi un agent de police (disposant de la qualification d'officier de police judiciaire) dispose, selon les événements de deux types de pouvoirs qu'il ne doit pas confondre, ceux issus de la police administrative générale et ceux issus du Code de procédure pénale.

Afin d'effectuer juridiquement la distinction entre **police administrative et police judiciaire**, la jurisprudence s'est tournée vers un **critère finaliste** : ce qui est important, en effet, c'est le but de l'opération de police. Poursuit-on un objectif administratif ou judiciaire ? De fait, il semble qu'il y ait opération de police administrative ou judiciaire selon qu'il y a infraction pénale ou non.

QCM

Dans cet exercice, la question peut appeler une ou plusieurs bonnes réponses, voire toutes ou aucune.

1 Ne conservez que les réponses exactes :
a. Les responsables de la police judiciaire sont les préfets
b. La police administrative est préventive
c. La police administrative fait appel à la notion d'ordre public pour interdire certaines activités

2 Ne conservez que les réponses exactes :
a. Il existe des polices administratives générales et spéciales
b. Les autorités responsables de police administrative générale sont les officiers de gendarmerie et les commissaires de police
c. Le préfet est titulaire d'un pouvoir de police comme le maire

3 Ne conservez que les réponses exactes :
a. Les opérations de police judiciaire sont basées sur le Code pénal et le Code de procédure pénale
b. Un maire peut interdire l'exercice d'une liberté par voie d'arrêté municipal
c. L'article 16 de la Constitution permet au président de la République de mettre en place de mesures de police

4 Ne conservez que les réponses exactes :
a. Police administrative et police judiciaire peuvent être effectuées par le même personnel
b. Un préfet est détenteur de police administrative générale et de police administrative spéciale
c. Un ministre peut être détenteur de police spéciale

5 Ne conservez que les réponses exactes :
a. La police spéciale l'emporte sur la police générale
b. Les pouvoirs de police judiciaire peuvent être utilisés pour réaliser des missions de police administrative
c. La police du cinéma est une police spéciale

Corrigé

1 b, c. Les responsables de la police judiciaire sont les parquets (procureurs de la République). La police administrative permet d'interdire certaines activités (par exemple, l'interdiction de baignade pour protéger la santé des administrés).

2 a, c. Gendarmerie et police exécutent des consignes de police administrative dont les responsables sont les préfets.

3 a, b, c. Une liberté (par exemple, de déplacement) peut être supprimée par arrêté municipal (restriction ou fermeture à la circulation d'une rue).

4 a, b, c. Le préfet est détenteur des deux sortes de police. Les mêmes agents (gendarmes, policiers) peuvent traiter des mesures de police administrative ou judiciaire.

5 a, c. La police du cinéma est une police spéciale accordée au ministre chargé de la culture. Les pouvoirs du Code pénal ou du Code de procédure pénale ne peuvent être utilisés pour de la police administrative (par exemple, la garde à vue).

4. L'ordre public

La **police administrative** est une des modalités essentielles de l'action administrative qui se manifeste par des prescriptions unilatérales tendant à préserver ou rétablir l'ordre public. Parfois, **préserver ou rétablir l'ordre équivaudra à limiter ou interdire l'exercice de certaines libertés ou de certains droits des citoyens.**

1. Définition de l'ordre public et contours initiaux

Dans un État de droit, où règne le principe de la séparation des pouvoirs exécutif et judiciaire, la possibilité qui est ainsi donnée à l'administration de limiter des libertés individuelles est contrôlée par le juge. Cette garantie apparaît essentielle dans la conception de la police administrative. Il est important de savoir ce qu'il faut entendre par ordre public et, selon une formule célèbre, « l'ordre public au sens de la police est l'ordre matériel et extérieur ». On a coutume de reprendre dans l'ordre public **trois éléments qui ont été évoqués et consacrés par la loi sur l'organisation départementale** (loi du 22 décembre 1789) mais surtout par **la loi communale du 4 avril 1884**. Ces trois éléments sont : **la sécurité publique, la tranquillité publique** et **la salubrité publique**.

La difficulté réside dans le fait que la notion d'ordre public reste **subjective**. Les trois éléments ne permettent que de dessiner les contours de l'ordre public et, par là même, les buts que doit respecter l'autorité de police. **La tranquillité, c'est la limitation des risques de désordre ; la sécurité, c'est la limitation des risques d'accident ; la salubrité, c'est la limitation des risques de maladie.** Le Code des communes dispose que « la police municipale a pour objet d'assurer le bon ordre, la sûreté, la sécurité et la salubrité publiques ». Ces buts, résumés dans la notion d'ordre public, caractérisent donc la police administrative et surtout la différencient de la police judiciaire.

2. Évolution de la notion d'ordre public

Cependant, cette énumération ne doit pas être entendue comme une limitation stricte. Il semble clair que le terme le plus important soit « **bon ordre** » et que les éléments qui le suivent ne servent qu'à l'expliciter. En effet, l'ordre public comprend aujourd'hui des buts nouveaux qu'on ne peut rattacher directement à la tranquillité, la salubrité ou la sécurité. Le maintien de l'ordre public est susceptible de variations dans le temps. Dans certains cas, le juge administratif a pu qualifier la sauvegarde de l'esthétisme comme élément de l'ordre public justifiant l'application de mesures de police administrative : il s'agissait de maintenir ou de veiller à l'environnement architectural ou naturel et donc de combattre par la police administrative ce qui pourrait lui nuire. C'est dans ce contexte que l'on a aussi classé dans le « bon ordre » la lutte contre le développement sauvage de l'affichage et de la publicité : l'environnement est devenu un impératif (loi de 1976 sur la protection de la nature, par exemple). On en conclut que le bon ordre se confond avec la sécurité, la salubrité ou la tranquillité, selon les cas, mais aussi qu'il ne se distingue pas de l'ordre public en général.

L'ordre public rencontre aussi l'ordre moral, et la notion de « **bon ordre moral** » fait son apparition. Cette acception de l'ordre public apparaît généralement étendue et péjorative. L'utilisation du pouvoir de police pour défendre des intérêts moraux n'est, de fait, pas prévue par le législateur et, encore une fois, c'est sur le plan de la jurisprudence que le débat va s'étendre. La maîtrise du bon ordre moral implique de faire cesser un trouble de conscience provoqué par des faits publics souvent répréhensibles par l'opinion publique et attentatoires aux bonnes mœurs et à la morale. L'exemple le plus courant en la matière est l'interdiction municipale de films cinématographiques : les maires, qui sont responsables directement de l'ordre public dans leur commune, peuvent interdire la projection d'un film dans toutes les salles de la municipalité. Mais la moralité peut également engendrer bien d'autres décisions de police : fermeture de « lieux de débauche » à proximité d'écoles, interdiction de donner aux rues des noms immoraux….

Le Conseil d'État s'est aussi saisi de la notion de **dignité humaine** pour la faire entrer dans la définition de l'ordre public dans certains arrêts. Il peut même arriver que l'ordre public comprenne dans ses composantes **le conformisme politique**. Il est en effet plus ou moins sensible aux phénomènes politiques. Là encore, des polices particulières ont été aménagées par des lois spéciales : dissolution des groupements dont l'activité tendrait à mettre en péril la légalité républicaine (loi du 10 janvier 1936), police des étrangers avec le problème des expulsions (arrêt du 22 décembre 1978 Cohn-Bendit).

3. Ordre public et situations d'exception

L'ordre public est perçu enfin de manière spécifique en cas de circonstances particulières, car en ces périodes d'événements sensibles les pouvoirs de police seront étendus. L'extension jurisprudentielle des compétences des autorités de police a été systématisée en une théorie de « **circonstances exceptionnelles** ».

L'**état de siège** est une aggravation du régime de police justifiée par l'idée de péril national. Il est réglementé par une loi du 9 août 1849. L'article 36 de la Constitution dispose que l'état de siège est décrété en Conseil des ministres, sa prolongation au-delà de douze jours doit être autorisée par le Parlement comme l'état d'urgence. Les effets de l'état de siège sont de confier les pouvoirs de police aux autorités militaires (celles-ci dessaisissent le pouvoir civil dans la mesure où elles le jugent utile) et de les élargir (extension du droit de perquisition, possibilité d'interdire les réunions et les publications…).

L'**état d'urgence** est aussi un régime exceptionnel prévu par une loi du 3 avril 1955 et modifié par ordonnance du 15 avril 1960, revu en raison de la vague d'attentats en France puis dernièrement par la loi du 20 novembre 2015 relative à l'état d'urgence dans le contexte des attentats commis sur le territoire national. L'état d'urgence est proclamé en cas de péril imminent résultant d'atteintes graves à l'ordre public ou en cas d'événements présentant le caractère de calamité publique. Il est décrété en Conseil des ministres, et sa prorogation au-delà de douze jours implique l'autorisation du Parlement pendant des périodes précises – la France au fil des autorisations successives de ce dernier s'est trouvée en période d'état d'urgence de 2015 à 2017. La grande différence avec l'état de siège réside dans l'attribution à l'autorité civile des pouvoirs supplémentaires de police. L'état d'urgence a permis dès 2015 de voir de nouveaux pouvoirs attribués aux autorités civiles (assignation à résidence, contrôles de l'informatique, etc.) tout en conservant l'encadrement. L'état d'urgence a connu cette évolution récente avec le terrorisme : le législateur a permis, au motif du maintien de l'ordre public, de restreindre des libertés, de créer de nouvelles formes de contrôles, notamment sur l'informatique, tout en conservant l'encadrement procédural de cet état d'urgence.

QCM

Dans cet exercice, la question peut appeler une ou plusieurs bonnes réponses, voire toutes ou aucune.

1 Ne conservez que les réponses exactes :

a. La mesure de police prise par une autorité ne vise que le maintien ou le rétablissement de l'ordre public
b. C'est le Code des communes qui, à l'origine, reprend les thématiques visant l'ordre public
c. Un administré peut introduire un recours contre une mesure de police devant les tribunaux judiciaires

2 Ne conservez que les réponses exactes :

a. L'état d'urgence résulte d'un texte de loi
b. La tranquillité est un des éléments définissant l'ordre public
c. Le maire d'une commune peut déléguer son pouvoir de police administrative

3 Ne conservez que les réponses exactes :

a. L'extension des pouvoirs de police peut être prévue par la Constitution
b. Une mesure de police illégale peut entraîner réparation d'un préjudice causé
c. Un préfet peut interdire une manifestation

4 Ne conservez que les réponses exactes :

a. La moralité publique peut être une base pour la mise en place d'une mesure de police
b. Un préfet peut prendre des mesures de police de la compétence d'un maire
c. L'esthétisme peut être un élément justifiant une mesure d'ordre public

5 Ne conservez que les réponses exactes :

a. L'état d'urgence doit être prorogé par le Parlement au-delà d'un mois
b. La police judiciaire entre dans le champ de l'ordre public
c. L'ordre public est un élément d'un État de droit

Corrigé

❶ **a**, **b**. Le lien entre mesure de police et ordre public est essentiel. Les tribunaux judiciaires ne sont pas compétents pour les litiges en matière d'ordre public (ce sont les juridictions administratives).

❷ **a**, **b**. Le maire ne peut jamais déléguer son pouvoir de police.

❸ **a**, **b**, **c**. La Constitution prévoit ces limitations, par exemple, avec l'état de siège.

❹ **a**, **b**, **c**. Si un maire ne prend pas une mesure de police, le préfet peut se substituer à lui. Par ailleurs, le maire engage sa responsabilité dans ce cadre.

❺ **c**. La prorogation au-delà de douze jours nécessite l'autorisation parlementaire. L'ordre public est sans lien avec la police judiciaire dont le rôle est de constater les infractions, rassembler les preuves, rechercher les auteurs (cf. Code de procédure pénale).

5. Libertés publiques et encadrement administratif

Si le maintien de l'ordre public est nécessaire à la paix sociale, il ne doit pas devenir abusif et empiéter sur l'exercice des libertés fondamentales. C'est la raison pour laquelle les pouvoirs de police administrative sont enfermés dans des contraintes qui limitent l'action des autorités et des forces de police.

1. L'obligation de légalité des mesures d'encadrement des libertés publiques

Une des premières obligations pour la **légalité** d'une décision de police est qu'elle soit prise par une **personne compétente**, dans les formes *ad hoc* et selon les procédures prescrites. L'autorité de police ne peut pas non plus, lorsqu'elle édicte une interdiction ou prend une décision, indiquer par quels moyens on (le particulier) aboutira à sa réalisation: le particulier choisira lui-même le moyen qu'il jugera le plus approprié. La légalité des mesures de police passe par leur **nécessité**. En effet, nombre de ces mesures sont des restrictions à des libertés, il est donc important de ne les limiter qu'en cas d'absolue nécessité: « la liberté est la règle, et la restriction de police, l'exception ».

Le juge vérifiera toujours si la mesure de police a bien été prise pour le maintien de l'ordre public, il recherchera aussi si la mise en place de la mesure de police était nécessaire pour assurer le respect de cet ordre public. On l'observe au travers de la jurisprudence Benjamin (19 mai 1933): « les troubles susceptibles d'être provoqués par une réunion publique n'étaient pas d'une gravité telle que l'ordre public ne pouvait être maintenu que par son interdiction – la décision de police était illégale ». De nombreux exemples d'illégalité des mesures de police en raison de leur démesure par rapport au risque peuvent être cités: annulation d'un bal alors que l'on pouvait en limiter la durée, interdiction de faisceaux laser d'une discothèque pouvant gêner les automobilistes, interdiction de passage de cortèges funèbres sur une route prétendument à grande circulation...

Dans d'autres situations, la mesure de police n'est pas inadaptée au but poursuivi ou est impérative pour l'atteindre. Par exemple, les mesures peuvent se trouver légales pour une interdiction de manifester dans une rue lorsque le passage par celle-ci risque d'entraîner des troubles plus graves à l'ordre public, ou une interdiction de laisser un commerce ouvert la nuit lorsque le quartier est réputé pour sa dangerosité et que ledit magasin vend des boissons alcoolisées.

Les interdictions prises au travers des mesures de police ne doivent être **ni générales ni absolues** (elles seraient alors illégales). Toutefois, le juge n'aura à vérifier que si l'interdiction n'était ni trop absolue ni trop générale par rapport au but poursuivi. À l'inverse, la mesure de police devra obligatoirement être prise si les circonstances l'exigent, notamment si un texte le prévoit.

2. Les régimes administratifs en matière de libertés publiques

Il existe plusieurs régimes administratifs en matière de libertés publiques, et les autorités publiques les réglementent en choisissant entre trois modalités : soit un régime répressif, soit un régime préventif, soit un système de déclaration préalable.

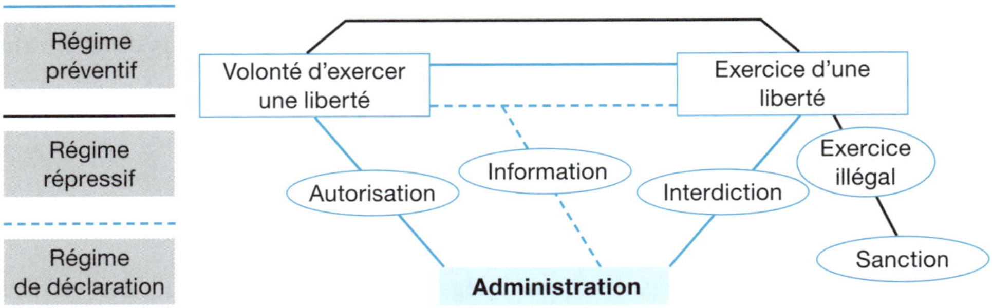

■ Le **régime répressif** est celui qui apparaît le plus favorable aux libertés publiques. Il vise en effet tout simplement à interdire certaines actions que la loi érige alors en infractions, auxquelles correspondent des sanctions. Cela revient à dire que ce qui n'est pas interdit est permis, la liberté est la règle et l'interdiction reste l'exception. Ce régime reste protecteur, car il ne positionne pas d'écran entre la volonté d'exercer une liberté et l'exercice effectif de cette liberté. C'est par exemple le cas de la liberté d'association.

■ Le **régime préventif** est celui qui s'affiche comme le moins favorable aux libertés publiques. Il consiste à subordonner l'exercice d'une liberté au consentement préalable de l'administration. Avec ce régime, n'est permis que ce qui est explicitement autorisé, et la liberté n'est plus la règle mais l'exception. Le régime préventif repose complètement sur l'analyse des situations au cas par cas, sur des bases parfois subjectives, arbitraires ou opportunistes.

Le régime préventif peut revêtir deux costumes qui facilitent son expression : l'autorisation préalable ou l'interdiction. **L'autorisation préalable** se dessine comme la permission d'exercer une liberté qui peut être expresse ou tacite : dans le premier cas, un acte sera pris en amont du souhait d'exercer la liberté ; dans le second cas, la liberté s'acquiert dans le silence de l'administration (qui ne dit mot consent). L'autorisation préalable débouche sur un **pouvoir discrétionnaire** de l'administration qui, pour autoriser l'exercice d'une liberté, pourra demander le respect de certaines conditions.

Après l'autorisation préalable, **l'interdiction** est le second mécanisme du régime préventif. La personne qui souhaite exercer une liberté n'a pas d'autorisation à demander, elle peut donc librement exercer son droit, mais l'administration garde à tout moment la possibilité d'interdire *a priori* l'exercice de cette liberté. Les pouvoirs publics interviendront donc spontanément afin d'annuler une liberté, notamment lorsque cette dernière risque de contrevenir à l'ordre public. C'est le cas, par exemple, du pouvoir laissé aux maires ou aux préfets d'interdire des manifestations sur la voie publique dès lors qu'elles sont susceptibles de troubler l'ordre public.

Le système de **la déclaration préalable**, dernière technique, s'affiche comme un système intermédiaire dans la mesure où la personne souhaitant exercer une liberté publique peut l'activer en la déclarant simplement à l'autorité publique (information préalable). L'autorité, informée, n'a qu'un rôle passif : elle enregistre la décision de la personne, elle peut lui délivrer éventuellement un récépissé précisant qu'elle a bien été informée, mais elle n'autorise ni ne refuse.

QCM

Dans cet exercice, la question peut appeler une ou plusieurs bonnes réponses, voire toutes ou aucune.

1 Ne conservez que les réponses exactes :

a. Les actes de police sont des actes de sanction du comportement d'administrés
b. Les mesures de police doivent avoir exclusivement pour but le maintien de l'ordre public
c. Une mesure de police peut déroger à un texte de loi

2 Ne conservez que les réponses exactes :

a. Le juge contrôle l'opportunité d'une mesure de police
b. C'est le juge judiciaire qui s'assure de la légalité des mesures de police
c. Une mesure de police est d'office illégale si elle touche aux libertés publiques

3 Ne conservez que les réponses exactes :

a. La prise d'une décision de police peut être rendue obligatoire par la loi
b. Les interdictions liées à des mesures de police ne doivent être ni générales ni absolues
c. Le régime préventif est le plus protecteur des libertés publiques

4 Ne conservez que les réponses exactes :

a. Une décision de police doit être prise par une personne compétente
b. Le régime répressif permet de ne mettre aucun écran entre la liberté et son action
c. La déclaration préalable n'est pas un système de limitation des libertés publiques

5 Ne conservez que les réponses exactes :

a. Les juges vérifient que l'ordre public ne pouvait être préservé qu'avec une limitation de liberté
b. Dans un régime répressif, les individus savent jusqu'où ils peuvent aller dans l'exercice de leurs libertés
c. En cas de silence de l'administration à une demande, on peut mettre en œuvre une liberté

Corrigé

❶ **b**. Les actes de police sont d'abord préventifs et visent à prévenir des troubles à l'ordre public. Lorsque des textes législatifs prévoient une réglementation, la police administrative ne peut y déroger. L'acte de police est inférieur à la loi (hiérarchie des normes juridiques).

❷ Aucune. C'est toujours le juge administratif qui contrôle la légalité des mesures de police mais pas sous l'angle de l'opportunité. Une mesure de police a pour effet, régulièrement, de toucher aux libertés, elle ne peut donc être d'office qualifiée d'illégale.

❸ **a**, **b**. Le détenteur d'un pouvoir de police est contraint de prendre des mesures de police résultant de sa compétence. Le régime préventif nécessite d'obtenir l'accord de l'administration ou de l'informer avant l'exercice d'une liberté, il est donc moins protecteur.

❹ **a**, **b**. La déclaration préalable constitue une limitation dans le sens où, avant d'exercer une liberté, j'en informe l'administration, qui pourra éventuellement l'interdire en cas de risque de désordre public.

❺ **a**, **b**, **c**. La limitation des libertés doit être nécessaire au maintien ou au rétablissement de l'ordre public. Le régime répressif fait que l'individu connaît l'interdiction et sait jusqu'où ne pas aller pour ne pas se mettre « hors la loi ».

6. Les actes administratifs

L'une des caractéristiques essentielles du droit administratif réside dans la reconnaissance d'un pouvoir de décision unilatérale au profit des collectivités chargées du service public. Leurs décisions s'imposent aux administrés, aux particuliers. C'est ce que l'on nomme « le privilège de la puissance publique ».

1. Définition de l'acte administratif

Dans la définition d'un acte administratif, on évoque la notion de **décision exécutoire**, c'est-à-dire qui fait naître unilatéralement des obligations et éventuellement des droits au profit ou à la charge de tiers, et surtout sans le consentement de ceux-ci. La décision exécutoire participe donc des **privilèges exorbitants du droit privé** qui sont reconnus à l'administration pour lui permettre d'accomplir sa mission d'intérêt général dans les meilleures conditions. Le privilège de l'exécution forcée, le **privilège du préalable** sont des notions précises. L'administration détient un pouvoir d'agir unilatéralement en vue de l'intérêt général, elle pourra donc prendre dans ce but, selon la jurisprudence, « les décisions qui s'imposent ». Pour arriver à ses fins, l'administration détient de nombreux pouvoirs complémentaires à cette faculté unilatérale de décision. L'ensemble constitue les **prérogatives de puissance publique**. Pourtant, les actes administratifs se conçoivent en rapport à un principe fondateur : le **principe de légalité**, qui veut que l'activité administrative soit en tous points conforme au droit.

2. Présomption de légalité et obéissance des administrés

La décision administrative se trouve pourvue d'une autorité spécifique comportant force obligatoire : c'est ce « privilège du préalable » qui veut que la question de la régularité des actes de l'administration ne se pose pas car, au moment où les décisions sont prises, elles sont **présumées légales et régulières**. Elles **s'imposent immédiatement** aux administrés, et cette présomption existe tant qu'elle n'a pas été écartée par le juge. La décision exécutoire est exécutoire par elle-même, elle dispose de **l'autorité de la chose décidée**, ses effets sont donc obligatoires pour l'administré. Cependant, l'administration ne jouit que d'une présomption de légalité qui peut être renversée par intervention juridictionnelle, elle engage donc sa responsabilité. Pour se faire obéir, l'administration n'a pas à recourir au juge administratif pour faire constater par avance ses droits. L'**obéissance immédiate est due** en principe aux décisions et à toutes les opérations de l'administration, cela même s'il apparaît à l'administré que l'acte est illégal. L'administration engage simplement sa responsabilité sur l'acte édicté.

3. Voies d'exécution des actes administratifs

Plusieurs manières permettent d'exécuter un acte administratif et on peut distinguer trois voies principales d'exécution: **l'exécution instantanée**, l'exécution spontanée, l'exécution imposée. Il existe des actes pour lesquels le problème de l'exécution ne se pose pas: ce sont tous ceux qui ne donnent pas lieu à exécution matérielle et qui épuisent leurs effets dès leur intervention (par exemple, la décision appliquant à un fonctionnaire un avertissement est un acte qui s'exécute instantanément; la titularisation d'un agent public également). **L'exécution spontanée** est la voie d'exécution normale et, en principe, les destinataires de l'acte l'exécutent. Quant à **l'exécution imposée**, elle est corrélative à la notion de contrainte. Le pouvoir administratif doit sortir vainqueur de son affrontement avec le pouvoir privé et ce, pour ne pas risquer de compromettre l'intérêt public.

4. Non-exécution des actes et sanctions

La non-exécution d'un acte peut aussi provenir de l'administration elle-même, elle peut être volontaire ou involontaire, active ou passive. La mauvaise exécution peut, quant à elle, être due à des causes diverses (manque de moyens, mauvaise communication interne...). Face à ces phénomènes, il n'existe que peu de moyens de contrainte: l'administration détient le **monopole de la contrainte et de la force publique**, et on ne peut mettre en œuvre d'exécution forcée à son encontre. Le législateur autorise seulement le juge à prononcer une **astreinte** (paiement d'une somme d'argent jusqu'à ce que l'administration s'exécute).

La possibilité de sanctionner un administré qui ne s'exécute pas n'est pas en principe du domaine de l'administration. Cependant, parfois, l'exécution forcée par la voie administrative devient le seul recours. Si la loi l'y autorise, l'administration peut exécuter ses décisions par la force: par exemple, les travaux portant sur les immeubles insalubres (loi du 15 février 1902) ou encore l'enlèvement des véhicules par la fourrière (Code de la route). L'urgence est aussi une raison de la « sanctionnabilité » des actes administratifs non appliqués. La notion d'**urgence** est cependant laissée à l'appréciation de l'administration. Lorsqu'on se trouve dans ces cas particuliers, **l'administration peut employer la force, mais sous certaines conditions:** l'exécution forcée implique qu'il y ait une résistance de l'intéressé; ce dernier doit être averti de l'usage de la force par une mise en demeure préalable restée sans effet; l'exécution forcée doit avoir sa source dans un texte de loi précis; la mesure édictée doit être adaptée au but qu'elle poursuit (adéquation des moyens aux fins).

Fonctionnement des actes administratifs

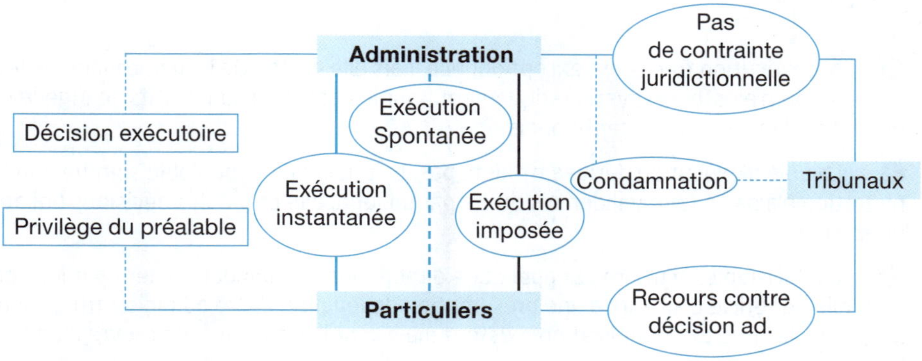

On rappellera que le pouvoir de police n'est donné à l'administration que pour prendre « les mesures indispensables pour assurer le maintien ou le rétablissement de l'ordre public ».

QCM

Dans cet exercice, la question peut appeler une ou plusieurs bonnes réponses, voire toutes ou aucune.

❶ Ne conservez que les réponses exactes :

a. L'administration jouit d'une présomption de légalité pour ses actes
b. L'administration peut passer par l'exécution forcée de ses actes
c. Il existe un sursis à exécution systématique pour tous les actes pris par l'administration qui seraient contestés par les administrés

❷ Ne conservez que les réponses exactes :

a. Le juge peut contraindre l'administration qui ne s'exécute pas, par le biais de l'astreinte
b. Il existe trois voies d'exécution des actes : spontanée, instantanée, dérivée
c. Le privilège du préalable signifie que l'administration doit informer les citoyens de son action

❸ Ne conservez que les réponses exactes :

a. L'administration est tenue de respecter le principe de légalité dans ses décisions
b. Une décision exécutoire est une décision qui doit être exécutée par le juge administratif
c. L'acte administratif nécessite un décret d'application pour pouvoir s'imposer

❹ Ne conservez que les réponses exactes :

a. Si l'acte est considéré comme illégal par l'administré, il peut ne pas l'appliquer et introduire un recours devant un juge
b. Le privilège du préalable est exorbitant du droit privé
c. L'administration agit sous sa responsabilité contentieuse

❺ Ne conservez que les réponses exactes :

a. Pour se faire obéir, l'administration doit recourir au juge
b. En cas d'urgence, l'administration peut appliquer des sanctions pour se faire obéir
c. L'acte administratif est aussi appelé acte administratif unilatéral

Corrigé

❶ **a**, **b**. L'exécution forcée est exceptionnelle mais elle existe. De la même manière, le sursis à exécution n'existe pas systématiquement pour les actes administratifs, le juge le mettra en œuvre dans des cas exceptionnels.

❷ **a**. La voie d'exécution dérivée n'existe pas. Le privilège du préalable signifie que l'administration n'a pas à faire valider ses droits par un juge, elle prend des décisions unilatérales directement.

❸ **a**. La décision exécutoire est appliquée directement et immédiatement par les administrés, elle bénéficie d'ailleurs d'une présomption de légalité. L'acte administratif s'impose de lui-même, les décrets d'application existent mais sont liés à la mise en œuvre d'un texte de loi.

❹ **b**, **c**. L'administré doit appliquer l'acte puis introduire un recours en illégalité devant le juge administratif. L'administration qui agit engage sa responsabilité.

❺ **b**, **c**. Aucun recours au juge n'est nécessaire (privilège du préalable). Le cas de l'urgence est une des exceptions au principe qui veut que l'administration ne puisse sanctionner elle-même un comportement fautif de l'administré. Cette exception reste cependant cadrée juridiquement.

7. Les contrats administratifs

Toutes les collectivités publiques sont amenées à conclure des contrats pour se procurer des biens et des services. Les principes de la théorie générale des contrats sont applicables aux contrats passés par l'administration. Ce sont des « accords de volontés générateurs d'obligations », ils peuvent être passés à titre onéreux ou gratuit.

1. Qu'est-ce qu'un contrat administratif ?

La jurisprudence a élaboré une série de critères pour distinguer le contrat administratif. Si l'on résume l'essentiel, deux conditions doivent être réunies pour la qualification de contrat administratif :

- la participation au contrat d'au moins une personne publique. C'est une condition nécessaire mais non suffisante ;
- la participation à l'exécution du service public ou la présence d'une clause exorbitante du droit commun.

De fait, tout acte fait dans un but d'intérêt général relève de la compétence administrative. L'administration peut **choisir librement** son cocontractant avec certaines limites imposées par la loi. Les **marchés publics** sont des contrats à titre onéreux, conclus par un plusieurs acheteurs publics avec un ou plusieurs opérateurs économiques publics ou privés, pour répondre à leurs besoins en matière de travaux, de fournitures ou de services (ordonnance du 23 juillet 2015).

2. Les obligations du cocontractant et les sanctions corrélatives

Le cocontractant doit exécuter les obligations à sa charge (faire fonctionner le service concédé, livrer les marchandises…) de la manière et dans les conditions prévues par le document contractuel. Il doit exécuter ses obligations d'une manière correcte (qualité des prestations) et de « bonne foi » (principe général du Code civil s'appliquant aux contrats administratifs). Les manquements (inexécution, inobservation des délais, malfaçons…) donnent lieu à des sanctions. Ces dernières sont souvent originales et ne se retrouvent pas dans le droit des contrats.

■ Les **sanctions pécuniaires,** tout d'abord. Les **dommages-intérêts** sont un premier moyen, ils ne peuvent être imposés au cocontractant que si le manquement aux obligations de son contrat a causé un préjudice à l'administration. Les **pénalités** sont des indemnités prévues dans le contrat et forfaitaires, encourues de plein droit du seul fait du manquement par le contractant à ses obligations.

■ Outre les sanctions pécuniaires, les **sanctions dites coercitives** sont destinées à assurer l'exécution du contrat. L'administration prend des mesures contraignantes en se substituant ou en substituant un tiers au cocontractant (par exemple, la mise sous séquestre du concessionnaire, la mise en régie de l'entrepreneur...) Ce sont des sanctions sévères mais **temporaires**, elles sont suivies fréquemment de sanctions résolutoires définitives.

■ Les **sanctions résolutoires,** enfin, mettent fin au contrat avec la déchéance du concessionnaire du service public ou la résiliation du marché de travaux publics.

3. Les droits affectés au cocontractant public

La notion de collaboration rend plus stricte les obligations du cocontractant mais justifie aussi des droits à son profit. Le plus important est le droit à la rémunération prévue au contrat. Deux grands principes vont dominer ce droit : **l'intangibilité de la rémunération** et **l'équilibre financier du contrat**. La rémunération du cocontractant prévue au contrat ne peut être modifiée que par un nouvel accord des parties. Le cocontractant a droit également au rétablissement de l'équilibre financier de son contrat si des circonstances ont entraîné sa rupture.

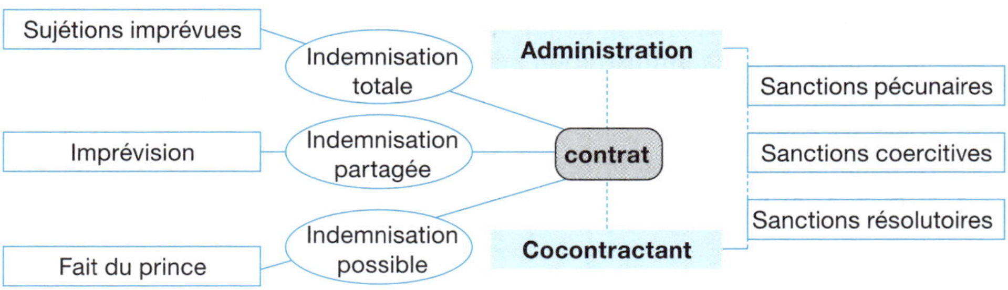

4. Les perturbations de l'équilibre économique des contrats

Trois événements sont susceptibles de perturber l'équilibre du contrat : les sujétions imprévues, le fait du prince, l'imprévision. Les **sujétions imprévues** visent des difficultés matérielles d'un caractère absolument anormal, imprévisibles au moment de la conclusion du contrat et rendant donc plus onéreuse son exécution. Ces sujétions exceptionnelles ouvrent à l'entrepreneur un droit à être intégralement indemnisé sous la forme d'un relèvement du prix du marché compensant l'intégralité du préjudice. Le **fait du prince** ou « fait de l'administration » désigne toute intervention des pouvoirs publics affectant les conditions d'exécution du contrat et qui donne lieu, au profit du cocontractant, à une indemnisation intégrale. Pour qu'il y ait indemnisation, il faut qu'il y ait préjudice (perte ou manque à gagner) ; le fait du prince doit avoir été imprévisible au moment de la conclusion du contrat et le dommage doit être imputable à l'autorité publique. L'**imprévision** est entièrement élaborée par la jurisprudence, elle vise à régler l'incidence des faits nouveaux, extérieurs aux parties, anormaux, imprévisibles, qui bouleversent l'économie générale du contrat et en rendent l'exécution particulièrement difficile. L'administration devra partager avec le cocontractant l'accroissement des charges dû à l'imprévision.

En matière contractuelle, l'administration dispose également d'obligations envers son cocontractant : donner suite à la réalisation du contrat ; exécuter les stipulations du contrat et ce, de bonne foi (elle ne doit pas commettre d'erreurs techniques volontaires ou non, faire preuve de mauvaise volonté systématique…) ; exécuter le contrat intégralement (exemple : commande d'une certaine quantité de marchandise, obligation de s'exécuter pour cette même quantité) ; respecter les délais d'exécution (par exemple, les délais de paiement des marchés).

Le juge du contrat ne peut pas enjoindre l'administration à exécuter ses obligations, et le juge administratif ne dispose que de trois types de sanctions : la mise en jeu de la responsabilité contractuelle, le pouvoir d'annulation, le pouvoir de résiliation. L'administration dispose également d'un **pouvoir de résiliation unilatérale**. Elle peut mettre fin à tout moment au contrat, le fondement qui y est donné est toujours le même : l'intérêt du service public. Elle peut aussi mettre fin au contrat à titre de sanction.

QCM

Dans cet exercice, la question peut appeler une ou plusieurs bonnes réponses, voire toutes ou aucune.

1 Ne conservez que les réponses exactes :

a. Dans un contrat public, une personne publique doit être partie au contrat
b. L'administration choisit librement son cocontractant
c. Les manquements dans un contrat peuvent entraîner des sanctions pécuniaires

2 Ne conservez que les réponses exactes :

a. En cas de sujétions imprévues, le cocontractant peut être indemnisé
b. L'imprévision est une théorie qui ne vise pas le droit des contrats publics
c. Le fait du prince signifie que le cocontractant privé peut mettre fin unilatéralement au contrat

3 Ne conservez que les réponses exactes :

a. La base écrite d'un contrat avec l'administration s'appelle l'adjudication
b. Le cocontractant peut sanctionner une administration qui ne respecte pas ce qui est prévu au contrat
c. L'administration dispose d'un droit à modification unilatérale du contrat

4 Ne conservez que les réponses exactes :

a. L'administration peut à tout moment mettre fin au contrat
b. L'administration peut résilier le contrat à titre de sanction
c. L'administration peut refuser d'exécuter ses obligations

5 Ne conservez que les réponses exactes :

a. En cas de litige dans le cadre d'un marché public, c'est le juge judiciaire qui sera saisi
b. Le juge des contrats peut enjoindre l'administration à exécuter ses obligations contractuelles
c. Dès la signature du contrat, le cocontractant devient agent public

Corrigé

1 a, b, c. Sauf cas particuliers prévus par la loi, l'administration a libre choix de son cocontractant. Dans le cas des marchés publics, cela est un peu différent : priorité est donnée au « moins-disant ».

2 a. Les sujétions imprévues entraînent une possibilité d'indemnisation. L'imprévision entraîne sous certaines conditions une indemnisation partielle du cocontractant. Le fait du prince est la possibilité, pour l'administration uniquement, de modifier unilatéralement le contrat.

3 c. Le cocontractant ne peut sanctionner une administration, une telle clause ne pourrait être prévue au contrat. Tout litige sera soumis au juge.

4 a, b, c. Il s'agit des pouvoirs exorbitants du droit commun que l'administration possède dans le cadre des contrats administratifs, hors bien entendu l'engagement de sa responsabilité par un juge.

5 Aucune. C'est le juge administratif qui tranche les litiges concernant les marchés publics. Le juge des contrats ne dispose pas de pouvoirs de sanction pour obliger une administration à s'exécuter, il ne pourra que résilier le contrat et engager la responsabilité de l'administration. Le cocontractant ne devient pas agent public.

8. Les juridictions administratives

La France dispose de deux ordres de juridiction : **l'ordre judiciaire**, qui vise essentiellement les conflits entre particuliers ou les infractions pénales, et **l'ordre administratif**, qui gère les contentieux dits publics (entre administrés et administration).

1. La répartition des compétences entre administratif et judiciaire

Ce sont les lois des 16 et 24 août 1790 qui mettent en forme légale le dogme déjà évoqué jurisprudentiellement de la séparation des contentieux entre le judiciaire et l'administratif. L'idée était que l'on ne pouvait laisser au judiciaire le soin de s'assurer du bon fonctionnement de l'activité administrative et éventuellement de la condamner. L'ordre administratif fonctionne sur une base classique de double degré de juridiction, comme le monde judiciaire, à savoir des **tribunaux administratifs** et **des cours administratives d'appel**. Au sommet se trouve une cour suprême, le **Conseil d'État** (pendant de la Cour de cassation de l'ordre judiciaire).

2. L'organisation des juridictions administratives

- Les **tribunaux administratifs** sont les juridictions compétentes de droit commun en première instance. Il en existe 42 dont 31 en métropole et au moins un par région. C'est à eux que le requérant doit d'abord s'adresser lorsqu'un litige l'oppose à une administration. L'administré peut saisir le tribunal administratif lorsqu'il est en possession d'une décision administrative dont il souhaite contester le bien-fondé. Près de 600 magistrats règlent actuellement les litiges portés devant eux pour 90 000 à 100 000 jugements annuels. Les tribunaux administratifs sont organisés conformément au Code des tribunaux administratifs et des cours administratives d'appel et sont compétents pour régler les litiges portant sur les matières : immobilière, de la fonction publique, fiscale et parafiscale, de la responsabilité, des contraventions de grande voirie. Les tribunaux administratifs disposent aussi de la capacité de juger divers litiges très éclectiques tels les litiges sur les pensions, l'aide personnalisée au logement…

- Les **cours administratives d'appel**, au nombre de 9 (la dernière CAA créée au 1er juin 2022 fut la CAA de Toulouse), sont les juridictions compétentes pour statuer en appel, à la demande d'une personne privée ou d'une administration, contre un jugement de tribunal administratif. En règle générale, l'affaire est portée devant la cour administrative d'appel du ressort du tribunal administratif. En appel, le

MAÎTRISER LE DROIT ADMINISTRATIF
Tout le cours

dossier est de nouveau examiné par les juges. Chaque cour comprend **plusieurs chambres** chargées de juger les affaires. Les arrêts rendus par une cour administrative d'appel peuvent faire l'objet d'un pourvoi en cassation devant le Conseil d'État. Les cours administratives d'appel sont relativement récentes (loi du 31 décembre 1987), elles sont composées des mêmes types de magistrats que l'on retrouve dans les tribunaux administratifs. Ces deux catégories de juridictions administratives (TA et CAA) ont à connaître des recours contentieux de différente nature: les contentieux de pleine juridiction, les contentieux de l'annulation, ainsi que, assez souvent, les **recours pour excès de pouvoir** qui visent surtout à obtenir l'annulation des décisions illégales.

Concernant la procédure, après une instruction, la formation de jugement se compose d'un président, du conseiller rapporteur et d'un autre conseiller, assistés du greffier d'audience, mais certaines affaires sont jugées par un magistrat unique. La présence des parties est fortement recommandée pour les procédures d'urgence en raison du caractère largement oral de la procédure contradictoire. Au terme de l'audience, l'affaire est mise en délibéré.

■ Le **Conseil d'État**, cour suprême de l'ordre administratif, dispose des compétences de ce type d'organe, notamment une responsabilité de juge de « cassation » autant que de juge de première instance (pour les litiges les plus importants). Il est organisé en **sections et sous-sections.** Si les tribunaux administratifs se sont trouvé juridiquement attributaires des examens en premier recours, le Conseil d'État a conservé par tradition certaines affaires dans ce cadre de **primo jugement**. Ce sont notamment toutes les affaires liées aux recours pour excès de pouvoir contre les décrets ou décisions ministérielles les plus importantes, les recours contre les décisions de certains organismes (décisions des conseils des ordres nationaux, de la Commission nationale informatique et liberté…). Cette institution est **juge de cassation** des arrêts rendus par les cours administratives d'appel, mais elle ne juge pas une troisième fois le litige, elle se contente de vérifier le respect des règles de procédure et la correcte application des règles de droit. Enfin, le Conseil d'État s'affiche, à titre exceptionnel, juge d'appel en matière électorale (élections municipales et cantonales…).

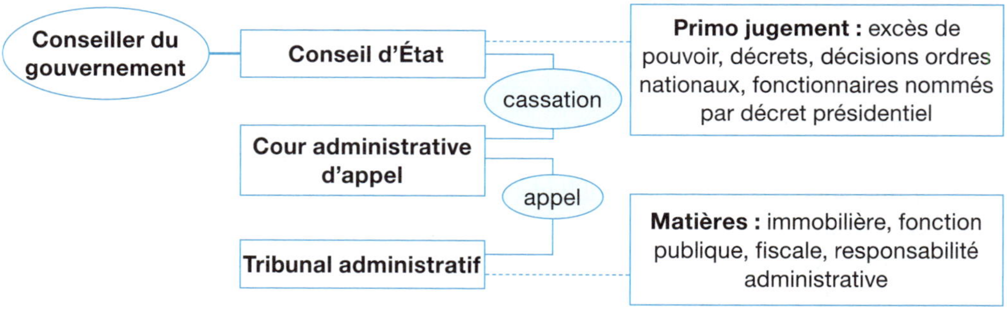

Outre son rôle en matière juridictionnelle, il exerce également un rôle de **conseil** auprès du gouvernement français dans le cadre de l'élaboration des projets de loi, des décrets ou des ordonnances.

Le Conseil d'État et les autres juridictions administratives veillent à assurer l'équilibre entre les prérogatives de puissance publique et les droits des citoyens.

QCM

Dans cet exercice, la question peut appeler une ou plusieurs bonnes réponses, voire toutes ou aucune.

❶ **Ne conservez que les réponses exactes :**
a. Il existe en France un ordre juridictionnel et un ordre administratif
b. Les tribunaux administratifs connaissent des litiges judiciaires
c. Il existe au niveau de l'ordre administratif un double degré de juridiction

❷ **Ne conservez que les réponses exactes :**
a. La cour suprême de l'ordre administratif se nomme Conseil constitutionnel
b. Il existe au moins un tribunal administratif par département
c. Un commissaire du gouvernement pour l'ordre administratif est l'équivalent du procureur de la République

❸ **Ne conservez que les réponses exactes :**
a. La procédure devant la justice administrative est contradictoire
b. Le Conseil d'État est à la fois instance de jugement et conseiller du pouvoir exécutif
c. Les magistrats de l'ordre administratif sont indépendants

❹ **Ne conservez que les réponses exactes :**
a. Il existe, pour les juridictions administratives, une instance de cassation
b. Les juridictions administratives peuvent être réparties en chambres, ou sections, ou bureaux
c. Il n'y a pas d'avocat possible devant les juridictions administratives

❺ **Ne conservez que les réponses exactes :**
a. Les lois des 16 et 24 août 1790 visent la séparation des ordres administratif et judiciaire
b. Les magistrats de l'ordre administratif sont issus de l'École nationale de la magistrature
c. Les recours devant les juges administratifs peuvent être de plein contentieux ou pour excès de pouvoir

Corrigé

❶ c. Il s'agit d'un ordre judiciaire et non juridictionnel. Les tribunaux judiciaires, en vertu de la séparation issue des textes de 1790, ne connaissent pas des litiges administratifs. Le double degré de juridiction existe aussi bien pour l'ordre judiciaire (cour d'appel) que pour l'ordre administratif (cour administrative d'appel).

❷ Aucune. La cour suprême de l'ordre administratif est le Conseil d'État. En moyenne, c'est un tribunal par région. Le commissaire du gouvernement, comme son nom l'indique, ne représente pas la collectivité, contrairement au procureur de l'ordre judiciaire.

❸ a, b, c. La procédure contradictoire permet de respecter au mieux les droits de la défense. On oublie souvent que le Conseil d'État, comme son nom l'indique, est aussi le conseiller du pouvoir politique institutionnalisé.

❹ a. L'instance de cassation est le Conseil d'État. Pas de répartition en bureaux. Le recours à un défenseur avocat est possible devant les juridictions judiciaires et administratives.

❺ a, c. Les magistrats de l'ordre administratif sont issus de l'INSP ou de la haute fonction publique.

9. La responsabilité de l'administration

Il conviendra de distinguer selon que la responsabilité provient d'une faute de service ou d'une faute personnelle de l'agent. Les limitations ou exonérations de responsabilité restent limitées et les procédures devant la justice suivent des principes bien établis par les textes et la jurisprudence.

1. Responsabilité et constatation d'une faute

Le préambule de tout engagement de responsabilité apparaît être **la faute** : elle est définie ici comme **le manquement à une obligation présumée**. Dès lors que le juge sera saisi, le manquement ayant entraîné un préjudice sera évalué en mesurant **l'écart** entre ce qui aurait dû être, c'est-à-dire ce qu'on pouvait attendre d'un fonctionnement normal de l'administration et de ses fonctionnaires, et ce qui a été.

La faute peut d'abord être le fruit d'une illégalité. L'administration et ses collaborateurs fonctionnent en respectant des règles et toutes normes de droit mises en place. Toute illégalité est d'ailleurs constitutive d'une faute, que l'on évoque des erreurs d'appréciation, de procédure…

Dans nombre de cas, cependant, l'engagement de responsabilité de l'administration résultera d'un simple fait matériel (**exemples** : la perte de documents, les diverses carences, les retards dans le traitement de demandes des usagers, la négligence dans la gestion de procédures ou de dossiers…). Il faut bien entendu que la victime de ces errements ait subi un **préjudice** réel et lié à la faute.

2. La distinction entre faute de service et faute personnelle

La **faute de service** apparaît non détachable de l'exercice des fonctions : elle existe à partir du moment où elle est imputable à la fonction. C'est le cas d'une faute résultant d'un mauvais fonctionnement du service ou commise par un agent à l'occasion de l'exercice de ses fonctions, ou encore lorsque la faute commise n'est pas dépourvue de tout lien avec le service.

La **faute personnelle**, *a contrario*, est dépourvue de tout lien avec le service ou est d'une gravité telle qu'elle ne peut se rattacher à l'exercice normal des fonctions. On retrouve dans cette rubrique les fautes commises par un agent, certes en service, mais animé d'intérêts strictement personnels (malveillance, volonté de nuire), ainsi que les comportements en excès (excès de boisson, de langage, violences physiques…). Une dernière catégorie de fautes personnelles concerne les fonctionnaires qui – hors tout intérêt personnel, malveillance, etc. – ont commis des fautes inexcusables ne pouvant engager l'administration. Enfin, toutes les fautes commises hors service (vols, dégradations) seront bien évidemment retenues comme fautes personnelles à part entière.

3. La responsabilité sans faute

Dans certains cas de figure, l'administration peut voir sa responsabilité engagée même en l'absence de faute. Ce système appelé « **responsabilité sans faute** » permet de protéger les victimes des aléas administratifs en facilitant les indemnisations. C'est ainsi que la jurisprudence a reconnu la responsabilité de l'administration notamment dans le cadre de la rupture d'égalité devant les charges publiques, de l'intervention de collaborateurs du service public, des risques exceptionnels (dont l'utilisation des armes), des dommages imputables aux lois ou aux décisions administratives… Dans ce contexte, c'est tout simplement l'action administrative dans une situation particulière qui engage la responsabilité de la puissance publique.

4. Les exonérations de responsabilité

L'administration peut être exclue de demandes en responsabilité ou d'une partie d'entre elles. Ce sont des cas assez classiques du droit comme le fait de la victime, la force majeure, le cas fortuit ainsi que le fait d'un tiers.

Une autre thématique apparaît dans le cadre de ces limitations : la notion, évolutive, de **faute lourde**. Elle a été mise en place afin d'éviter les paralysies de certains services publics (police, hôpitaux..) en systématisant un risque de mise en cause pour faute simple. Ce système de la faute lourde a été partiellement abandonné pour plusieurs services publics (fisc, police, tutelle administrative) puis totalement pour le service public hospitalier où on ne repère aujourd'hui que de la faute de nature à engager sa responsabilité, voire de la faute caractérisée, mais plus de la faute dite lourde.

5. Les cumuls de responsabilités

Le juge administratif a admis la possibilité du **cumul de responsabilités**, c'est-à-dire que la faute, bien que personnelle, conserve un certain lien avec le service. Cela peut servir de base à l'engagement de la responsabilité administrative. Dans le même esprit, la jurisprudence reconnaît le **cumul de fautes**, c'est-à-dire que le préjudice subi par un administré pourra provenir en même temps d'une faute personnelle et d'une faute de service. L'administration dans le cadre de ces cumuls pourra, comme l'agent, exercer une **action récursoire** pour demander le partage des responsabilités et des réparations. Il s'agit de la mise en œuvre d'un partage des responsabilités. Par exemple, l'administration paye l'intégralité de la réparation d'un préjudice et se retourne ensuite contre son agent pour lui réclamer la part financière de sa responsabilité.

Le fonctionnaire dispose d'un droit lié à l'article 11 du statut qui prévoit que tout agent faisant l'objet de poursuites pénales à l'occasion de faits n'ayant pas le caractère de faute personnelle peut demander l'appui de l'administration (octroi d'avocats…). C'est la **protection fonctionnelle**. Quoi qu'il en soit, l'administration, en cas de faute personnelle ou de service, a toute latitude pour mettre en cause disciplinairement son personnel.

QCM

Dans cet exercice, la question peut appeler une ou plusieurs bonnes réponses, voire toutes ou aucune.

1 Ne conservez que les réponses exactes :

a. Il existe des fautes simples et des fautes lourdes
b. Il existe une responsabilité pour faute et une responsabilité sans faute
c. Il existe une irresponsabilité de l'administration dans certaines situations

2 Ne conservez que les réponses exactes :

a. La victime d'une faute administrative ne pourra être indemnisée que si elle a subi un préjudice
b. La mise en jeu de la responsabilité de l'administration pour faute de service peut s'effectuer devant les juridictions administratives ou judiciaires
c. Il peut y avoir des cumuls de fautes et des cumuls de responsabilités

3 Ne conservez que les réponses exactes :

a. La faute administrative peut être anonyme ou individualisée
b. Un agent qui commet une faute administrative sera poursuivi devant les tribunaux correctionnels
c. L'administration peut sanctionner disciplinairement un agent ayant commis une faute administrative

4 Ne conservez que les réponses exactes :

a. Le préjudice causé à une victime peut être matériel ou moral
b. Il existe une responsabilité administrative du fait des lois
c. Il existe une responsabilité administrative du fait de risques exceptionnels

5 Ne conservez que les réponses exactes :

a. L'action récursoire permet à l'agent d'obliger l'administration à le protéger des attaques judiciaires
b. L'agent qui commet une faute liée au service pourra néanmoins payer des dommages et intérêts à sa victime
c. Le délit non intentionnel n'entraînera jamais la responsabilité administrative

Corrigé

❶ a, b, c. L'administration peut être déclarée irresponsable vis-à-vis des préjudices subis pour des raisons comme la force majeure ou le fait de la victime.

❷ a, c. Par principe, le domaine judiciaire ne connaît pas des responsabilités administratives (séparation des pouvoirs), mais l'agent peut être mis en cause pénalement et des dommages et intérêts peuvent être réclamés.

❸ a, c. La faute de service individualisée est liée à l'identification de l'agent qui l'a commise. La faute administrative sera poursuivie devant les juges administratifs. L'administration peut poursuivre son agent professionnellement en cas de faute (instance disciplinaire).

❹ a, b, c.

❺ Aucune. Les dommages et intérêts en cas de responsabilité de l'administration sont payés par la puissance publique (sauf les cas de faute entièrement personnelle de l'agent). Le délit non intentionnel (faute d'imprudence, par exemple) commis par un agent en service engage la responsabilité administrative.

10. Les modes de gestion du service public

Une activité constitue un service public lorsqu'elle est assurée par une personne publique ou pour son compte en vue d'un intérêt public. Le régime de l'activité importe peu, un service public peut ainsi relever du droit public ou du droit privé.

1. Les caractères généraux de la gestion publique

Tous ces services, et quel que soit leur mode de gestion, respectent d'abord les grands principes du service public et, même s'il existe des SPIC (**services publics industriels et commerciaux**), ils ne sont pas cependant exactement ceux dont l'activité est commerciale mais ceux dont l'activité est plus proche des activités courantes du secteur privé que des activités de l'administration. Ce qu'il faut retenir surtout de cette distinction initiale entre s**ervices publics** dits **administratifs** et services publics dits industriels et commerciaux est lié à l'application de certaines règles de service public qui se trouvent modifiées par le caractère industriel et commercial (ce type de service ne fonctionne pas gratuitement contrairement à la plupart des services publics). Les règles de compétence se trouvent également modifiées, les litiges avec les usagers étant du ressort du juge judiciaire.

2. La gestion en régie

On peut définir **une régie** lorsque l'administration assume le service avec son propre patrimoine et ses propres agents. On pourra classer ici l'ensemble des services de nature administrative que rendent l'État et les collectivités territoriales. S'agissant d'une gestion directe, la régie utilisée par les collectivités territoriales sera dotée de l'autonomie financière voire de l'autonomie financière et de la personnalité morale. Elles peuvent aussi créer des régies autonomes d'intérêt intercommunal. Toutefois ce mode de gestion très normalisé et sous contrôle direct des pouvoirs publics est mal adapté aux conditions de la vie économique actuelle. L'emploi de la régie est resté peu fréquent pour les collectivités territoriales, qui instituent leurs services publics industriels et commerciaux sous d'autres formes (gestion déléguée). Concernant leurs structures, les régies sont simplifiées, car elles ne bénéficient ni de la personnalité morale, ni d'une autonomie importante. La gestion d'une régie repose sur les moyens dont elle dispose pour assurer sa mission (personnel, régime commercial) et sur une comptabilité permettant de retracer les prévisions et les résultats de cette gestion.

3. La notion d'établissement public

L'**établissement public** est la formule la plus employée pour la gestion des SPA (hors la régie) et pour celle de nombreux SPIC. C'est un établissement et, à ce titre, il dispose de la personnalité morale mais aussi d'une forme étrangère au droit privé. Cet établissement est public, il dispose donc de prérogatives de droit public et remplit une fonction spécialisée, avec une situation subordonnée par rapport aux collectivités publiques. On retrouve par exemple cette formule pour l'Établissement Français du Sang, les universités, le Louvre… La formule de l'établissement public est aussi utilisée par souci d'efficacité et dans un but financier (attirer des subventions), administratif (rechercher une gestion plus efficiente) ou encore commercial (faciliter à un organisme une gestion comparable à celle du privé). De fait, il répond à un trio impératif de critères : autonomie, rattachement au niveau de l'administration, spécialité. Une même catégorie d'établissements peut recouvrir des EPA (**établissements publics administratifs**) et des EPIC (**établissements publics industriels et commerciaux**), mais la structure des établissements publics obéit à des règles identiques: un organe délibérant et un organe exécutif, tous deux bénéficiant de privilèges et subissant des contraintes exorbitantes de droit commun. Des différences existent néanmoins entre les agents des EPA, soumis à un régime de droit public, et ceux des EPIC, soumis à un régime de droit privé.

La notion d'**entreprise publique** résulte, elle, d'une classification économique relative à la propriété des moyens de production. L'entreprise publique est celle dont l'État possède totalement ou majoritairement le capital (par exemple, la SNCF société mère). Elle est toujours dotée de la personnalité morale et se voit étroitement soumise au droit privé. Avec les **nationalisations**, des entreprises deviennent également propriété de la nation; cette formule a été adoptée pour les charbonnages (loi de nationalisation du 17 mai 1946). Le statut commercial de ces entreprises se reconnaît au fait qu'elles exploitent un fonds de commerce, qu'elles se comportent en matière de gestion financière et comptable suivant les règles en usage dans les sociétés industrielles et commerciales, etc., mais elles restent sous surveillance grâce à une **tutelle technique** exercée par le ministère intéressé et une **tutelle économique et financière** exercée par le ministère de l'Économie et des Finances.

4. Les autres formes de gestion publique

Les sociétés nationales sont plus largement utilisées que les autres formules. On y rencontrera les sociétés publiques, dont le capital est entièrement détenu par le public, et les SEM (sociétés d'économie mixte), dont le capital est partagé entre privé et public.

La **société publique** est un système pertinent dans le cadre d'absence de service public à gérer (assurances), parce que les entreprises subissent une concurrence dans leur secteur (banques) ou parce qu'il existe une opportunité juridique. La structure de la société anonyme est adaptée au cas des sociétés publiques, ce qui implique que les pouvoirs soient confiés à des organismes spéciaux. Le type de gestion est entièrement commercial. Ce système permet aux autorités publiques de recourir ainsi à une société commerciale sans publicité et sans mise en concurrence préalable.

Les **sociétés d'économie mixte** (SEM) se développent considérablement par le biais de la loi dans des domaines variés comme la construction, la recherche pétrolière, la mise en valeur des régions… Elles sont apparues largement au niveau des collectivités territoriales pour réaliser des opérations d'aménagement ou de construction, pour exploiter des services publics à caractère industriel et commercial, ou pour toute autre activité d'intérêt général (opérations de restauration de logements, transports urbains, téléphériques, réalisation de parkings…). Les SEM locales (SEML) sont des sociétés anonymes dont la majorité est détenue par la puissance publique. La souplesse de la SEM ne fait pas oublier la qualité d'entreprise qui fait partie de sa définition. Les SEM sont gérées pour l'essentiel selon un **régime de droit privé** en application du Code du commerce. Le personnel peut être composé de fonctionnaires en détachement, contractuels ; les contrats restent sauf exception de droit privé ; la qualité de commerçant est certaine ; les obligations fiscales sont identiques à celles des autres sociétés privées ; les prix sont généralement libres.

QCM

Dans cet exercice, la question peut appeler une ou plusieurs bonnes réponses, voire toutes ou aucune.

1 Ne conservez que les réponses exactes :

a. Les services publics industriels et commerciaux sont exempts des grands principes du service public
b. Les deux modes de gestion publique des services sont la régie et l'entreprise publique
c. La SNCF société mère est une régie

2 Ne conservez que les réponses exactes :

a. On distingue la régie simple et la régie d'économie mixte
b. Les collectivités territoriales ne peuvent pas créer de régie
c. Les régies d'État sont sous tutelle du ministre de l'Intérieur

3 Ne conservez que les réponses exactes :

a. Le contrôle des comptes des régies est effectué par des commissaires aux comptes
b. Les personnels des EPIC sont soumis aux règles de droit privé
c. Les entreprises publiques sont majoritairement soumises au droit privé

4 Ne conservez que les réponses exactes :

a. SEM signifie « société ou établissement majoritaire »
b. Les SEM sont soumises au droit privé
c. Les sociétés nationalisées ne peuvent être mises en faillite

5 Ne conservez que les réponses exactes :

a. L'entreprise publique est dotée de la personnalité morale
b. Une régie peut être gérée en EPA ou en EPIC
c. La nationalisation d'une entreprise est issue d'un texte de loi

Corrigé

❶ Aucune. Les services publics en général sont tous soumis aux mêmes principes de continuité, d'égalité et d'adaptation. Les deux modes de gestion publique sont la régie et l'établissement public. La SNCF n'est pas une régie mais une entreprise publique.

❷ Aucune. La régie d'économie mixte n'existe pas. Comme l'État, les collectivités territoriales peuvent tout à fait créer des régies, même si ce n'est plus réellement le mode de gestion moderne repris aujourd'hui. Les régies d'État sont sous tutelle de leur ministre.

❸ **b**, **c**. Le contrôle des comptes est effectué par les instances étatisées (Cour des comptes).

❹ **b**, **c**. SEM signifie « société d'économie mixte ».

❺ **a**, **c**. La régie est un mode de gestion en soi.

11. La fonction publique

La fonction publique désigne en général l'ensemble des personnels recrutés par les organismes publics pour effectuer des tâches d'intérêt général, le plus souvent dans des services publics. Ce sont des « personnes [...] nommées dans un emploi permanent à temps complet et titularisées dans un grade de la hiérarchie ».

1. Fonctionnaire et statut

Le fonctionnaire est nommé pour occuper un emploi permanent. On l'oppose donc à tout emploi qui serait d'ordre temporaire ou saisonnier. La titularisation se fait dans un grade d'un **corps de fonctionnaires** donné. Les corps (ou cadres d'emplois dans la fonction publique territoriale) regroupent les fonctionnaires soumis au même statut particulier, titulaires d'un grade, leur donnant vocation à occuper un ensemble d'emplois.

Il convient également de distinguer le **grade** et l'emploi : « le grade est le titre qui confère vocation à occuper l'un des emplois qui lui correspondent ». Le fonctionnaire se trouve, vis-à-vis de son administration, dans une **situation statutaire** et réglementaire, et non pas dans une situation contractuelle. Il en résulte que la situation des fonctionnaires est à tout moment entièrement modifiable. En cours de carrière, leurs droits et avantages peuvent être accrus de même que leurs obligations et sujétions peuvent être aggravées, sans qu'ils puissent juridiquement s'en plaindre. Par ailleurs, leurs droits et obligations sont exclusivement déterminés de manière **impersonnelle** (de façon générale et arbitraire) par leur statut. Cela exclut toute possibilité d'arrangements personnels ou d'aménagements particuliers (rémunération, règles d'avancement...).

2. Les libertés des fonctionnaires

Le fonctionnaire dispose d'un certain nombre de libertés, de droits mais aussi d'obligations.

■ La **liberté de pensée** : pour assurer cette liberté d'opinion, la première des garanties réside dans l'interdiction de faire état des opinions ou activités politiques, syndicales, religieuses ou philosophiques dans le dossier individuel du fonctionnaire ou dans tout autre document administratif.

■ La **liberté d'expression**, réelle, connaît des limites: la liberté de faire connaître ses opinions est exclue pendant l'exercice des fonctions en vertu du principe fondamental de neutralité. La liberté de faire connaître ses opinions à l'extérieur du service est limitée par le biais de l'**obligation de réserve**. Elle impose aux agents d'observer dans leur vie privée une certaine retenue dans l'extériorisation de leurs opinions. Cette obligation de réserve porte non seulement sur l'expression des opinions mais aussi sur le comportement général de l'agent.

■ La **liberté syndicale.** C'est qu'en 1946 qu'est reconnu aux fonctionnaires le droit de se syndiquer. Le statut précise que « le droit syndical est garanti aux fonctionnaires ». Parallèlement au droit syndical, le **droit de grève** leur est reconnu. Les autorités doivent « concilier le droit de grève avec la sauvegarde de l'intérêt général ». Trois types de mesures peuvent être prises: tout d'abord, des mesures de **retrait du droit de grève** à certains personnels; ensuite, des mesures organisant un **service minimum** ont été mises en place par le législateur (pour la radio et la télévision dès 1972 ou pour les transports en commun, par exemple); enfin, des mesures interdisant certaines **modalités d'exercice** du droit de grève (les grèves surprises, les grèves tournantes et les grèves sur le tas) ont été instituées. Que le droit de grève soit exercé régulièrement ou non, sa mise en œuvre entraînera et justifiera une retenue sur rémunération pour **absence de service fait**. Ce n'est pas une sanction mais une mesure comptable.

3. Les obligations des fonctionnaires

■ L'obligation de **se consacrer à ses fonctions**. Un fonctionnaire ne peut quitter son service sans y avoir été préalablement autorisé. Le fonctionnaire ne peut refuser d'occuper un poste ou de s'acquitter d'une tâche qui lui a été confiée.

■ L'obligation d'**indépendance et** de **désintéressement**. Les fonctionnaires ne peuvent prendre des intérêts dans une entreprise, qui seraient de nature à compromettre leur indépendance. Sur ce point, on retrouve également l'obligation de se prémunir contre les conflits d'intérêts (cf. loi de 2106 sur la déontologie).

■ L'obligation d'**obéissance hiérarchique**. Le fonctionnaire doit se conformer non seulement aux instructions de ses supérieurs hiérarchiques mais aussi aux mesures prises pour l'organisation du service dans lequel il est employé. On y joint souvent une autre obligation, celle de loyauté à l'égard de sa hiérarchie et de son administration. Ce n'est donc que dans des cas extrêmes et exceptionnels que le devoir d'obéissance s'efface devant un **devoir de désobéissance** sous condition que l'ordre soit manifestement illégal et de nature à compromettre gravement un intérêt public.

■ L'obligation de **neutralité**. Le comportement de l'agent dans l'exercice de ses fonctions doit être entièrement indépendant de ce que peuvent être ses opinions, c'est-à-dire qu'il ne doit se livrer vis-à-vis des usagers ou de ses collègues à aucune discrimination de caractère politique, philosophique, religieux, racial…

■ **L'obligation de discrétion et de secret professionnels.** La **discrétion** a été instituée afin de protéger les secrets de l'administration ; le **secret**, quant à lui, est destiné à protéger les informations confidentielles (matérielles et morales) des particuliers que les fonctionnaires ont à connaître dans l'exercice de leur métier.

■ L'obligation de **moralité / dignité**. Elle s'impose dans l'exercice des fonctions, bien évidemment (incorrection à l'égard de supérieurs hiérarchiques, gestes indécents et contraires aux bonnes mœurs...), mais aussi à l'extérieur de l'administration, car les agents publics ne doivent pas, par leur comportement dans la vie privée, porter atteinte à la dignité de la fonction publique et au bon renom de l'administration.

Les fonctionnaires ont bien entendu des droits parmi lesquels on peut citer les droits à rémunération, à congé, à la formation, à la participation.

QCM

Dans cet exercice, la question peut appeler une ou plusieurs bonnes réponses, voire toutes ou aucune.

1 Ne conservez que les réponses exactes :

a. Le fonctionnaire est nommé dans un grade et titularisé dans un emploi
b. Le fonctionnaire est un agent public
c. Tous les agents publics sont contractuels

2 Ne conservez que les réponses exactes :

a. Les fonctionnaires dépendent d'un statut
b. Certains emplois sont tenus à titre permanent par des personnes nommées à la discrétion du gouvernement
c. La titularisation se fait dans un grade et un corps de la fonction publique

3 Ne conservez que les réponses exactes :

a. Les fonctionnaires ont le droit de se syndiquer depuis le statut de 1983
b. Le statut peut être modifié à tout moment
c. La neutralité oblige le fonctionnaire à ne pas faire de politique hors service

4 Ne conservez que les réponses exactes :

a. La discrétion professionnelle oblige le fonctionnaire à ne pas exprimer ses opinions hors service
b. Le fonctionnaire ne peut désobéir que si l'ordre est manifestement illégal
c. Le droit de retrait permet à un agent de démissionner dans un délai de six mois après sa titularisation

5 Ne conservez que les réponses exactes :

a. L'agent a le droit de porter un signe religieux en service
b. L'obligation d'indépendance signifie que le fonctionnaire peut exprimer ses opinions en dehors du service
c. Le droit de grève est reconnu à tous les fonctionnaires

Corrigé

❶ **b**. Le fonctionnaire est nommé dans un emploi et titularisé dans un grade. Les agents publics sont contractuels ou fonctionnaires. Par contraction, tous les fonctionnaires sont des agents publics mais tous les agents publics ne sont pas fonctionnaires (contractuels, vacataires, stagiaires).

❷ **a**, **b**, **c**. Les fonctionnaires dépendent d'un statut qui est un texte de loi pouvant donc être modifié par un autre texte de loi. Certains emplois de la haute fonction publique (ambassadeurs, recteurs, préfets...) qui sont des emplois pérennes sont tenus par des personnes nommées de manière discrétionnaire ; elles ne sont pas forcément fonctionnaires.

❸ **b**. La reconnaissance de la liberté syndicale date de 1946. La neutralité vise la non-expression de ses opinions philosophiques, politiques, religieuses, etc., en service.

❹ Aucune. La discrétion professionnelle vise à protéger les secrets de l'administration. L'ordre doit être manifestement illégal et de nature à compromettre gravement un intérêt public, ces deux conditions sont cumulatives. Le droit de retrait est la possibilité de se retirer de sa situation de travail en cas de danger immédiat.

❺ Aucune. Il est interdit de porter des signes religieux en service (neutralité). L'indépendance vise le fait que l'agent ne doit pas avoir d'intérêts qui le mettraient en conflit avec ses fonctions. Le droit de grève n'est pas reconnu à tous (policiers, administration pénitentiaire, militaires...).

12. Modernisation et simplification administratives

Depuis les années 2000, l'expression « modernisation de l'État » est employée concurremment à « réforme de l'État » ou aujourd'hui à « transformation publique ». La réforme de l'État dispose de structures institutionnelles, à savoir un ministre ou un secrétaire d'État (en 2020 par exemple, il s'agit du ministère de la Transformation et de la Fonction publique), et de structures à vocation interministérielle, aujourd'hui la Direction Interministérielle de la Transformation Publique (DITP).

1. La modernisation dans l'organisation

Moderniser l'administration, c'est d'abord en **simplifier** la structure et **l'organisation**. C'est ainsi que, quels que soient les présidents de la République, ils ont tous opté pour des audits d'analyse et de performance que l'on retrouve au travers de la **RGPP** (Révision générale des politiques publiques) sous l'ère du président Sarkozy, la **MAP** (Modernisation de l'action publique) sous celle de M. Hollande et **CAP22** sous la présidence de M. Macron. La performance des politiques publiques constitue donc une condition forte du lien social, de la performance des entreprises et de l'attractivité des territoires. Ainsi, les redéfinitions des missions et les propositions d'économies structurelles débouchent sur des évolutions des services publics. Moderniser l'administration, c'est aussi **gérer les services publics** au plus près des usagers dans un souci de gain de temps par le biais de moyens informatiques. On observe depuis plusieurs années une stratégie d'informatisation des données, que ce soit au niveau de la politique sanitaire (l'hôpital numérique), de l'accès à la documentation et aux formulaires administratifs (cartes grises, CNI), de la politique fiscale (déclaration des revenus par Internet)...

2. La modernisation dans la participation du public usager

Le rapprochement avec le public usager correspond aussi à la **participation** de ce dernier aux évolutions publiques. Un des axes majeurs de cette « participation » résulte aujourd'hui du poids d'une AAI (autorité administrative indépendante) qu'est la **Commission nationale du débat public**, qui vise à informer le public, à recueillir sa vision de projets collectifs, à s'assurer que son point de vue soit pris en compte et à fiabiliser les remontées d'information vers les décideurs. On pourra citer, par exemple, en cours de débat, le projet NEO (nouvelle entrée Ouest-Saint-Denis) ou le parc éolien flottant en Méditerranée

3. La modernisation dans la communication et l'information

L'amélioration des relations avec les administrés va également dans le sens de la modernisation. Le premier objectif a été, dans les années 1970, de mettre en place une transparence de fonctionnement et un **droit à l'information** du public usager. Des lois de 1978 et 1979 ont imposé une véritable transparence en obligeant à la publication, donc à l'information du public, et à la motivation des actes administratifs, ainsi qu'en mettant en place une commission gérant les cas litigieux, la **CADA** (Commission pour l'accès aux documents administratifs).

Afin de faciliter les relations, parfois conflictuelles, souvent liées à l'incompréhension de part et d'autre, un système de médiation a été mis en place, on citera le **Défenseur des droits.** L'administration s'est engagée vers l'information du public via des sites Internet, chaque administration disposant de son site au sein duquel l'usager peut trouver les informations qu'il recherche, poser des questions… On notera, en exemple, la création en 2016 de « France connect » qui permet à chacun d'accéder en ligne aux services publics. Des plateformes téléphoniques ont été mises en place par quelques administrations, des guides pratiques sont diffusés… Ce développement global de la relation est issu d'une circulaire du Premier ministre du 23 février 1989 relative au renouveau du service public et plus récemment (2016), du Code des relations entre le public et l'administration.

Une dernière réforme émanant du législateur vient confirmer ce souhait de l'amélioration des relations avec le public usager et la limitation des conflits, c'est la **loi ESSOC** (État au service d'une société de confiance) de 2018 qui correspond à peu près au « **droit à l'erreur** ». L'idée est que l'administration évite de sanctionner un administré de bonne foi ayant commis une erreur qui aurait pu en d'autres temps lui valoir une sanction. Simplifier, c'est aussi supprimer des documents ou procédures fréquemment exigées auparavant et vulgariser le **langage administratif.** Cette dernière tâche a d'abord été confiée au Comité d'orientation pour la simplification du langage administratif (COSLA), créé en 2001, tâche reprise au sein de la DITP (cf. *supra*).

4. La modernisation dans la recherche de qualité du service

La **qualité du service public** va dans le sens de la réforme. La loi organique sur les lois de finances (LOLF)[1] est venue insérer dans le quotidien des administrations des objectifs de qualité de service leur imposant de s'orienter vers davantage de performance en la matière et d'asseoir au premier chef la qualité des relations avec leur public (raccourcissement des délais de réponse, meilleure prise en charge en termes d'accueil…). Outre les déploiements d'objectifs de qualité répondant à

1. Sur la LOLF, voir fiche 1 « LOLF et projets de loi de finances », partie 3.

l'amélioration continue des services rendus au public, suite à une phase expérimentale notamment conduite dans le cadre de la Modernisation de l'action publique, a été développé un référentiel de qualité appelé **référentiel Marianne** : amélioré en 2016, il permet d'afficher les engagements des services publics vis-à-vis de leur public usager. Un autre volet de la recherche de qualité consiste dans la **labellisation** défendue par certains services publics, affichant par là même leur détermination à s'orienter vers des services de qualité. Outre les certifications, les administrations réalisent de plus en plus souvent des sondages afin de vérifier la qualité de leurs services auprès des particuliers.

QCM

Dans cet exercice, la question peut appeler une ou plusieurs bonnes réponses, voire toutes ou aucune.

1 Ne conservez que les réponses exactes :

a. La charte ou le référentiel Marianne est un Code déontologique du ministère de l'Intérieur
b. CADA signifie « Commission pour l'accès aux documents administratifs »
c. L'absence de réponse des administrations à une demande de l'usager équivaut à un refus

2 Ne conservez que les réponses exactes :

a. Il existe un Défenseur des droits chargé de défendre les droits et libertés devant les juridictions administratives
b. ESSOC, créée en 2018, est la haute autorité qui lutte contre les discriminations
c. Un des processus de réforme de l'État a été la RGPP

3 Ne conservez que les réponses exactes :

a. Une des simplifications administratives consiste en l'e-administration
b. Le Médiateur de la République remplace depuis 2017 le Défenseur des droits
c. L'administration est tenue de motiver ses décisions individuelles défavorables

4 Ne conservez que les réponses exactes :

a. La recherche de qualité pour l'action administrative peut passer par la labellisation des services
b. CAP22 est l'acronyme de la gestion informatisée des hôpitaux
c. La Commission nationale du débat public est un organisme de contrôle des investissements publics

5 Ne conservez que les réponses exactes :

a. La MAP est une méthode d'accès public permettant aux usagers des accès informatisés à des services
b. Des médiateurs publics sont présents dans tous les ministères
c. Il existe depuis 2018 un ministère de la Réforme publique

Corrigé

❶ **b**. La charte Marianne vise l'ensemble des services publics, c'est une charte liée à la qualité de service. L'absence de réponse équivaut aujourd'hui dans la majeure partie des cas à une acceptation de la demande.

❷ **c**. La HALDE qui a été chargée de la lutte contre les discriminations n'existe plus, sa mission a été reprise par le Défenseur des droits; ce dernier est d'abord un médiateur qui n'intervient pas devant la justice. La RGPP ou Révision générale des politiques publiques fut, sous la présidence Sarkozy, un processus de gestion de la performance par les résultats.

❸ **a**, **c**. C'est le Défenseur des droits qui remplace le Médiateur de la République.

❹ **a**. CAP22 est un processus identique à la RGPP ou à la MAP mais intervenant dans le cadre du quinquennat du président Macron. RGPP, MAP et CAP22 sont des processus de gestion publique liés à la performance et aux économies de moyens.

❺ Aucune. La MAP est, dans ses objectifs, identique à la RGPP ou à CAP22. Il n'existe pas en tant que tel un ministère de la Réforme publique, mais la modernisation ou la réforme de l'État ont été des éléments de construction de plusieurs ministères dans les décennies passées.

Entraînement

Évaluez votre maîtrise du cours et entraînez-vous avec ces questions à réponse courte (QRC).
Dans la mesure du possible, les candidats s'efforceront de mettre en place au moins une structure (deux parties, de préférence) et une phrase d'introduction. Une courte conclusion est souhaitable.
Ces exemples concernent des questions d'admission aux concours (une préparation et une présentation orale) et des questions d'admissibilité (composition écrite). Dans ce dernier cas, il conviendra que les candidats développent les éléments de correction ci-après proposés.

QRC N° 1

DIFFICULTÉ : ××× / DURÉE : 10 MIN

Sujet

L'évolution de la fonction publique est-elle nécessaire ?

Comment aborder le sujet ?

Sujet sensible, car d'actualité. Il faut de fait le connaître, et en particulier la loi de 2019 sur la transformation publique. Attention, ce sujet est potentiellement polémiste, car le candidat qui souhaite entrer dans l'administration est jugé notamment lors des oraux (et écrits) par des membres de jury eux-mêmes fonctionnaires. Il s'agit donc d'être attentif, sobre et précis dans les positions exprimées qu'il faudra par ailleurs argumenter.

Proposition de corrigé

La fonction publique n'est pas une entité inerte, elle évolue au fil des besoins de la population, de l'intérêt général et des attentes des politiques et des administrés. Son évolution depuis les statuts de 1983 est marquée, en particulier ces dernières années, par plusieurs grandes étapes. Tout d'abord, la LOLF qui contraint l'administration à une nouvelle gestion des ressources humaines en introduisant la notion de performance. Puis, la loi de 2016 sur la déontologie qui détermine ou précise à nouveau les valeurs attendues par les usagers des services publics et définit une sorte de garantie future par rapport aux attaques médiatisées sur des affaires ayant touché l'action publique (ce fut le cas notamment pour les conflits d'intérêts). Enfin, la loi de transformation de la fonction publique, importante, car elle assigne un renouveau ou une révolution qui impacte la manière de gérer la fonction publique.

On peut aborder ces évolutions sous trois aspects prioritaires : la déontologie, la performance et logiquement une nouvelle gestion des ressources humaines. Il était fondamental avec la LOLF de remettre au cœur des services une politique de résultats et non de moyens (notons que la LOLF est aussi et surtout la nouvelle constitution financière). Il était utile de préciser avec la loi sur la déontologie certaines obligations en se référant à des éléments souvent déjà existants. Le dernier texte de 2019 est-il nécessaire à l'évolution de la fonction publique ? En effet, il aborde des thématiques que l'on peut supposer indifférentes pour l'administré : le recours à davantage de contractualisation, la modification de la représentation du personnel... Néanmoins, ces textes, ces nouvelles dispositions et orientations sont pour beaucoup également utiles à une évolution globale des services, et ce dans l'intérêt des administrés et des agents eux-mêmes : la GPEC ou la mobilité en sont des exemples.

QRC N° 2

DIFFICULTÉ : ××× / DURÉE : 15 MIN

Sujet

Quand peut-on mettre en jeu la responsabilité de l'administration ou du fonctionnaire ?

Comment aborder le sujet ?

Sujet de cours où il n'est pas demandé d'avis ou d'analyse sur la problématique posée, mais les candidats doivent pouvoir donner des exemples et répondre à des questions des membres des jurys sur chacun des cas énoncés. Des arrêts de jurisprudence peuvent être, à ce propos, de bonne aide pour augmenter les points. La question peut présenter une difficulté dans la mesure où elle consiste en une liste assez longue d'items, les jurys peuvent attendre de plus des éléments précis de définition. Il est important de donner des exemples.

Proposition de corrigé

En cas de faute et de préjudices liés, la responsabilité administrative ne fait souvent aucun doute. Encore faut-il que l'agent ait commis une faute dite de service ou à l'occasion du service. La jurisprudence a toutefois développé une vision particulière de la notion de responsabilité en l'engageant même sans faute.

1. La responsabilité sans faute de l'administration permet d'indemniser le préjudice subi par des victimes du fait de l'administration. Ici, c'est le seul rattachement de l'acte à l'administration qui engage une responsabilité. Cette notion de responsabilité sans faute fut dégagée par la jurisprudence, et on retrouve aujourd'hui plusieurs catégories d'actions entraînant cette mise en cause spécifique :

- **la responsabilité du fait d'objets dangereux** (par exemple, le fait d'utiliser des armes à feu ou le stockage d'explosifs voire de matières dangereuses, inflammables, etc., à proximité de riverains) ;
- **la responsabilité sans faute du fait des lois et règlements ;** on vise ici principalement l'égalité devant les charges publiques (par exemple, imposer une nouvelle réglementation qui pourrait entraîner des difficultés économiques pour une entreprise voire son dépôt de bilan) ;
- **la responsabilité du fait des collaborations au service public,** qui permet d'indemniser ces collaborateurs occasionnels des préjudices subis du fait de l'appui qu'ils ont pu donner spontanément à la collectivité publique (par exemple, le concours de citoyens lors d'un tir de feu d'artifice dans une commune).

2. La responsabilité pour faute est parfois plus difficile à engager, car elle n'entre pas dans une réelle typologie : elle dépend souvent de l'appréciation du juge administratif. Ce dernier, pour engager une responsabilité, mesure l'écart entre ce qui était attendu d'un service normal de l'administration et ce qui a été réellement réalisé. On abordera ainsi comme faute de service **celle qui est indissolublement liée à l'activité du service public** (par exemple, un mauvais fonctionnement, quel qu'il soit). On y retrouve également **les fautes commises individuellement par un agent mais imputables au service** (négligence dans le traitement d'un dossier...). Ici, on sait qui a commis la faute, mais c'est l'administration qui répond de ce fait. La jurisprudence estime enfin que **des actes commis par un agent**, qui pourraient coïncider **avec une faute dite personnelle**, peuvent être rattachés à l'activité de l'administration (c'est la notion de faute non dépourvue de tout lien avec le service). On considère que la faute qu'a commise l'agent l'a été par l'instrument du service.

En fin de compte, la jurisprudence, hors les cas de faute strictement personnelle (vol, agression, malveillance), valide les engagements de responsabilité de l'administration sur de nombreux types de faute. On notera d'ailleurs que cette même jurisprudence va dans le sens du préjudice plus facilement indemnisable grâce aux notions de cumul de fautes ou de cumul de responsabilités.

QRC N° 3

DIFFICULTÉ : ××× / DURÉE : 20 MIN

Sujet

Les principes des services publics.

Comment aborder le sujet ?

Sujet qui ne laisse que peu de place à l'imagination, à l'improvisation, et qui est très axé sur les connaissances. Les candidats doivent être à même de connaître précisément les trois principes de base des services publics, de donner des exemples, des définitions, et pourquoi pas, des cas de jurisprudence . Dans ce contexte, cela pourrait être « tout ou rien »; pas (ou peu) de connaissances engendrera vraisemblablement une note assez faible. Il faut donc connaître le fond du sujet.

Proposition de corrigé

Afin de fonctionner dans les meilleures conditions possibles, dans le cadre de l'intérêt général le plus performant qui soit, les services publics sont depuis longtemps tenus à des principes qui les cadrent. Ces principes, conçus par la jurisprudence et retenus par les textes de base, évoluent au fil des années, mais leur noyau est identique.

On distingue trois principes communs à tous les services publics : continuité, adaptation, égalité (ce dernier principe implique aussi une exigence de neutralité).

La continuité du service public repose sur l'idée qu'il doit répondre de manière continue et sans interruption – sans heurts – aux besoins d'intérêt général. Pour la jurisprudence, « la continuité est de l'essence même du service public ». Selon les services, la notion de continuité s'applique différemment : par exemple, pour les services hospitaliers, la permanence est totale, tandis que pour la majeure partie des services publics, elle ne réside que dans le respect des horaires prévus. Les usagers ont donc droit à un fonctionnement normal ou minimum (sans pour autant avoir droit au maintien de tel ou tel service – exemple, les suppressions de services dans certaines communes).

L'égalité (neutralité) : le service public doit être guidé par le seul intérêt général sans être influencé par les intérêts privés, et les usagers doivent être traités de manière égale, sans discrimination. Ce principe est consacré par la Constitution et la Déclaration des droits de l'homme. Il s'agit autant de l'égalité d'accès aux services publics (avec ses limites, selon l'ordre public ou les différences de situation des usagers) que de l'égalité devant les charges publiques (supporter de manière égale les charges inhérentes au fonctionnement des services publics).

L'adaptation ou mutabilité impose d'assurer au mieux qualitativement un service plutôt que sa continuité dans le temps. Il doit s'adapter à l'évolution des besoins des usagers, mais aussi aux évolutions technologiques, et bien sûr à la législation nouvelle.

QRC N° 4

DIFFICULTÉ : ××× / DURÉE : 15 MIN

Sujet

Comment concilier libertés publiques et ordre public ?

Comment aborder le sujet ?

Il ne s'agit pas ici d'étudier en premier lieu les différentes libertés puis de préciser leurs limites ou les contrôles effectués par les autorités administratives. L'idée est de présenter le lien existant entre les deux et surtout de répondre à la question de la conciliation d'intérêts parfois divergents entre ordre public et respect des libertés par le pouvoir. S'il est nécessaire de connaître le fond, il est encore plus utile de présenter son analyse juridique.

Proposition de corrigé

Les libertés publiques sont protégées constitutionnellement ; elles ne peuvent normalement être remises en cause que par le législateur, et leur limitation doit rester l'exception. Par ailleurs, leur limitation est cadrée par les textes et contrôlée par le juge administratif. Elle se produit dans le cadre de l'ordre public (prévention des désordres). Les deux notions semblent ici contradictoires... Il conviendra de les équilibrer, de les concilier.

1. L'ordre public justifie les limitations aux libertés publiques

Les libertés publiques sont essentielles dans une démocratie, reconnues et protégées. Elles ne peuvent être remises en cause. Toutefois, le législateur peut revenir sur des libertés octroyées, chose qu'il ne fait pas. À l'inverse, dans nos démocraties et avec l'évolution des mœurs, les libertés publiques sont de plus en plus larges (dans le domaine de la santé, la sécurité, etc.). Face à cela, il se peut que plusieurs libertés se trouvent en opposition, par exemple la liberté de circulation et le droit de manifester, le droit à la propriété et la salubrité publique, etc. C'est l'ordre public qui va venir restreindre le périmètre d'exercice d'une liberté, parfois pour en protéger une autre, parfois pour défendre l'intérêt général.

Cet ordre public est assez large puisqu'il vise à limiter, éviter, empêcher les désordres de toutes sortes, que l'on se situe dans les domaines classiques de la tranquillité, de la salubrité ou de la sécurité publique, mais également dans le domaine des mœurs, de l'environnement, etc. Quoi qu'il en soit, c'est à l'autorité publique de motiver les raisons de ces limitations aux libertés essentielles.

2. Les limitations sont encadrées et contrôlées

Maires, préfets, etc. sont souvent les premiers acteurs de cette limitation au motif de l'ordre public : interdiction d'accès à la baignade, limitation de déplacement dans des rues, interdiction de manifester, etc. Ces actes (sous forme d'arrêtés bien souvent) vont venir restreindre l'exercice ou le plein exercice d'une liberté à des citoyens. Ces arrêtés sont susceptibles d'être contrôlés et annulés par les juges administratifs.

La jurisprudence en la matière apparaît se positionner souvent en faveur de la protection des libertés, partant de cette règle que la liberté est le principe et la limitation l'exception. Ainsi, les motifs de la limitation doivent être uniquement l'ordre public, il doit y avoir nécessité de limiter la liberté considérée, cette limitation ne doit être ni générale ni absolue (par exemple, dans toutes les rues d'une commune). Les juges s'arrêteront sur les faits et les moyens dont disposaient les auteurs de l'interdiction pour la limiter au strict minimum.

Les juges annuleront donc régulièrement des décisions de limitations de libertés considérant que la conciliation entre les deux n'est pas effective et qu'il est généralement plus facile d'interdire ou de limiter que de se donner les moyens de conserver à tout prix une liberté publique (réunion publique, par exemple). Ainsi, le seul fait que la limitation d'une liberté a été prise simplement pour limiter les risques de désordre ne suffit pas. Il sera toujours nécessaire de détailler les motifs et l'état de nécessité dans lequel s'est trouvé l'auteur de l'acte de limitation.

Cette approche correspond alors aux réalités d'une démocratie : la défense des libertés publiques.

QRC N° 5

DIFFICULTÉ : ××× / DURÉE : 15 MIN

Sujet

L'organisation des pouvoirs publics.

Comment aborder le sujet ?

Dans ce type de question, il s'agira de présenter les structures des pouvoirs publics, en l'occurrence comment se trouve organisé le système politico-administratif qui permet à l'État de fonctionner. Il est donc nécessaire de maîtriser les différentes structures et leurs liens entre elles. Il peut être opportun, dans les révisions, de disposer de tableaux présentant les modes d'organisation.

Il n'est pas demandé au candidat d'analyser le bien-fondé de ce système mais de présenter objectivement et théoriquement les différentes strates des pouvoirs publics.

Proposition de corrigé

Afin de faire fonctionner l'État, une organisation est mise en place, validée sur le plan politique par la Constitution et structurée par le pouvoir politique en place. C'est ainsi qu'au niveau de la décision politique, la Constitution française organise le pouvoir et que ce pouvoir nommé démocratiquement organise par la suite la structure administrative.

1. La structure politique

Selon la Constitution, le politique est organisé en une séparation des pouvoirs, exécutif et législatif en particulier, chacun disposant de pouvoirs prévus par ladite Constitution. Une partie de ces représentants est élue démocratiquement (président de la République et députés). Ce pouvoir s'entoure d'autres organismes comme un gouvernement, un Sénat et des cours suprêmes (Conseil constitutionnel, Conseil d'État, cour de cassation). Le président de la République garantit l'indépendance de la magistrature (autorité judiciaire).

Le pouvoir politique se structure en ministères (autant que nécessaire), lesquels vont se trouver être le lien, l'interface entre politique et administratif. Les ministères sont l'organe de gestion administrative des services publics.

Enfin, il faut noter qu'un nombre important d'autorités publiques indépendantes fleurissent autour du Premier ministre, comme la CNIL (Commission nationale informatique et libertés) ou l'AMF (Autorité des marchés financiers). Enfin, chaque entité politique est organisée autour d'un secrétariat général (président et Premier ministre) entouré de conseillers.

2. La structure administrative

Celle-ci démarre au niveau des ministères qui sont constitués de responsables politiques (ministres) et d'un cabinet, sorte d'état-major. Par suite, ces ministères sont structurés en administrations centrales subdivisées en sous-directions, bureaux. Ces entités sont servies par des fonctionnaires dits centraux.

Au niveau local, on va retrouver les administrations déconcentrées, sans autonomie, qui sont les relais au niveau des territoires de la politique étatique et pilotés par les ministères et services centraux. Ces services déconcentrés sont organisés, selon les différentes administrations, sur le plan régional ou départemental (par exemple les directions départementales de la sécurité publique, les académies, etc.). Ils sont servis par des fonctionnaires d'État.

Enfin, la Constitution a organisé les collectivités territoriales, les départements, régions, communes, leur donnant une véritable autonomie décisionnelle et budgétaire depuis les lois de 1982. Ces collectivités sont un maillon du territoire national et servies par des fonctionnaires territoriaux.

C'est cet ensemble qui constitue l'architecture des pouvoirs publics en France.

PARTIE 3

Maîtriser les **finances publiques**

1. La LOLF et les projets de loi de finances

L'article 34 de la Constitution prévoit que « les lois de finances déterminent les ressources et les charges de l'État dans les conditions et sous les réserves prévues par une loi organique ».

La **loi organique sur les lois de finances** (LOLF), en date du 1er août 2001 mais d'application en 2006, est donc venue remplacer l'ancienne « constitution financière » représentée par une ordonnance de 1959.

1. La LOLF, nouvelle constitution financière

La LOLF influe fortement sur la vision des finances publiques et la mise en œuvre du budget de l'État : **responsabilité accrue des parlementaires, rôle plus précis et étendu de la Cour des comptes, inversion du mode de fonctionnement des administrations** (culture du résultat et non de moyens), **création de nouvelles responsabilités** (responsable de programme, de BOP – budget opérationnel de programme), **repositionnement de la gestion publique** (gestion par les coûts, notion d'efficience, GPEEC – gestion prévisionnelle des emplois effectifs et compétences, contrôle de gestion…).

La LOLF correspond à des attentes reprises dans les types d'objectifs qu'elle assigne aux services publics.

Type d'objectif	Destinataire	But	Exemple d'objectifs
Efficacité socio-économique	Attente des citoyens	Impact de ce que fait l'administration ; modification de l'environnement économique, social, écologique, culturel…	Objectif de réduction du tabagisme
Qualité de service	Aptitude à satisfaire les bénéficiaires	Service rendu à l'usager	Objectif d'accueil du public dans les commissariats
Efficience de gestion	Attente des contribuables	Optimiser les moyens en les rapportant aux produits obtenus	Objectif de diminution du coût de prélèvement des impôts

2. La LOLF, en réponse à des objectifs politiques

La LOLF répond surtout à des constatations d'ordre politique, notamment un diagnostic gouvernemental qui met en relief la problématique très préoccupante du **déficit et de la dette publique**. Cette dernière se chiffre selon l'Insee à 2 902 milliards d'euros, soit plus de 112,5 % du PIB – chiffres 4e trimestre 2021. Elle répond également à un constat d'ordre économique, car la compétition internationale nécessite une gestion plus fine et efficiente des services publics (dont ceux affectés à l'économie). Enfin, **l'Union européenne exige d'assainir les dettes des pays membres**. Un cadrage nouveau de la gestion publique l'oriente vers la **notion de résultats** avec implication poussée des chefs de service des administrations et utilisation optimisée des moyens. L'idée est aussi d'améliorer la transparence de l'action publique, de ses objectifs et de ses résultats en offrant davantage de poids aux parlementaires en termes de décision budgétaire (amendements et modifications des programmes, abandon des votes globaux) et de contrôle (mise en pertinence des projets annuels de performance et rapports annuels de performance).

3. La LOLF, point d'ancrage des projets de loi de finances

Au cœur de la LOLF apparaissent des notions nouvelles comme la culture du résultat, la performance, la notion d'objectifs, ou encore la fongibilité asymétrique ou la justification au premier euro. La LOLF apparaît alors comme la colonne vertébrale, la norme à respecter en matière de construction des lois de finances. Ces dernières ont pour objectif, tous les ans, de doter le pouvoir politique en place de moyens (financiers) lui permettant de mener ses politiques, en matière de défense, d'éducation, de culture… **Le budget est donc véritablement le reflet de la politique du pouvoir en place.**

Le projet de loi de finances (PLF) est élaboré par Bercy au sein du ministère chargé du budget, par les services qui en dépendent. Le rôle du Premier ministre est à remarquer, car même s'il n'intervient que peu dans la construction effective du PLF, aux termes de la LOLF, il dirige le gouvernement et mène l'élaboration stratégique du budget (article 38). De la même manière, l'article 20 de la Constitution prévoit que le gouvernement détermine et conduit la politique de la nation. Le président de la République reste étroitement lié à l'élaboration du budget de son gouvernement, il initie souvent certaines orientations et développements, il oriente les débats en fonction de sa stratégie (on l'observe au sein des Conseils des ministres, notamment celui qui préside à la présentation du PLF). Le projet de loi de finances, préparé par le gouvernement et à son initiative, est ensuite déposé au bureau de l'Assemblée nationale, première des deux chambres à examiner ce texte.

4. La présentation des PLF

Le PLF au regard de la LOLF doit, outre la classique présentation du budget, prévoir un **projet annuel de performance** (PAP) qui décline en objectifs, coûts et explicitations de ces choix, ce pourquoi il est demandé aux parlementaires des crédits. Le PAP doit accompagner le PLF pour donner aux parlementaires toute la transparence nécessaire au moment de voter les budgets. À cet égard, l'article 51 de la LOLF édicte que les projets annuels de performance précisent « la présentation des actions, des coûts associés, des objectifs poursuivis, des résultats obtenus et attendus pour les années à venir mesurés au moyen d'indicateurs précis dont le choix est justifié ».

On notera que le PLF est déposé en fin d'année N pour un budget mis en œuvre en année N + 1. Ainsi le projet de loi de finances pour 2023 est-il préparé en 2022. Par ailleurs, les parlementaires qui votent la loi ne peuvent tarder à la voter ni refuser de la voter sous risque de voir passer le budget par ordonnance. En effet, le gouvernement a besoin de crédits afin de faire fonctionner les services publics et de mener à bien ses projets.

QCM

Dans cet exercice, la question peut appeler une ou plusieurs bonnes réponses, voire toutes ou aucune.

❶ Ne conservez que les réponses exactes :

a. Le budget de l'État est préparé sous l'autorité et avec les équipes du Premier ministre
b. On peut parler en France de projet ou de proposition de loi de finances
c. La LOLF est un texte qui a été voté en 2010

❷ Ne conservez que les réponses exactes :

a. Il existe toujours au sein des gouvernements un ministère chargé du budget ou des comptes publics
b. Le dialogue de gestion est le vote de la loi de finances par les parlementaires
c. La LOLF a été mise en œuvre en 2012

❸ Ne conservez que les réponses exactes :

a. Les lois de finances sont toujours soumises au Parlement
b. Le gouvernement peut passer par ordonnance son budget
c. Les parlementaires peuvent amender le projet de loi de finances

❹ Ne conservez que les réponses exactes :

a. La LOLF a favorisé la culture du résultat dans les administrations
b. On parle aujourd'hui d'objectifs et de performance pour les administrations
c. Les ministères présentent des PAP qui accompagnent les PLF

❺ Ne conservez que les réponses exactes :

a. Le vote du budget est anticipé à un an
b. C'est le ministère chargé du budget qui prépare les PLF
c. Les parlementaires sont obligés de voter la loi de finances

Corrigé

❶ Aucune. Le budget de l'État est préparé sous l'autorité du ministère chargé du budget. On ne parle que de projet de loi de finances. La LOLF a été votée en 2001.

❷ a. La LOLF, votée en 2001, a été mise en application en 2006.

❸ a, b, c. Comme pour toutes les autres lois, c'est bien le Parlement (Assemblée nationale et Sénat) qui vote le texte. Si les délais de vote de la loi de finances ne sont pas respectés, le gouvernement peut passer son budget par ordonnance.

❹ a, b, c. Dans les concepts développés au cœur de la LOLF, on évoque ces notions d'objectifs et de performance dans le cadre d'une culture du résultat.

❺ a, b. Comme pour tout budget, il est anticipé à N – 1. Le ministère chargé du budget ou des comptes publics est l'architecte de la préparation du budget. La Constitution prévoit que les parlementaires ont soixante-dix jours pour voter le budget, faute de quoi le gouvernement passera par ordonnance.

2. Les grands principes budgétaires

Issue de l'ordonnance de 1959 et reprise par la LOLF, la construction des budgets obéit à des grands principes permettant un **suivi**, un **contrôle** et une **transparence** plus efficaces. Par ailleurs, ladite LOLF a intégré un principe supplémentaire.

1. Principe de l'annualité

Le principe de **l'annualité** veut que le budget soit voté chaque année et pour une année par le Parlement. Une fois voté, le budget sera exécuté par le gouvernement. L'année budgétaire, pour des raisons de clarté, coïncide avec une année civile.

Un certain nombre d'exceptions émaillent pourtant ce principe. On y trouve surtout **la loi de finances rectificative**, couramment appelée « collectif budgétaire » prévue à l'article 35 de la LOLF. Elle constitue, comme son nom l'indique, le moyen de revoir en cours d'année le budget sur lequel s'appuie le gouvernement. Le texte sera présenté dans les mêmes formes que le projet de loi de finances initiale. Le gouvernent devra bien entendu justifier de ses besoins nouveaux en cours d'année et, en particulier (cf. la LOLF), présenter à l'appui de sa demande un rapport précisant les évolutions de la situation économique et budgétaire justifiant les dispositions demandées et une annexe explicative détaillant les modifications de crédit proposées.

D'autres dérogations à ce principe d'annualité existent, même si elles restent moins usitées que les lois de finances rectificatives. Ce sont, par exemple, les reports de crédits permettant d'éviter de gaspiller des deniers publics (cf. art. 15 de la LOLF). Ils sont affectés à un ministère, mais non consommés; ils pourront le cas échéant être réinjectés dans le budget suivant au profit du ministère créancier. Une révision constitutionnelle de 2008 a introduit dans les finances publiques françaises la notion de pluriannualité budgétaire. La LOLF a généralisé en particulier le dispositif des autorisations d'engagement (AE) et impose au gouvernement d'exprimer ses perspectives en matière d'évolution des dépenses et recettes des administrations sur quatre années. Les AE ne sont toutefois pas des dépenses, mais des autorisations de dépenser. De fait, les AE s'adaptent aux capacités des pouvoirs publics d'anticiper, sur plusieurs années, des dépenses de fonctionnement et d'investissement. Dans la même veine, se situent les lois de programmation pluriannuelle des finances publiques (LPFP) conçues aujourd'hui comme un réel instrument de pilotage de la finance publique et de sa maîtrise. Toutes ces exceptions n'obèrent cependant en rien l'obligation de l'annualité budgétaire.

2. Principe de l'universalité budgétaire

Le principe de **l'universalité budgétaire** veut que le budget décrive l'ensemble des recettes et des dépenses sans distinction. Cela signifie que l'ensemble des recettes assure l'ensemble des dépenses, et on ne peut affecter une recette à une dépense. La conséquence de ce principe est que le budget se présente sans préaffectation ou compensation quelconque. Cependant, ce principe comporte lui aussi quelques exceptions. En particulier, **les fonds de concours**, permis par la LOLF (article 17), sont des affectations directes de recettes à certaines dépenses, ce qui représente plusieurs centaines de fonds. Ce sont des fonds versés par des personnes physiques ou morales pour contribuer avec ceux de l'État à des dépenses d'intérêt général (notamment, les collectivités territoriales ou l'Union européenne versent des contributions à l'État dans le but très précis de participer à des investissements prioritaires comme la construction d'une université, la réalisation d'infrastructures routières, la mise en service d'un réseau fluvial...). Parmi les exceptions, on trouve également des rétablissements de crédits visant à reverser à un service de l'État des sommes qu'il avait indûment ou provisoirement payées et qui lui sont donc réaffectées. Enfin, on notera, aux côtés du budget général (qui apparaît dans la LF), des **budgets annexes** (apparaissant aussi au sein de la LF et qui sont dérogatoires à l'universalité budgétaire).

3. Principe de l'unité budgétaire

Le principe de **l'unité budgétaire** signifie que toutes les recettes et dépenses de l'État sont imputées à un compte unique, le budget général. Si la loi de finances regroupe l'ensemble des recettes et des dépenses de l'État, celles-ci sont retracées dans trois comptes différents : le budget général, les budgets annexes et les comptes spéciaux du Trésor. Les budgets annexes retracent des opérations de services de l'État que le législateur n'a pas dotés de la personnalité morale. Le budget des publications officielles et celui de la navigation aérienne sont depuis 2001 les seules exceptions restantes. Quant aux comptes spéciaux, ils sont un aménagement consistant à affecter des recettes à des opérations de caractère temporaire.

Il existe malgré tout, dans le paysage budgétaire, des budgets autonomes attribués à des personnes distinctes de l'État, devant disposer d'une certaine autonomie financière et formant un ensemble assez disparate (Centre Pompidou, musée du Louvre, Centre national d'études spatiales, parcs nationaux...).

4. Principe de la sincérité budgétaire

Le quatrième principe est celui de la **sincérité budgétaire**. Selon l'article 27 de la LOLF, « les comptes de l'État doivent être réguliers, sincères et donner une image fidèle de son patrimoine et de sa situation financière ». Ce principe est élaboré en 2006, il constitue donc le dernier et plus récent principe budgétaire. La Cour des comptes s'assure que les comptes de la puissance publique sont sincères, que l'État aura la capacité d'honorer ses dettes et qu'il a fait une évaluation raisonnable de ses dépenses et recettes.

On notera enfin, en particulier en lien avec l'Europe, cette obligation appelée « **règle d'or** » qui est celle de l'**équilibre budgétaire**, devenu obligatoire du fait de l'encadrement européen des finances publiques.

QCM

Dans cet exercice, la question peut appeler une ou plusieurs bonnes réponses, voire toutes ou aucune.

1 Ne conservez que les réponses exactes :
a. L'origine des grands principes budgétaires se trouve dans la LOLF
b. La loi de finances rectificative est une exception au principe de continuité
c. Les reports de crédits sont inscrits dans la loi de finances rectificative

2 Ne conservez que les réponses exactes :
a. Le principe de sincérité est hérité des principes de la LOLF
b. La pluriannualité budgétaire est interdite
c. Une autorisation d'engagement est un principe budgétaire du ministère des Armées

3 Ne conservez que les réponses exactes :
a. L'universalité a comme exception les budgets annexes
b. Les fonds de concours sont des budgets affectés directement à l'organisation des concours de la fonction publique
c. La non-compensation est le fait de ne pas affecter des recettes à des dépenses

4 Ne conservez que les réponses exactes :
a. Le principe de neutralité est récent dans le cadre de la construction des budgets
b. Les comptes spéciaux du Trésor sont un élément de la loi de finances
c. Il existe des budgets autonomes

5 Ne conservez que les réponses exactes :
a. L'exception du principe de spécialité est le crédit de report
b. Le budget des dotations de fonctionnement est un budget annexe au budget général
c. La règle de l'équilibre budgétaire est aussi appelée « règle d'or »

Corrigé

❶ Aucune. Les grands principes budgétaires trouvent leur origine dans l'ancienne constitution financière de l'ordonnance de 1959. La loi de finances rectificative est une exception au principe de l'annualité budgétaire.

❷ **a**. La pluriannualité budgétaire permet au politique de disposer d'une vue à moyen terme sur l'engagement des dépenses et des recettes à percevoir. L'AE est une possibilité d'engagement de crédit sur plusieurs années à titre général.

❸ **c**. Les budgets annexes sont des budgets liés à des organismes dont le législateur n'a pas prévu qu'ils figurent dans le budget général.

❹ **b**, **c**. Le dernier principe mis en œuvre avec l'arrivée de la LOLF est le principe de sincérité. Les comptes spéciaux du Trésor sont, avec le budget général et les budgets annexes, les trois parties de la loi de finances.

❺ **c**. La règle d'or est devenue obligatoire avec l'influence européenne (notamment, ne pas dépasser 3 % de déficit).

3. La nouvelle architecture budgétaire

1. Une nouvelle structure budgétaire issue de la LOLF

Une quarantaine de **missions** (par exemple, 33 missions en 2022) dessinent les grands domaines des politiques de l'État: culture, défense, aide publique au développement, justice, outremer… Le budget est voté au niveau de chaque mission permettant de mettre l'accent sur les finalités des politiques publiques poursuivies. De fait, la mission peut relever, le cas échéant, de ministères distincts et donc être interministérielle. La mission est définie exclusivement par le gouvernement, c'est l'expression de ses choix politiques; elle est aussi le **support du droit d'amendement et l'unité de vote des crédits**.

La mission « Justice », par exemple, comprend 6 programmes:

1	Justice judiciaire
2	Administration pénitentiaire
3	Protection judiciaire de la jeunesse
4	Accès au droit et à la justice
5	Conduite et pilotage de la politique de justice
6	Conseil supérieur de la magistrature

Environ **150 programmes** (par exemple, 138 programmes en 2022) viennent délimiter les responsabilités de mise en œuvre des politiques publiques. Chaque programme est un **ensemble d'actions** confié à **un responsable** désigné par chaque ministre et appelé « responsable de programme ». Ce dernier reçoit une enveloppe de crédits globale et fongible lui permettant de choisir les moyens les mieux adaptés à la réalisation des objectifs qui lui ont été fixés. Le programme est créé par le gouvernement ou le Parlement; il est toujours d'exécution ministérielle et est accompagné d'objectifs et d'indicateurs.

La budgétisation est orientée vers les résultats à partir d'objectifs définis et non plus par nature de dépenses. **Les crédits sont spécialisés par programme**: ce dernier recouvre d'ailleurs les crédits à mettre en œuvre pour une action ou un ensemble d'actions. Au sein de ces programmes, on trouvera à la fois des objectifs attendus et des indicateurs de réalisation de la performance. Quant aux quelques centaines d'**actions** (troisième niveau de l'architecture), elles précisent surtout la destination des dépenses budgétaires.

Exemple d'un objectif (sur trois) et d'un indicateur (sur trois) au sein de la mission « Culture » et du programme « Patrimoine »

Mission « Culture »		
Programme « Patrimoine »	**Programme « Création »**	**Programme « Transmission des savoirs et démocratisation de la culture »**
Objectif 2 Accroître l'accès du public au patrimoine national		
Indicateur 2 Taux de fréquentation des institutions patrimoniales et architecturales		

2. De nouvelles structures et de nouveaux responsables

De nouveaux acteurs de la culture d'entreprise issue de la LOLF apparaissent, chargés de gérer cette structure budgétaire. C'est ainsi que le Parlement et les ministres ne sont pas les seuls acteurs de cette réforme. On a coutume de repérer trois acteurs qui se partagent les responsabilités stratégiques de la LOLF : le responsable de programme (RPROG), le responsable de budget opérationnel de programme (RBOP) et le responsable d'unité opérationnelle (RUO).

■ Chaque **responsable de programme** est désigné par son ministre de tutelle. Ce RPROG définit le contenu et les finalités du programme, il pilote la performance et s'engage sur des objectifs et des résultats que l'on retrouve dans le PAP (projet annuel de performance). Il rend compte de l'efficacité de sa gestion à son ministre de tutelle qui lui-même affiche les résultats des objectifs de son ministère au Parlement dans le RAP (rapport annuel de performance). Ce responsable de programme utilise librement les crédits au sein de l'enveloppe budgétaire globale, définit l'organisation des services, structure le BOP principal, définit les procédures secondaires et transfère des crédits de l'enveloppe du programme vers les enveloppes des BOP secondaires.

■ Le **responsable de BOP** est désigné par le responsable de programme. Il construit un projet de budget sur la base des objectifs du programme, il transfère des crédits du BOP secondaire vers les UO, il initie la mise en œuvre de la fongibilité asymétrique.

■ Le **responsable d'UO,** quant à lui, est désigné par le responsable du BOP. Il est essentiellement consommateur de finances. Ces RUO n'ont souvent pas de marge de manœuvre et doivent demander, avant d'entreprendre une dépense, un aval du RBOP.

Selon les différentes administrations, des responsables pourront en même temps être nommés en tant que responsable de programme (souvent les collaborateurs directs des ministres concernés) et gestionnaire des budgets opérationnels de programme.

Mission	Enseignement scolaire
Programme	Enseignement scolaire public du premier degré RPROG : directeur général de l'enseignement
Niveau central	Directeur de l'enseignement scolaire, responsable du BOP central
Niveau académique	Recteurs responsables du BOP de leur académie
Niveau départemental	Inspections académiques, responsables de l'UO (unité opérationnelle) – consommateur du BOP du rectorat

3. De nouvelles normes de répartition des enveloppes de crédits

La globalité et la **fongibilité de l'enveloppe de crédits** sont une révolution par rapport à l'ordonnance de 1959 prévoyant une répartition fine par crédits et titres. Avec la LOLF, tous les crédits sont regroupés dans une seule enveloppe budgétaire, à charge pour le responsable de les répartir au mieux selon les besoins de fonctionnement de son administration. C'est ainsi que l'on a vu aussi apparaître dans les administrations de nouveaux métiers comme des **contrôleurs de gestion**.

Les responsables de programme (RPROG) répartissent les enveloppes budgétaires reçues de leur ministre de tutelle en BOP (budgets opérationnels de programme), qui seront des morceaux de cette enveloppe budgétaire, et les transmettent à des responsables de BOP (RBOP).

Les services centraux d'une administration X (administration pénitentiaire, DGFIP…) disposent donc d'un morceau de l'enveloppe globale affectée à cette administration : c'est le BOP central, géré par un responsable (RBOP). Au niveau local, chaque responsable de BOP (directeur départemental de services publics, directeur d'hôpital…) dispose aussi d'un morceau de cette enveloppe globale comprenant des budgets d'investissement et de fonctionnement, mais aussi – et c'est là une innovation importante – les budgets de personnel. Aujourd'hui, même si les services

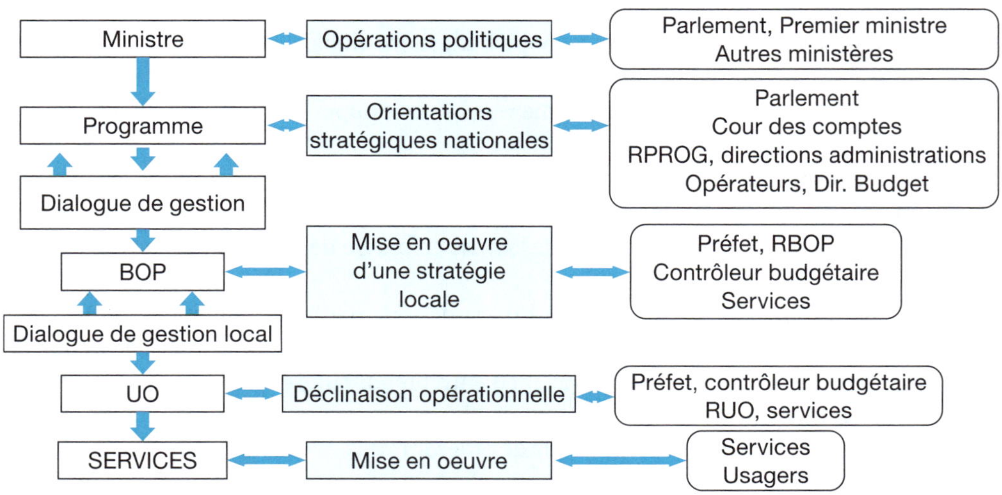

déconcentrés doivent respecter les plafonds d'emplois (ils ne peuvent recruter localement), l'enveloppe budgétaire qu'ils gèrent correspond à 100 % de crédits ouverts. De fait, ils peuvent travailler à la **rentabilité des services** en jouant sur la fongibilité.

QCM

Dans cet exercice, la question peut appeler une ou plusieurs bonnes réponses, voire toutes ou aucune.

❶ **Ne conservez que les réponses exactes :**
a. Le budget de l'État est structuré en trois niveaux
b. RAP signifie « rapport annuel de performance »
c. Un directeur d'hôpital est un responsable de programme

❷ **Ne conservez que les réponses exactes :**
a. La fongibilité des crédits signifie que les crédits ne peuvent dépasser un certain seuil
b. Les RPROG sont désignés par les ministres de tutelle
c. Objectifs et indicateurs accompagnent les programmes

❸ **Ne conservez que les réponses exactes :**
a. Avant la LOLF, il n'y avait aucun cadrage budgétaire
b. Il existe des BOP centraux mais pas des BOP locaux
c. Les contrôleurs de gestion n'existent que dans le privé et non dans la fonction publique

❹ **Ne conservez que les réponses exactes :**
a. Les missions correspondent au nombre de ministères
b. Le RUO est un responsable d'unité opérationnelle
c. Les dépenses en personnel correspondent à 75 % d'une enveloppe budgétaire

❺ **Ne conservez que les réponses exactes :**
a. Ministres et RPROG s'engagent sur les objectifs et résultats des administrations
b. Les crédits sont avec la LOLF spécialisés par mission
c. Les missions sont toujours de périmètre ministériel

Corrigé

❶ a, b. Les trois niveaux de la structure budgétaire : mission, programme, action.

❷ b, c. La fongibilité est la possibilité d'utiliser les crédits de manière globale et, par exemple, basculer des crédits de la section personnel vers la section investissement.

❸ Aucune. La LOLF a modifié une constitution financière qui existait déjà sous la forme d'une ordonnance. Il existe une répartition de l'enveloppe budgétaire globale entre des responsables centraux et locaux, donc entre des RBOP centraux et des RBOP locaux.

❹ b, c. Il n'y a pas forcément corrélation entre le nombre de missions et le nombre de ministères dans un gouvernement.

❺ a. Les crédits sont spécialisés par programme. Les missions peuvent être de périmètre ministériel ou interministériel.

4. La construction du budget de l'État

Au sein de la loi de finances, le budget est constitué de parties et d'annexes. La LOLF, en tant que constitution financière, a prévu la présentation du budget en deux parties distinctes et ce, selon l'article 34, mais également la préparation et la présentation d'annexes représentées par des couleurs.

1. Les bases du futur budget

La première partie de la loi de finances applicable pour l'année correspond aux grands principes de la finance publique, à savoir les **autorisations de percevoir les impôts**. On retrouve dans cette partie de la loi de finances les autorisations pour tous les impôts et pour toutes les structures. Dans cette première partie de la loi de finances, intitulée « conditions générales de l'équilibre financier », apparaissent ensuite toutes les modifications de la législation fiscale et notamment les modifications de taux : par exemple, le changement de taux de TVA (de 19,6 à 20 % pour ce qui concerne un exemple précis de modification ces dernières années) ou les assiettes de perception. L'idée est donc, pour les pouvoirs publics, de construire un **équilibre financier** qui pourra être validé par le législateur.

Après les diverses modifications, on trouve dans cette première partie de projet de loi **les ressources affectées**. En effet, l'État positionne des recettes vis-à-vis de certaines dépenses, ce qui correspond à une exception à un des principes budgétaires ; c'est ainsi que, pour les collectivités territoriales, le gouvernement affecte certaines recettes prévues par les textes (les collectivités ont droit en effet à des parties de budget pour leur fonctionnement propre). On trouve également toutes les dispositions relatives à l'équilibre des ressources et des charges. Il s'agit d'un article de loi dit d'équilibre. Enfin, cette première partie comporte un article concernant la destination des éventuels surplus budgétaires, c'est-à-dire la destination des produits des impôts que recouvrent les administrations. En effet, **l'État prévoit ses dépenses avant d'avoir des recettes concrètes**, il dépense donc en partant de chiffres et statistiques de rentrées financières futures. C'est en particulier le cas de la TVA qui représente plus de 50 % du budget : l'État définit des statistiques de rentrée fiscale de TVA et positionne donc ses dépenses en fonction de rentrées potentielles ; si les rentrées de TVA ne sont pas au rendez-vous, il se trouvera en difficulté ; si les rentrées de TVA sont supérieures, il devra avoir prévu où ira ce surplus non attendu. C'est l'objet de cet article du PLF.

2. Les moyens réclamés

Une seconde partie de la loi de finances concerne les moyens dont se dote l'administration pour ses missions. Cette seconde partie, intitulée « moyens des politiques publiques et dispositions spéciales », recouvre ainsi les diverses autorisations budgétaires pour l'année de référence, à savoir les crédits de missions, les plafonds d'autorisations d'emplois en ETPT (équivalent temps plein travaillé – nombre de fonctionnaires que l'on va recruter pour les affecter aux missions des services publics). On y trouve également les **reports de crédits** (ce que certains ministères n'ont pas dépensé dans l'année et que l'on peut remettre à leur crédit pour l'année qui vient).

3. Une série d'annexes impératives

On trouve d'abord des documents dits inséparables de la loi de finances et donc insérés directement dans le PLF. Il s'agit notamment du rapport relatif à la situation et aux perspectives économiques ainsi que du rapport économique, social et financier, qui permet des projections à des horizons pluriannuels (trois ou cinq ans). D'autres documents annexes complètent le PLF, en particulier les annexes explicatives, qui sont dits des **bleus budgétaires**, indispensables à la transparence du budget au profit des parlementaires. Ils détaillent en effet les crédits des programmes et dotations diverses. La LOLF prévoit que le PLF soit obligatoirement accompagné d'un autre bleu budgétaire constitué par les PAP (projets annuels de performance) au sein desquels, pour chaque programme, seront explicités les actions envisagées, leur coût, les objectifs poursuivis, les résultats attendus mesurés à l'aide d'indicateurs dont le choix sera justifié. Une autre annexe bleue retrace l'évaluation complète en matière de rendement de chaque impôt. On y trouve aussi les avis du Haut Conseil des finances publiques sur les hypothèses macro-économiques ou le respect des trajectoires des finances publiques.

D'autres annexes de couleurs différentes apparaissent, comme les **jaunes budgétaires**, qui ont pour objectif d'apporter des informations complémentaires sur certains aspects des dépenses publiques et des objectifs (par exemple, la formation professionnelle). On notera que les jaunes budgétaires peuvent être remis aux parlementaires après le dépôt du PLF alors que les bleus sont remis en même temps que le PLF.

Les **oranges budgétaires** sont des documents transversaux visant des politiques à caractère interministériel comme celle concernant les associations. Toutes ces annexes seront proposées avant le vote de la loi de finances, soit avec le PLF, soit après le dépôt du PLF devant l'Assemblée nationale.

Viennent ensuite des **annexes** qui doivent accompagner les lois de finances, mais qui peuvent être déposées après le vote lui-même de la loi, notamment les verts budgétaires, documents séparables qui présentent de façon détaillée le budget sous un angle très précis (de la manière la plus fine possible par programme). Ces documents sont plutôt cependant des documents de travail, plus opérationnels, au profit des gestionnaires des budgets ou des parlementaires de la commission des finances.

Les **blancs budgétaires**, enfin, élaborés au moment du vote de la loi, présentent les budgets par mission et par ministère sous une forme d'arborescence budgétaire complète.

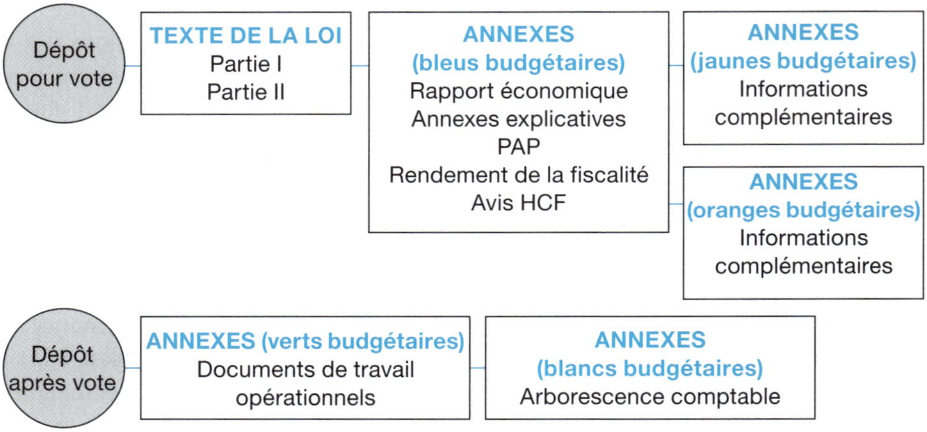

QCM

Dans cet exercice, la question peut appeler une ou plusieurs bonnes réponses, voire toutes ou aucune.

1 Ne conservez que les réponses exactes :
a. ETPT signifie « équivalent temps plein travaillé » et vise des emplois de fonctionnaires
b. Il existe des oranges et des jaunes budgétaires qui sont des annexes au PLF
c. Indicateurs et cibles sont des éléments devant obligatoirement accompagner le PLF

2 Ne conservez que les réponses exactes :
a. Le budget doit être présenté de manière équilibrée aux parlementaires
b. L'État prévoit ses dépenses avant de disposer de recettes
c. Le projet annuel de performance est un jaune budgétaire

3 Ne conservez que les réponses exactes :
a. Un orange budgétaire est une annexe visant notamment des politiques transversales
b. On trouve dans les annexes un rapport économique et social
c. L'autorisation de percevoir les impôts est incluse dans le PLF

4 Ne conservez que les réponses exactes :
a. L'autorisation d'emprunter est donnée par le Parlement
b. Les reports de crédits n'apparaissent pas dans le PLF
c. Le PLF doit respecter les normes inscrites dans la LOLF

5 Ne conservez que les réponses exactes :
a. Les verts budgétaires peuvent être déposés devant le Parlement après le dépôt initial du PLF
b. Le gouvernement doit justifier ses choix en matière d'objectifs à atteindre
c. Le gouvernement doit déposer son PLF avant le mois de juin

Corrigé

❶ **a**, **b**, **c**. Afin de répertorier les différentes annexes au PLF, il a été décidé d'utiliser des couleurs. Il existe ainsi des bleus, des verts, des blancs, des oranges ou des jaunes budgétaires. Ces deux derniers sont aussi annexés à la loi de finances. La LOLF impose une présentation par objectifs, résultats attendus, le tout évalué par des indicateurs adaptés.

❷ **a**, **b**. Le PAP est obligatoirement annexé au PLF et cette annexe correspond à ce que l'on appelle bleu budgétaire.

❸ **a**, **b**, **c**. Certains éléments de politiques transversales sont contenus dans ce que l'on nomme oranges budgétaires. Le PLF est aussi une demande de percevoir des recettes (impôts) sur les citoyens contribuables.

❹ **a**, **c**. Les parlementaires doivent autoriser les emprunts réclamés par le gouvernement Les éléments et principes établis par la LOLF s'imposent aux lois de finances.

❺ **a**, **b**. Le gouvernement doit fournir aux parlementaires des bleus budgétaires et ce, impérativement. Parmi ces bleus, on trouve les PAP. Le PLF est déposé dès le début du mois d'octobre devant l'Assemblée nationale.

5. Ressources et dépenses de l'État

Les dépenses de l'État sont sa raison d'être et les recettes sont nécessaires à son activité. Le but de l'État est donc **l'interventionnisme.** En France, aujourd'hui, les ressources étatiques sont principalement fiscales ; de fait, les ressources non fiscales ne représentent qu'un quart des recettes.

1. L'imposition directe

Concernant les **impôts directs**, le plus connu, régulièrement médiatisé (prélèvement à la source, par exemple), est l'**impôt sur le revenu** (IR). C'est aussi un impôt controversé et critiqué quant à son utilité et à sa rentabilité. L'IR est lié à un rendement moyen annuel calculé à hauteur de 90 milliards d'euros (82,4 en 2022) et correspondant à 20 % en moyenne des recettes fiscales étatiques (23,7 % en 2021). Cet impôt est dit général, c'est-à-dire qu'il s'appuie sur tous les revenus des personnes physiques, quelles que soient les origines de ces fonds. Des exemptions existent et sont liées aux stratégies gouvernementales ou aux choix politiques et sociaux (par exemple, l'exemption d'imposition sur les allocations familiales). L'IR est dit aussi impôt unique, car il vise l'ensemble des revenus d'un même foyer fiscal (on entend par foyer fiscal, par exemple, un célibataire ou un couple avec enfants…). Cet impôt est **progressif**, c'est-à-dire que son taux s'élève avec l'augmentation du revenu imposable. Depuis 2019, les pouvoirs publics ont mis en place la retenue à la source. L'IR, pourtant, ne permet qu'un rendement bien inférieur à la contribution sociale généralisée (CSG), par exemple (90 milliards d'euros). Tous les foyers fiscaux ne paient pas cet impôt sur le revenu (moins de 50 % aujourd'hui) et le coût du prélèvement reste élevé par rapport aux rentrées fiscales et à toutes les exonérations mises en place par les lois de finances.

L'**impôt sur les sociétés** date de 1948, il est évalué à environ 60 milliards d'euros (66,3 milliards en 2022). Le produit net de cet impôt reste faible, car il dépend de quelques entreprises (le tissu industriel français étant surtout composé de petites entreprises). Cet impôt, de plus, fluctue en fonction de la conjoncture économique, il n'est donc pas stable : par exemple la situation économique en 2019 n'a entraîné qu'une rentrée à hauteur de 31,5 milliards. Par ailleurs, il reste vivement critiqué en raison de son inégalité de traitement au même titre que l'est l'IR.

2. L'imposition indirecte

Ce sont les **impôts dits « indirects »** qui représentent alors la part la plus importante des recettes fiscales.

■ La **TVA**, s'appliquant aujourd'hui dans plus d'une trentaine de pays en Europe, est la ressource principale avec en moyenne 200 milliards d'euros de rentrées fiscales, composant ainsi la moitié des ressources étatiques et se situe à hauteur de 155,7 milliards d'euros en 2021 (113,8 en 2020). La TVA est un droit *ad valorem*, ce qui signifie qu'il est assis sur le prix du produit. Dès lors, quel que soit le consommateur final, la TVA sera la même pour un produit identique, ce qui vaut à la TVA d'être vivement critiquée quant à son équité. Les redevables réels de cet impôt sont les consommateurs finaux, donc les ménages. Il existe plusieurs taux de TVA, celui à 20 % vise la plupart des opérations de consommation, c'est le taux normal. Un taux à 10 % vise certains biens et services, un taux à 5,5 % vise des produits de première nécessité. Enfin, on trouve un taux à 2 % applicable à quelques exceptions, comme les médicaments.

■ La **TICPE** (taxe intérieure de consommation sur les produits énergétiques) est le dernier impôt des quatre les plus importants dans notre système fiscal. C'est un impôt qui frappe tous les produits à valeur énergétique pour un rapport entre 15 et 20 milliards d'euros annuels (19,4 milliards en 2021). La TICPE, qui frappe les produits pétroliers, est un impôt indirect perçu dès la mise en consommation, donc avant toute opération de commercialisation. C'est un droit spécifique, c'est-à-dire dont les tarifs sont fixés par la loi de finances et par nature d'emploi de produit (gazole, sans plomb…). La particularité de cette fiscalité est qu'elle vise des produits hors taxes sur lesquels on ajoute la TVA, entraînant une surfiscalité.

■ L'impôt sur la fortune immobilière a rapporté à l'État près de 2 milliards en 2022. Jugé non rentable, il a remplacé l'impôt de solidarité sur la fortune en 2018.

Enfin, d'autres taxes et contributions viennent s'ajouter à la liste de ces quatre bases, parmi lesquels les revenus des capitaux mobiliers, certaines contributions indirectes ou les perceptions fiscales sur les jeux (Française des jeux).

3. Les autres ressources

Après les recettes fiscales, le budget absorbe également des recettes dites non fiscales, parmi lesquelles les participations étatiques dans les entreprises, qui rapportent quelques milliards d'euros à l'État. On trouve également les produits de la vente de biens et services, les produits du domaine de l'État, les remboursements des intérêts, les produits des amendes et confiscations.

Les principales recettes en 2019 (en euros)

IR	TVA	IS	TICPE	IFI
96,9 milliards	155,7 milliards	65,6 milliards	19,5 milliards	2 milliards

4. Les niveaux de dépenses de l'État

Avec, en règle générale, près de 400 milliards d'euros de recettes brutes (230,6 milliards de recettes nettes en 2021), les pouvoirs publics font fonctionner l'État mais également contribuent à rembourser la forte dette française.

Les dépenses sont généralement supérieures aux ressources budgétaires, d'où la nécessité de financer ces écarts avec l'emprunt. C'est ainsi que les marges de manœuvre de l'État restent très limitées. Parmi les composantes rigides de la dépense, on trouve en particulier, outre les intérêts de la dette, les dépenses afférentes au personnel. Ces charges de personnels sont généralement condensées au travers de quelques ministères (armées, éducation nationale, finances, intérieur). De fait, l'importance que revêtent les discussions en matière d'emploi public dans les préparations des PLF sont primordiales.

QCM

Dans cet exercice, la question peut appeler une ou plusieurs bonnes réponses, voire toutes ou aucune.

1 Ne conservez que les réponses exactes :

a. L'impôt sur le revenu existe depuis 1975
b. L'impôt sur les sociétés est l'impôt qui rapporte le plus
c. La TVA est un impôt direct

2 Ne conservez que les réponses exactes :

a. TVA signifie « taxe de valorisation de l'activité »
b. L'impôt sur le revenu est progressif
c. Il n'existe que deux taux de TVA

3 Ne conservez que les réponses exactes :

a. Les carburants sont frappés d'une taxe spécifique et d'une TVA
b. Les contributions indirectes sont des taxes entrant en partie dans le budget de l'État
c. L'impôt à la source vise l'impôt sur le revenu

4 Ne conservez que les réponses exactes :

a. La dette de l'État français est aujourd'hui de plus de 230 millions d'euros
b. Le déficit correspond au cumul des dettes de l'État
c. La CSG est un impôt indirect entrant pour un quart dans le budget de l'État

5 Ne conservez que les réponses exactes :

a. La plus grande partie des dépenses de l'État concerne les charges de personnel
b. Un impôt *ad valorem* signifie que l'impôt est assis sur la valeur du produit visé
c. Les recettes liées aux produits du domaine de l'État sont des recettes non fiscales

Corrigé

❶ Aucune. L'impôt sur le revenu apparaît au détour de la Seconde Guerre mondiale. C'est la TVA, impôt indirect, qui dessine près de la moitié des rentrées fiscales étatiques. La TVA, afin qu'elle puisse toucher le maximum de contribuables, a été assise sur la consommation.

❷ **b**. TVA signifie « taxe sur la valeur ajoutée ». L'IR est progressif : plus le revenu augmente, plus proportionnellement l'imposition augmente. Il existe en France quatre taux de TVA.

❸ **a**, **b**, **c**. Le carburant est un produit de consommation taxé via la TVA comme n'importe quel autre produit. Les consommateurs s'acquittent également, selon les produits achetés, de diverses taxes dites contributions indirectes.

❹ Aucune. La dette est le résultat de l'accumulation des déficits. Elle se chiffre en milliards d'euros (près de 2 900 milliards d'euros en 2022). C'est le cumul des déficits annuels (constaté au moment des votes de lois de finances) qui crée année après année la dette publique. La CSG n'est pas considérée comme un impôt.

❺ **a**, **b**, **c**. La paye des fonctionnaires constitue en moyenne la moitié du budget de l'État, la charge en personnel étant la plus importante.

6. Les finances sociales

Les finances sociales sont principalement celles qui touchent au financement de la Sécurité sociale. La Sécurité sociale, au sens de la LFSS, s'entend des régimes obligatoires de base et les fonds concourant à leur financement. Le budget la concernant est aussi issu d'un texte de loi mis en projet par le gouvernement et déposé en premier lieu devant l'Assemblée nationale.

1. Le particularisme du PLFSS

La **loi de financement de la Sécurité sociale** prévoit des recettes au profit de l'ensemble des régimes obligatoires de base et fixe les objectifs de dépense de ces régimes. La LFSS s'articule de la même manière que la loi de finances traditionnelle ; elle passe donc, outre une préparation par les services concernés des ministères, par les impératifs de la LOLF, à savoir la mise en place d'objectifs et l'attente de résultats. Le PLFSS est accompagné d'un rapport décrivant les prévisions de recettes visant à alimenter les régimes obligatoires et les dépenses par branche pour les quatre années à venir. La LFSS doit prévoir à moyen terme les capacités étatiques à faire face au coût important des régimes de Sécurité sociale. Outre ce rapport descriptif sur l'évolution des recettes et des objectifs à venir, le PLFSS doit s'accompagner d'un rapport de la Cour des comptes sur l'application de la LFSS précédente, ce qui permet aux parlementaires d'avoir, comme pour le PLF, une vision la plus transparente possible des objectifs et des réalisations liées au financement des régimes de Sécurité sociale.

Le PLFSS est déposé sur le bureau de l'Assemblée nationale au plus tard le 15 octobre de l'année N pour le budget de l'année N + 1. L'adoption de la loi est ici aussi enfermée dans des **délais très stricts**. L'Assemblée nationale dispose de vingt jours pour se prononcer, et le Sénat, de quinze jours. À défaut, et comme pour le budget général issu de la LF, le gouvernement pourra passer par voie d'ordonnance.

Les prévisions de recettes pour les quatre régimes obligatoires se chiffrent en moyenne ces dernières années à 450 milliards d'euros. Elles sont issues à la fois des cotisations des entreprises (patronales), des cotisations des salariés, des contributions publiques (ce sont les subventions étatiques) et de diverses taxes ou impôts dont la principale est **la contribution sociale généralisée** qui à elle seule a rapporté 115 milliards d'euros en 2019.

On notera que les dépenses sont inscrites par branches afin de resserrer et constater les différentes évolutions de chaque branche. Des objectifs de performance seront assignés. On notera que contrairement à l'État, les organismes de Sécurité sociale ne sont pas autorisés à s'endetter de manière pérenne.

Par ailleurs, un suivi de l'exécution de la LFSS est réalisé par la MECSS (mission d'évaluation et de contrôle des lois de financement de la Sécurité sociale).

2. LFSS : recettes et dépenses d'organismes spécifiques

Les LFSS conduisent depuis une quinzaine d'années le gouvernement à exposer chaque année aux parlementaires la représentation de sa politique en matière de Sécurité sociale, à la justifier, à en indiquer les horizons, permettant en particulier les débats budgétaires en la matière.

Le Parlement se prononce sur la prévision des recettes, leur affectation, leur pertinence et les objectifs annoncés. L'article 34 de la Constitution dispose que les LFSS « déterminent les conditions générales de son équilibre financier et, compte tenu de leurs prévisions de recettes, fixent ses objectifs de dépenses, dans les conditions et sous les réserves prévues par une loi organique ».

LFSS et organismes concernés

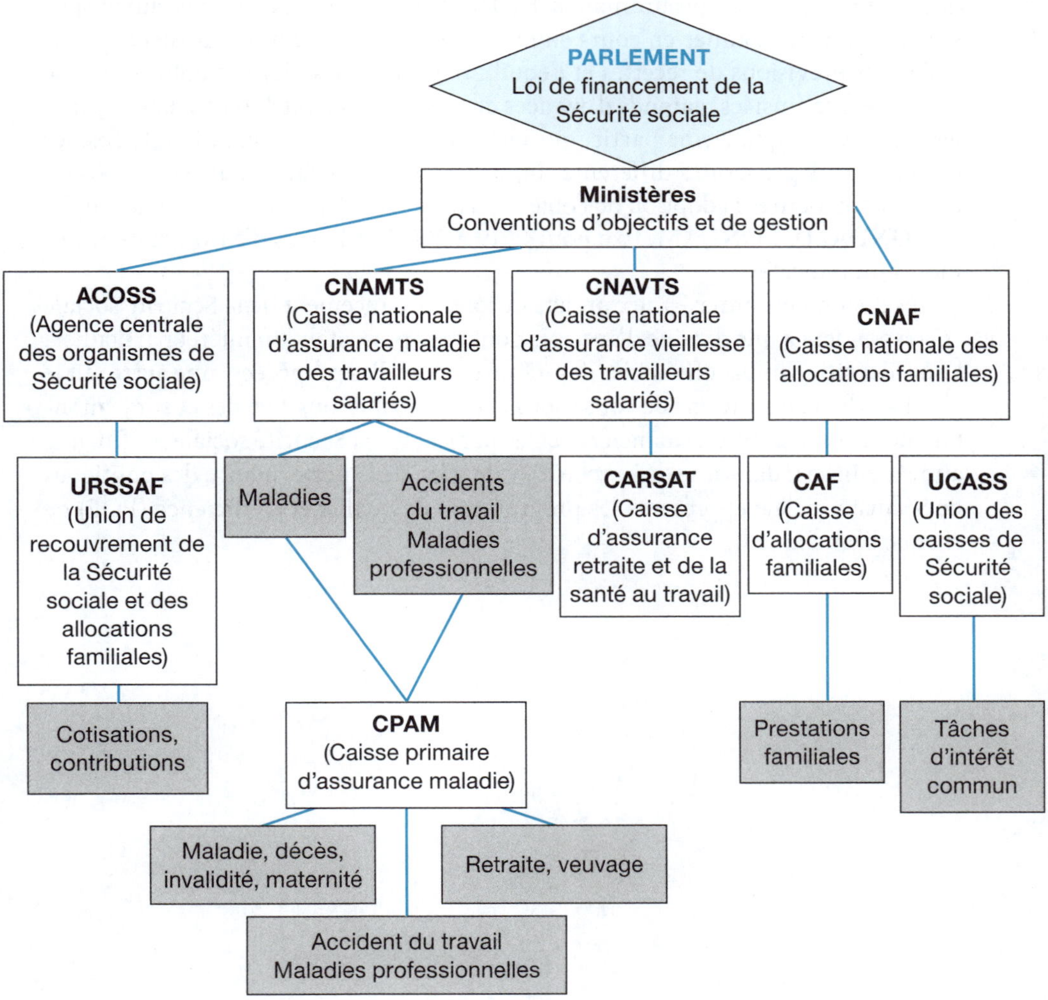

La LFSS est aussi considérée comme une catégorie particulière de loi dans la mesure où elle fixe les soldes des régimes obligatoires de base de la Sécurité sociale et des organismes concourant à leur financement. Elle peut également autoriser certains organismes de Sécurité sociale à recourir à l'emprunt. Le périmètre de la LFSS comporte **quatre branches obligatoires** (maladie, vieillesse, famille, accidents du travail et maladies professionnelles) mais englobe également un certain nombre de fonds d'organismes divers concourant à la Sécurité sociale du pays, comme le Fonds de solidarité vieillesse ou la Caisse d'amortissement de la dette sociale (CADES).

3. La présentation du PLFSS

La LFSS est composée dans sa présentation de quatre parties. La première partie est relative au dernier exercice budgétaire clos et constitue l'équivalent d'une loi de règlement pour les lois ordinaires. La deuxième partie est consacrée aux dispositions relatives à l'année en cours en matière de financement. La troisième partie établit les prévisions de recettes et l'équilibre général des régimes obligatoires de base, elle fixe ainsi les plafonds d'avances de trésorerie auxquelles peuvent recourir les régimes. La quatrième partie, qui reste la plus orientée vers la LOLF, fixe les objectifs de dépenses des différentes branches de la Sécurité sociale en proposant aux parlementaires l'adoption de l'objectif national de dépenses d'assurance maladie (**ONDAM**). L'ONDAM, fixé pour 2019 à 200,3 milliards d'euros, reste néanmoins un indicateur.

Les documents annexés aux projets de loi de financement de la Sécurité sociale correspondent à une dizaine d'annexes dont trois présentent un intérêt particulier : l'une identifie l'impact financier des mesures nouvelles proposées ; une autre fait le point sur les exonérations de cotisations et de contributions sociales et sur le montant de la compensation financière versée par l'État à la Sécurité sociale ; enfin, une annexe s'inscrit dans une démarche d'évaluation de la performance des politiques de Sécurité sociale et présente les programmes de qualité et d'efficience (PQE) de chaque branche.

QCM

Dans cet exercice, la question peut appeler une ou plusieurs bonnes réponses, voire toutes ou aucune.

❶ **Ne conservez que les réponses exactes :**
a. Le budget social fait l'objet d'une annexe au projet de loi de finances
b. PLFSS signifie « plan de financement de la Sécurité sociale »
c. La Sécurité sociale correspond à des régimes obligatoires

❷ **Ne conservez que les réponses exactes :**
a. C'est la Constitution qui précise le contenu des textes relatifs au financement de la Sécurité sociale
b. Deux des régimes obligatoires sont la vieillesse et la maladie
c. Il existe des fonds de réserve

❸ **Ne conservez que les réponses exactes :**
a. Les recettes de la Sécurité sociale proviennent de prélèvements obligatoires
b. Seuls les salariés ont droit à la protection sociale
c. C'est le gouvernement qui décide des financements de la Sécurité sociale

❹ **Ne conservez que les réponses exactes :**
a. La Sécurité sociale dispose d'objectifs de performance comme pour les textes des PLF
b. Des équilibres existent entre les différents régimes de la Sécurité sociale
c. L'URSSAF est un organisme de recouvrement de cotisations sociales

❺ **Ne conservez que les réponses exactes :**
a. La LFSS est composée de deux parties
b. Le délai d'adoption de la LFSS est de trente-cinq jours
c. ONDAM est le sigle signifiant « objectif national de dépenses d'assurance maladie »

Corrigé

❶ **c.** Les pouvoirs publics raisonnent en deux budgets distincts, celui de la Sécurité sociale et celui de l'État, ce qui implique deux projets de loi différents : PLF et PLFSS. Le budget de la Sécurité sociale est issu d'un texte de loi, lequel est déposé par le gouvernement.

❷ **a, b, c.** La Constitution française évoque le contenu des textes liés à la Sécurité sociale. Les quatre régimes ou branches de la Sécurité sociale sont la famille, les accidents du travail, la vieillesse, la maladie. Les fonds de réserve sont un apport particulier sur des destinataires de la Sécurité sociale.

❸ **a, c.** Les recettes de la Sécurité sociale proviennent d'une série de prélèvements, cotisations et taxes venant abonder le budget social, comme la CSG ou certaines contributions indirectes. Les personnes ne disposant pas d'emploi ont droit également, par des prises en charges publiques, à des aides ou à des subventions hors tout prélèvement ou cotisation.

❹ **a, b, c.** La LFSS doit positionner un certain nombre d'objectifs, en particulier en matière de réduction des dépenses. Le gouvernement a mis en place un système de compensation entre branches et entre caisses afin d'équilibrer les comptes.

❺ **b, c.** La LFSS est composée de quatre parties. Comme la LF, la LFSS doit mettre en exergue les objectifs à atteindre en matière de performance, l'ONDAM est ainsi l'objectif de l'assurance maladie.

7. Les finances locales

L'élaboration des budgets locaux répond en écho aux mêmes principes sous-tendant l'élaboration du budget de l'État. En l'occurrence, les principes de base sont au nombre de cinq avec un contrôle exercé par le préfet en liaison avec la chambre régionale des comptes.

1. Les principes de construction des budgets locaux

On y retrouve le **principe d'annualité**, qui exige que le budget soit défini pour une période de douze mois allant du 1er janvier au 31 décembre et que chaque collectivité adopte son budget pour l'année suivante avant le 1er janvier. Le **principe de l'équilibre réel** implique l'existence d'un équilibre entre les recettes et les dépenses des collectivités ainsi qu'entre les différentes parties du budget (sections de fonctionnement et d'investissement). Le **principe d'unité** suppose que toutes les recettes et les dépenses figurent dans un document budgétaire unique, le budget général de la collectivité. Toutefois, d'autres budgets, dits annexes, comme celui du centre communal d'action sociale pour la commune, peuvent être ajoutés au budget général afin de retracer l'activité de certains services. Le **principe d'universalité** implique que toutes les opérations de dépenses et de recettes soient indiquées dans leur intégralité et sans modifications dans le budget – cela rejoint l'exigence de sincérité des documents budgétaires – et que les recettes financent indifféremment les dépenses. Le **principe de spécialité** des dépenses, enfin, consiste à n'autoriser une dépense qu'à un service et pour un objet particulier. Ainsi, les crédits sont affectés à un service, ou à un ensemble de services, et sont spécialisés par chapitres groupant les dépenses selon leur nature ou selon leur destination.

2. La construction du budget local

Un **budget primitif** est tout d'abord énoncé et voté aussi précisément que possible par rapport à un ensemble de recettes et de dépenses annuelles. Cependant, en cours d'année, des budgets supplémentaires ou rectificatifs sont nécessaires, afin d'ajuster les dépenses et les recettes aux réalités de leur exécution. La structure d'un budget de collectivité comporte différentes parties, notamment une section de fonctionnement et une section d'investissement. Il existe des chapitres, qui correspondent à chaque type de dépenses ou de recettes, ces chapitres étant eux-mêmes divisés en articles. La section de fonctionnement regroupe toutes les dépenses nécessaires au fonctionnement de la collectivité (charges à caractère général, de personnel, de gestion courante, intérêts de la dette, dotations aux amortissements, provisions) et toutes les recettes que la collectivité peut percevoir. La section d'investissement, quant à elle, comporte toutes les dépenses d'équipement de la collectivité (travaux en cours, opérations pour le compte de tiers...) ; en recettes, s'afficheront les emprunts, les dotations et subventions de l'État.

La préparation d'un budget relève de l'exécutif local (maire, président du conseil départemental, président du conseil régional) et est assurée par les services financiers des collectivités. Les dépenses obligatoires doivent être sincèrement évaluées. Elles concernent les secteurs de compétences fixés par la loi pour chaque type de collectivité. Ainsi, le budget départemental doit intégrer les dépenses concernant la rénovation des collèges, car elles relèvent de sa compétence. À défaut d'une inscription au budget, le préfet peut saisir la chambre régionale des comptes, qui demandera à la collectivité de rectifier l'oubli. **Le budget est voté par l'assemblée délibérante de la collectivité** (conseil municipal, départemental ou régional, selon le cas).

3. Les ressources budgétaires locales

L'autonomie financière des collectivités territoriales est une composante juridique du principe constitutionnel de libre administration. Les ressources définitives, tout d'abord, sont de loin quantitativement plus importantes. Les impôts et taxes en constituent la majeure partie. On y trouve les impôts votés par les collectivités, parfois désignés comme étant les « **quatre vieilles** », c'est-à-dire les quatre grands impôts directs locaux formant le noyau dur de ce qu'on appelle la fiscalité locale et qui consistent dans les trois taxes « ménages » (la taxe d'habitation dont la suppression est toutefois inscrite dans la loi de finances 2020 pour une majeure partie de la population – suppression totale pour 2023 – et les deux taxes foncières) et la contribution économique territoriale (héritière de la taxe professionnelle). La fiscalité locale comporte d'autres impôts directs locaux moins importants ainsi que de nombreuses taxes formant le contingent de la fiscalité locale indirecte (par exemple, la taxe d'enlèvement des ordures ménagères ou la taxe sur les surfaces commerciales...). Certaines recettes définitives proviennent d'autres sources que les impôts et taxes, comme les produits du domaine, les revenus des services publics locaux voire des fonds structurels européens.

Outre ces ressources propres, l'État attribue des subventions aux collectivités pour des projets d'investissement (par exemple la Dotation de Soutien à l'Investissement Local). On trouve également des dotations de compensation visant à stabiliser les budgets locaux (par exemple, la Dotation Générale de Décentralisation) ou encore des dotations de péréquation servant à réduire les inégalités entre les collectivités (par exemple la Dotation de Solidarité Rurale).

Les dotations de l'État sont bien entendu prélevées sur le budget de l'État.

La principale dotation est la DGF (Dotation Globale de Fonctionnement) pour 26,6 milliards d'euros en 2022.

La répartition des différentes dotations dépend de multiples critères (nombre d'habitants de la collectivité, superficie…).

À cet ensemble, on peut y ajouter les subventions étatiques liées au fond de développement de la vie associative (depuis 2017). Les collectivités territoriales ont aussi recours à l'emprunt pour compléter leurs ressources.

Ressources finançant le budget de la collectivité

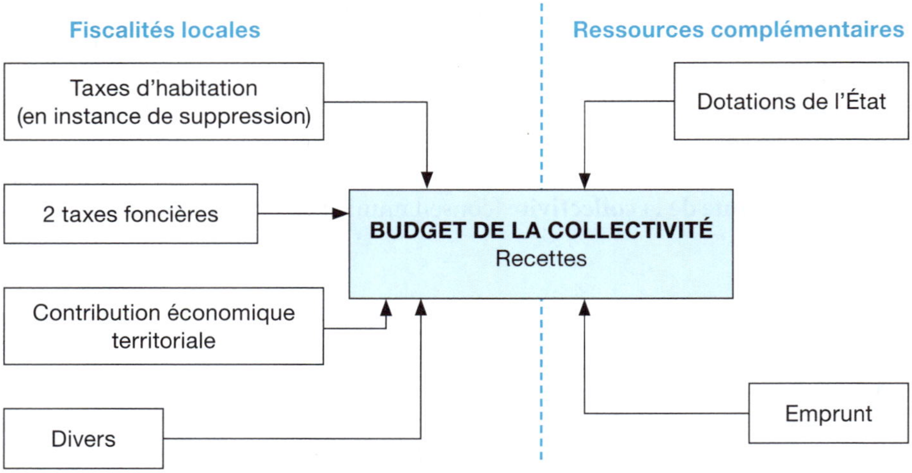

4. Le contrôle sur les finances locales

Le contrôle sur les finances locales prend plusieurs formes. La principale est politique, car, en validant ou sanctionnant la gestion financière des collectivités par leur vote (élections), les citoyens opèrent un premier contrôle. Ils disposent en outre d'un droit à l'information et à la communication des documents budgétaires (loi du 6 février 1992). Les élus locaux (opposition) exercent également un contrôle d'ordre politique pendant les débats budgétaires. Les actes budgétaires des collectivités sont par ailleurs soumis au contrôle du préfet, qui exerce un contrôle de légalité et un contrôle budgétaire en lien avec la chambre régionale des comptes qu'il peut saisir pour avis. Le comptable public, qui exécute les dépenses de la collectivité, tient un compte de gestion dans lequel sont répertoriées toutes les dépenses et recettes de la collectivité.

QCM

Dans cet exercice, la question peut appeler une ou plusieurs bonnes réponses, voire toutes ou aucune.

❶ Ne conservez que les réponses exactes :

a. L'annualité et l'unité sont deux principes d'élaboration des budgets des collectivités
b. Contrairement au budget de l'État, il n'existe pas de budget annexe pour les collectivités
c. Le principe de spécialité des dépenses n'est pas un principe prévu pour les collectivités

❷ Ne conservez que les réponses exactes :

a. On retrouve dans le budget des sections de fonctionnement, d'investissement, de garantie
b. La préparation du budget revient à l'assemblée de chaque collectivité
c. Le préfet prépare le budget des communautés d'agglomérations

❸ Ne conservez que les réponses exactes :

a. DGF signifie « dotation générale financière »
b. La contribution économique territoriale va remplacer la taxe foncière
c. Les « quatre vieilles » correspondent aux quatre collectivités territoriales les plus anciennes

❹ Ne conservez que les réponses exactes :

a. Les collectivités ne perçoivent en recettes que de la fiscalité directe
b. Les collectivités ne peuvent recourir à l'emprunt comme l'État
c. Le préfet exerce le contrôle de légalité des actes budgétaires

❺ Ne conservez que les réponses exactes :

a. Les chambres régionales des comptes peuvent contrôler les comptes des collectivités
b. Le comptable public peut saisir le préfet en cas d'anomalie dans les comptes des collectivités
c. L'autonomie financière des collectivités est un élément qui a été constitutionnalisé

Corrigé

❶ a. Il existe des budgets annexes, par exemple, celui du CCAS (centre communal d'action sociale).

❷ Aucune. Il n'existe pas de section de garantie au sein du budget. C'est toujours l'exécutif de la collectivité qui prépare le budget et l'assemblée qui le vote. Le préfet n'a rien à voir avec les budgets dans ce cadre.

❸ Aucune. DGF signifie « dotation globale de fonctionnement ». La CET remplace la taxe professionnelle. Les « quatre vieilles » correspondent aux quatre impôts classiques en recettes des collectivités.

❹ c. Les collectivités perçoivent également de la fiscalité indirecte. Elles peuvent recourir à l'emprunt.

❺ a, c. Le comptable public ne peut saisir un préfet sur ce point.

8. La séparation entre ordonnateurs et comptables

L'exécution de la loi de finances est essentiellement organisée par le biais d'un texte réglementaire : le **décret du 7 novembre 2012** relatif à la gestion budgétaire et comptable publique. Dans cette optique, une nécessaire division des tâches d'exécution est prévue entre les ordonnateurs, chargés de prendre les actes administratifs prescrivant notamment les dépenses, et les comptables, chargés des opérations matérielles de maniement des fonds et en particulier le paiement de la dépense.

1. Définition des fonctions d'ordonnateur et de comptable

La première constatation d'importance est que les fonctions d'ordonnateur et de comptable public sont **incompatibles** entre elles. La seconde constatation est que les ordonnateurs ne sont pas listés, il n'existe pas de nom, d'individualisation, et ces ordonnateurs ne sont définis que par rapport à leurs fonctions : ils prescrivent l'exécution des recettes et des dépenses et constatent les droits des organismes publics, ils liquident les recettes, engagent et liquident les dépenses. Ce sont dès lors des fonctions comme celles de ministre, de préfet, de directeur d'administration déconcentrée, etc., qui permettent d'être ordonnateurs. À l'inverse, les comptables sont plus clairement définis (cf. le décret de 2012), car il s'agit de fonctionnaires spécialisés nommés ou agréés par le ministre des Finances. **Un comptable a donc la charge exclusive de manier des fonds et de tenir les comptes de l'État, des collectivités, des établissements publics de santé et d'autres personnes morales de droit public.** Ils sont nommément désignés, individualisés dans leur charge, et leur existence n'est pas simplement liée à leur fonction.

2. Catégorisation des ordonnateurs et des comptables

Il existe plusieurs catégories d'ordonnateurs. Logiquement, les ministres sont des **ordonnateurs principaux**. Les **ordonnateurs secondaires** sont chargés de mettre en place localement les décisions politiques ayant des incidences financières. Les préfets de région et de département jouent ce rôle pour les services déconcentrés des administrations civiles de l'État. Les **ordonnateurs dits délégués** correspondent à une catégorie à part entière, car les ministres peuvent donner délégation aux membres de leur cabinet. Les cadres supérieurs de l'administration (sous-directeurs, chefs de service…) ont également compétence pour signer en lieu et place du ministre. Les préfets, qui sont des ordonnateurs secondaires, peuvent aussi déléguer leur signature à leurs collaborateurs directs (secrétaire général de préfecture, par exemple). Les décisions prises en matière financière entraînent un éventail de responsabilités. Les ordonnateurs engagent une responsabilité à raison de leurs attributions, en fonction de la loi, car s'il s'agit d'abord d'une **responsabilité politique**, c'est aussi une **responsabilité pénale**, notamment pour toutes les infractions que le législateur a prévues (détournement d'argent public, corruption…).

Les comptables publics sont, eux aussi, répartis en plusieurs catégories. Les plus nombreux sont les **comptables directs du Trésor,** chargés d'exécuter toutes les opérations de dépenses et de recettes. Ce sont des comptables à compétence générale relevant de la DGFIP (Direction générale des finances publiques). Des **comptables principaux et secondaires** sont désignés sous ces vocables en fonction de leur niveau de responsabilité. On trouve environ 150 comptables principaux et près de 4 000 comptables secondaires dont les opérations sont centralisées auprès d'un comptable principal. D'autres catégories de comptables existent : les **comptables spéciaux du Trésor**, chargés de certaines fonctions non générales (recouvrement de certaines créances, comme les débets), ou les **comptables des douanes et droits indirects** (recouvrement de certains impôts ou taxes). La responsabilité de ces comptables publics reste très différente de celle des ordonnateurs. Il s'agit essentiellement d'une **responsabilité personnelle et pécuniaire** pour les opérations dont ils sont chargés. La responsabilité peut être engagée du fait propre du comptable (c'est lui qui commet l'erreur), mais également du fait de ses subordonnés. Ainsi, le comptable principal est-il responsable des erreurs des comptables secondaires. Le comptable reste de plus responsable des actes des **régisseurs**, car ces derniers lui sont rattachés.

Répartition des ordonnateurs et des comptables

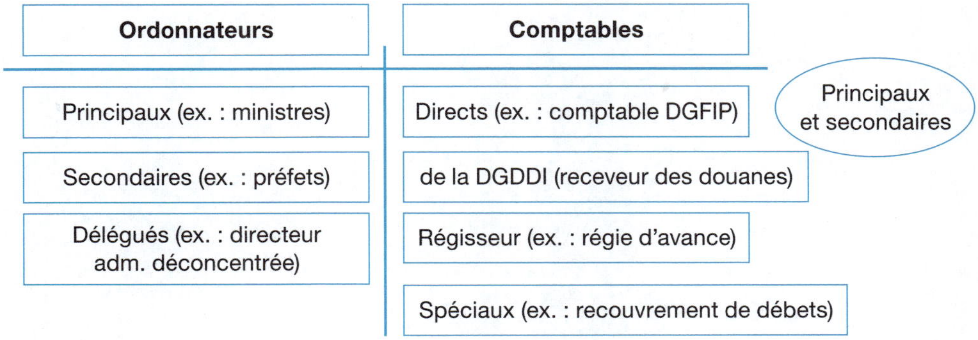

3. Responsabilisation des comptables publics

Le ministre des Finances peut engager la responsabilité financière de ses comptables. Cela signifie que, en cas d'« erreur de caisse » (de l'argent non rentré, des erreurs dans les comptes...), le comptable, qui est garant de l'argent public, devra s'acquitter de la somme manquante. Si ce dernier n'acquitte pas la somme réclamée, le ministre du Budget prendra à son encontre un arrêté de débet. Ce débet administratif est différent du débet juridictionnel, qui est prononcé par la Cour des comptes lorsqu'elle effectue un contrôle sur les comptes gérés par le comptable et qu'elle constate une erreur. Compte tenu de l'étendue importante des responsabilités des comptables, il a été prévu que, avant leur installation, ces derniers doivent constituer des **garanties** qui consistent en particulier en un cautionnement et une assurance personnelle et volontaire couvrant leurs déficits de caisse.

Il convient enfin de noter que le Trésor dispose de **moyens coercitifs** pour récupérer les sommes qui lui sont dues.

QCM

Dans cet exercice, la question peut appeler une ou plusieurs bonnes réponses, voire toutes ou aucune.

❶ **Ne conservez que les réponses exactes:**
a. Un ministre est un ordonnateur
b. Le Premier ministre est un ordonnateur
c. Le préfet est un ordonnateur

❷ **Ne conservez que les réponses exactes:**
a. Les tâches d'ordonnateur et de comptable sont incompatibles entre elles
b. Les ordonnateurs décident des dépenses et de leur opportunité
c. Les comptables vérifient l'opportunité des dépenses

❸ **Ne conservez que les réponses exactes:**
a. La Cour des comptes regroupe des comptables publics
b. Les ordonnateurs engagent leur responsabilité pénale
c. Les comptables relèvent d'une direction du ministère du Budget

❹ **Ne conservez que les réponses exactes:**
a. Il existe des comptables publics territoriaux
b. Tous les comptables publics sont des fonctionnaires d'État
c. Les comptables engagent leur responsabilité personnelle et pécuniaire

❺ **Ne conservez que les réponses exactes:**
a. Une régie est une annexe comptable rattachée à un comptable public
b. Un arrêt de débet est une mise en cause des comptes d'un comptable public
c. La Caisse des dépôts et consignations est un organisme de contrôle des comptables publics

Corrigé

❶ **a, b, c.** Les ordonnateurs sont les décideurs des dépenses à engager; les comptables sont quant à eux chargés de l'exécution des ordonnancements. Tous les décideurs administratifs sont ordonnateurs (qu'ils soient principaux, secondaires ou délégués).

❷ **a, b.** La séparation entre ordonnateur et comptable rend incompatible entre elles les deux fonctions. Les ordonnateurs exercent les choix politiques et les décisions en parallèle des dépenses publiques, l'opportunité de ces dépenses n'a pas à être vérifiée par les comptables publics.

❸ **b, c.** La Cour des comptes regroupe des magistrats qui sont chargés de l'évaluation des comptes des comptables publics. Les ordonnateurs engagent leur responsabilité, qui n'est pas financière mais administrative, voire pénale. Les comptables publics dépendent tous du ministère de l'Économie et des Finances et y sont rattachés.

❹ **b, c.** Les comptables publics, dépendant tous du même ministère, sont aussi affectés dans des collectivités pour assurer les dépenses. Les comptables engagent leur responsabilité personnelle et pécuniaire sur la gestion de leurs comptes.

❺ **a, b.** Les régisseurs sont des gérants d'annexe sous couvert de la responsabilité d'un comptable public. Le débet est un arrêt de la Cour des comptes souvent mettant en défaut les comptes d'un comptable. Le comptable devra rembourser au Trésor l'argent qui aurait dû être perçu et ne l'a pas été.

9. La Cour des comptes

La Cour des comptes est une instance juridictionnelle et de contrôle liée à l'utilisation des budgets publics. Les compétences de cette instance, sa manière de fonctionner, son statut sont regroupés dans le Code des juridictions financières.

1. Une juridiction structurée

La Cour fonctionne selon une **organisation en chambres**, rendant des arrêts de manière collégiale. Ces chambres sont spécialisées (justice, défense…) afin de tenir compte des particularismes comptables et budgétaires. On y trouve des **magistrats**. La Cour des comptes se réunit en formation dite spéciale dès lors qu'elle délibère sur le rapport sur l'exécution des lois de finances ou la certification des comptes qui font partie de ses missions. La Cour des comptes peut se réunir en formation plénière afin d'examiner le rapport public annuel ou les rapports relatifs aux lois de finances ou lois de financement de la Sécurité sociale. La Cour des comptes a enfin **un rôle consultatif**.

2. Une juridiction qui rend des arrêts

Son rôle juridictionnel lui permet de statuer en plénier, en chambre du conseil sur des comptes envoyés par une des chambres saisie à l'origine, sur demande du procureur général ou encore suite à cassation du Conseil d'État. Le rôle essentiel de la Cour des comptes reste juridictionnel puisqu'elle n'examine pas moins de 1 000 comptes ou états financiers annuellement. En effet, plus de 1 500 organismes disposant d'un comptable public sont soumis à son contrôle. Ces comptables ont l'obligation de rendre leurs comptes, à l'issue de chaque exercice comptable, pour contrôle éventuel par les juridictions financières. Les comptes des **comptables de fait**, qui sont des personnes s'étant érigées sans droit comptable public (un maire, par exemple), sont aussi examinés par la Cour. Il est important de noter que cette instance juridictionnelle contrôle les comptes et n'engage aucunement la responsabilité du comptable public. **Elle juge donc les comptes et non les comptables**, même si, à terme, la responsabilité personnelle et pécuniaire se trouve être toujours celle du comptable public. La procédure devant de la Cour des comptes est inquisitoire, écrite, contradictoire et secrète. La Cour peut procéder à des investigations grâce à son **droit de communication**, c'est-à-dire de se faire communiquer, sur place ou non, tout document utile.

À l'issue de ses investigations, la Cour rend **des arrêts** qui peuvent être de deux ordres principalement :

- Un arrêt **de décharge est rendu** lorsqu'aucun reproche ne peut être fait aux comptes déposés, qui sont alors validés ; aucune réserve ou injonction n'est ordonnée contre le comptable responsable de ses comptes. Il y a décharge du comptable public. Le **quitus,** un peu différent de l'arrêt de décharge, est quant à lui délivré lorsque le comptable met fin à ses fonctions et qu'aucun élément n'est susceptible de lui être reproché par rapport à ses comptes.

- À l'inverse, lorsque la Cour constate des irrégularités dans les comptes qui se traduisent par un déficit de caisse au détriment du Trésor public, elle rend un arrêt **de débet** obligeant le comptable à payer les sommes manquantes augmentées des intérêts légaux. Il s'agit de ce que l'on nomme « **débet juridictionnel** ». C'est une régularisation, plus qu'une sanction, par rapport aux comptes que les comptables publics ont à gérer. Il existe également à l'encontre du comptable un **débet administratif** qui peut intervenir avant le contrôle de la Cour des comptes mais qui ne lie pas la Cour des comptes.

S'agissant d'un système juridictionnel non classique, **le comptable mis en débet ne peut faire appel** de la décision, l'arrêt est pris en premier et **dernier ressort**. En revanche, la cassation est possible devant le Conseil d'État, mais ici on ne jugera que l'application correcte du droit et non les faits. Les comptables peuvent solliciter par la voie administrative un dégagement de responsabilité (décharge de responsabilité pour force majeure). Le ministre peut prononcer une décharge totale ou partielle. Enfin, le comptable peut demander au ministre une **remise gracieuse** totale ou partielle du débet.

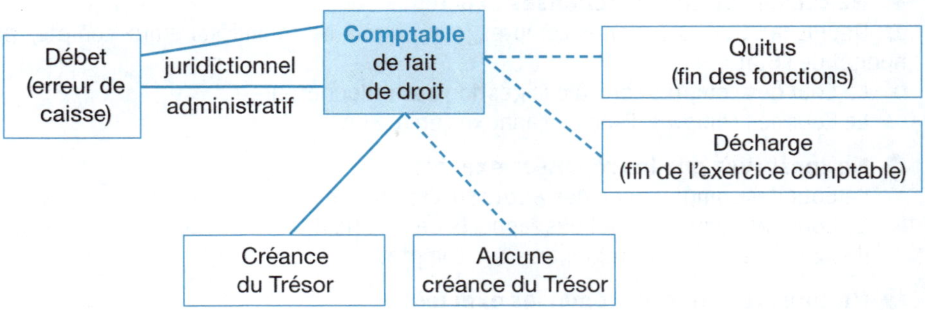

3. Une juridiction de contrôle et d'assistance

Dans ses autres fonctions, la Cour des comptes joue un rôle de juge d'appel pour les décisions prises par les chambres régionales des comptes. Elle effectue les contrôles nécessaires sur les entreprises publiques, organismes de Sécurité sociale et toutes organisations faisant appel à la générosité publique. Elle réalise enfin **des contrôles de gestion** sur les ordonnateurs. Il s'agit d'un contrôle administratif de la régularité et de la qualité de la gestion publique.

La Cour des comptes s'affiche enfin comme **élément d'assistance et d'information**. Elle peut épauler le gouvernement qui lui demande des enquêtes sur des sujets précis (faisant l'objet d'un rapport non public). La Cour assiste le gouvernement et le Parlement quant au contrôle de l'exécution des lois de finances. Elle est investie de la fonction de **commissaire aux comptes** (depuis 2006 – article 58 de la LOLF) et, à ce titre, certifie la régularité, la sincérité et la fidélité des comptes de l'État. Cette certification accompagne la loi de règlement. Depuis 2011, elle certifie les comptes elle-même ou elle informe le Parlement de la qualité des comptes dont elle n'assure pas la certification – **rapports de certification** (collectivités territoriales, universités...).

QCM

Dans cet exercice, la question peut appeler une ou plusieurs bonnes réponses, voire toutes ou aucune.

1 Ne conservez que les réponses exactes :

a. La Cour des comptes juge les ordonnateurs
b. La Cour des comptes date de 1958
c. La Cour des comptes peut vérifier les comptes d'associations

2 Ne conservez que les réponses exactes :

a. Les comptables de fait peuvent être jugés par la Cour des comptes
b. La Cour des comptes comporte des magistrats professionnels
c. La Cour des comptes rend des rapports annuels

3 Ne conservez que les réponses exactes :

a. Depuis la LOLF, la Cour des comptes joue un rôle de commissaire aux comptes pour le budget de l'État
b. La Cour des comptes contrôle la gestion des ordonnateurs
c. La Cour des comptes dispose d'annexes en région

4 Ne conservez que les réponses exactes :

a. La Cour des comptes rend des arrêts susceptibles d'appel
b. La Cour des comptes émet des rapports de certification
c. Il existe des chambres régionales des comptes

5 Ne conservez que les réponses exactes :

a. La Cour des comptes a une mission d'assistance du gouvernement
b. La Cour des comptes peut contrôler les budgets de la Sécurité sociale
c. La Cour des comptes est une autorité administrative indépendante

Corrigé

❶ **c**. La Cour des comptes est une juridiction qui ne juge pas les ordonnateurs ni les comptables, elle vérifie et juge les comptes des comptables publics. La Cour des comptes est une institution antérieure à la Ve République et à la Constitution française de 1958. Elle s'attache à vérifier les comptes d'organismes qui reçoivent de l'argent public, y compris donc certaines associations.

❷ **a**, **b**, **c**. Dès le moment où une personne manie des fonds publics, et ce, même en dehors de toute réglementation, elle s'attribue de fait les obligations des comptables publics,; elle est donc redevable envers la Cour de certaines obligations qui seront vérifiées. La Cour des comptes produit un rapport rendu public.

❸ **a**, **b**, **c**. La Cour des comptes s'assure de la sincérité des comptes de l'État. Elle n'a pas à juger les choix des ordonnateurs en matière de dépense. Ses annexes locales sont constituées par les chambres régionales des comptes

❹ **b**, **c**. La Cour des comptes est une instance de jugement, mais ses arrêts ne sont pas susceptibles d'appel. Elle est chargée, après vérification, de rendre un rapport de certification. Les chambres régionales des comptes disposent des mêmes missions avec un personnel adapté à ces fonctions.

❺ **a**, **b**. La Cour des comptes est à même de contrôler les organismes de Sécurité sociale délivrant toutes aides publiques ou prises en charge par les caisses *ad hoc*. La Cour n'est pas une AAI.

10. La mise en exécution des budgets

L'exécution des lois de finances, dont le fondement est le paiement de prestations, passe d'abord par une procédure administrative et comptable. Les opérations administratives de l'ordonnateur, qui décide des dépenses, suivent un schéma spécifique correspondant à plusieurs opérations.

1. Les opérations de dépenses

La première opération consiste dans **l'engagement,** qui est l'acte par lequel un organisme public crée ou constate à son encontre une obligation, de laquelle peut résulter une charge. L'engagement se définit comme le fait générateur de la dépense résultant d'un **acte volontaire** (passation d'une commande, subvention, nomination d'un fonctionnaire) ou **involontaire** (condamnation de l'administration à réparer un dommage). Seul l'ordonnateur a la capacité de procéder à cet engagement, dans les limites des crédits budgétaires. La seconde opération procède de **la liquidation**, qui a pour objet de vérifier la réalité de la dette et d'arrêter le montant de la dépense. L'ordonnateur s'assure que le service a été fait (la commande a été reçue, la prestation a été réalisée, les travaux ont été effectués…) et ce, par le biais de pièces justificatives. Enfin, la dernière opération se nomme **ordonnancement**, il s'agit de l'acte administratif qui donne l'ordre de payer la dette. Cet ordre est envoyé au comptable qui doit débloquer les fonds. L'ordonnance, c'est-à-dire l'ordre de payer donné au comptable public, est appuyé des pièces justificatives.

Les opérations du **comptable public** consistent d'abord à contrôler la qualité de l'ordonnateur, c'est-à-dire sa compétence, puis la disponibilité des crédits, puis l'exacte imputation de la dépense et la validité de la créance. En dernier lieu, le comptable vise l'ordonnance en s'assurant que le paiement a bien un caractère libératoire (il libère la puissance publique de sa dette), par exemple, que c'est le bon créancier qui reçoit le paiement ou qu'il l'a bien reçu.

2. Le cas particulier des régies

Afin d'exécuter les dépenses, certaines spécificités impliquent la mise en place de **régies.** Ce sont des **aménagements à la séparation entre ordonnateurs et comptables**, instaurés dans un but essentiellement pratique pour payer ou encaisser des sommes qui, en raison de l'urgence ou des montants faibles, peuvent l'être hors du schéma procédural classique. Le régisseur est nommé par arrêté ou décision de l'ordonnateur de l'organisme public auprès duquel la régie est constituée. La nomination est aussi soumise à l'agrément du **comptable assignataire**. Le régisseur est tenu de constituer un cautionnement. Les **régies de recettes** sont un premier type de régies. Le régisseur, outre celles de caissier, exerce des tâches matérielles d'exécution (perception de fonds). Les régisseurs sont tenus de justifier et de verser au comptable assignataire, au moins une fois par mois, les recettes qu'ils ont encaissées. Les **régies d'avances** sont un deuxième type de régies. Le comptable assignataire accorde une avance de fonds au régisseur afin que ce dernier puisse payer certaines petites dépenses (vacations, frais de missions ou de stage).

Les régies sont contrôlées par le comptable assignataire principalement, car **les régisseurs sont astreints à tenir une comptabilité**, voire par l'ordonnateur. Le contrôle peut s'exercer sur place et sur pièces. Enfin, l'Inspection générale des finances ou les directeurs des finances publiques peuvent exercer des vérifications auprès des régies.

3. L'ingérence dans la comptabilité publique : la gestion de fait

Dans le cadre de la mise en exécution des budgets, **la gestion de fait** est un cas particulier. Il s'agit d'une **sanction à la séparation des ordonnateurs et des comptables**, car cette gestion de fait est à la fois infraction aux règles de la comptabilité publique et **délit pénal**. Selon la loi, la gestion de fait s'applique à « toute personne qui, sans avoir la qualité de comptable public [...], s'ingère dans le recouvrement de recettes affectées ou destinées à un organisme public ». Cette personne doit alors « rendre compte au juge financier de l'emploi des fonds ou valeurs qu'elle a irrégulièrement détenus ou maniés ».

L'**extraction irrégulière de fonds** se concrétise lorsqu'un ordonnateur demande au comptable de procéder à un paiement mais que ce mandat, régulier dans la forme, comporte des énonciations ne correspondant pas à la réalité du service fait (prestation non réalisée, paiement au profit d'un créancier autre que celui qui a effectué les travaux, paiement pour une dépense autre que celle qui a été faite...). La déclaration de gestion de fait est prononcée contre tous ceux qui ont participé activement ou passivement à l'irrégularité. Concernant les personnes morales de droit privé, ce sont souvent les associations qui sont désignées comptables de fait.

4. Les conséquences de l'ingérence dans la comptabilité publique

Les conséquences de la gestion de fait sont d'abord la **reddition des comptes** : le juge financier considère que **les comptables de fait ont les mêmes engagements que les comptables habilités**. Il leur réclame donc les comptes et engage éventuellement contre eux une mise en débet. Ensuite, le comptable de fait doit honorer ses dettes à l'égard du Trésor, souvent sur son patrimoine personnel. Les ordonnateurs principaux peuvent aussi mettre en cause un comptable de fait et positionner un débet administratif sur leur personne. Ce débet juridictionnel ou administratif est apuré si le comptable de fait verse la somme mise à sa charge.

Enfin, des sanctions sont encourues, car il s'agit d'une infraction pénale (usurpation des fonctions), sans compter les peines complémentaires, comme la perte des droits civiques. En outre, des sanctions disciplinaires peuvent être prises s'agissant de comptables de fait fonctionnaires. Dans certains cas, on trouvera des sanctions dites politiques, comme la destitution.

QCM

Dans cet exercice, la question peut appeler une ou plusieurs bonnes réponses, voire toutes ou aucune.

1 Ne conservez que les réponses exactes :
a. Les dettes de l'État sont imprescriptibles
b. Un comptable peut refuser de payer une dépense ordonnée
c. L'engagement est le fait générateur de la dépense

2 Ne conservez que les réponses exactes :
a. La régie est une annexe de dépense assurée par un comptable public
b. Il existe des régies de recettes et des régies d'avances
c. Le régisseur est obligatoirement un fonctionnaire d'État

3 Ne conservez que les réponses exactes :
a. Les régies sont créées par le ministre du Budget
b. La gestion de fait est un délit pénal
c. La gestion de fait vise une personne qui s'immisce sans titre de comptable dans les dépenses publiques

4 Ne conservez que les réponses exactes :
a. Un gestionnaire de fait peut être mis en débet comme un comptable
b. Un exécutif local peut légalement être comptable public
c. La liquidation est un dû au Trésor public

5 Ne conservez que les réponses exactes :
a. Il existe des débets juridictionnels et administratifs
b. Des associations peuvent être comptables de fait
c. Un comptable public peut être gestionnaire de fait

Corrigé

❶ **b, c**. La prescription des dettes liées aux comptes de l'État est de quatre ans. Le comptable public peut toujours refuser de payer un ordonnancement, mais l'ordonnateur pourra passer outre et obliger le comptable à payer malgré tout.

❷ **b**. La régie n'est pas assurée par un comptable mais sous sa responsabilité. Selon les besoins des organismes, la régie peut avancer des fonds ou effectuer des perceptions. Le régisseur est un agent public qui n'est donc pas forcément dépendant de l'État.

❸ **a, b, c**. La gestion de fait reste un délit sanctionnable pénalement. Les dépenses publiques ne peuvent être que le fait de comptables publics, seuls habilités à manier ces fonds. Le comptable de fait n'appartient pas à cette catégorie des comptables publics et s'immisce donc dans une fonction qui n'est pas la sienne.

❹ **a**. Le comptable de fait peut être mis en débet et doit régulariser ses opérations comptables déficitaires en défaveur du Trésor public. Au sein des collectivités, c'est toujours un comptable public qui effectue les dépenses. L'exécutif d'une collectivité peut être ordonnateur mais pas comptable. La liquidation entre dans les phases de décision de l'ordonnateur par rapport à une dépense.

❺ **a, b**. Le débet juridictionnel est celui qui dépend des décisions de la Cour des comptes. Le débet administratif vise plutôt un constat effectué par une instance administrative de contrôle. Les représentants d'une association peuvent, à un stade donné, devenir comptables de fait. Le comptable public ne peut être comptable de fait, il l'est de droit.

11. Le contrôle de l'exécution des lois de finances

Une fois la loi de finances votée par le Parlement, son exécution est suivie par divers organismes afin qu'elle soit la plus précise et régulière possible. Plusieurs types de contrôle sont ainsi mis en place.

1. Le contrôle administratif de l'exécution des dépenses publiques

Le premier est le **contrôle administratif**. Les ordonnateurs, c'est-à-dire ceux qui décident des dépenses, sont soumis à une potentielle vérification émanant du pouvoir central exercé par un contrôleur budgétaire et, au niveau déconcentré, par un administrateur des finances publiques. Le contrôle budgétaire qui assujettit l'exécution des finances publiques est organisé par un décret du 7 novembre 2012. C'est ainsi qu'est créé, auprès des ordonnateurs principaux que sont les ministres, **un service de contrôle budgétaire et comptable**. Ce service est placé directement sous l'autorité du ministre chargé du budget qui, de fait, est le responsable du contrôle de ses pairs. Ce service dispose de deux missions majeures : la tenue de la comptabilité du ministère et le contrôle budgétaire. Cet organisme a aujourd'hui pour objectif primordial d'éviter les dérapages ou de prévenir les risques budgétaires plutôt que de viser et de contrôler les dépenses ministérielles.

Le **contrôleur budgétaire** et comptable ministériel est le chef de service chargé du contrôle global, y compris déconcentré, sur les administrations qui lui sont aussi rattachées. Ce coordinateur, contrôleur budgétaire, est nommé pour trois ans par le ministre chargé du budget. Le contrôle budgétaire déconcentré, quant à lui, sous la coupe du chef de service central, est réalisé en province par un **administrateur des finances publiques** assisté par un expert et par un membre du contrôle économique et financier. Cet aspect est important dans la mesure où le niveau déconcentré est aussi le niveau des BOP (budgets opérationnels de programme) locaux qui nécessitent d'être suivis dans leur exécution financière. Le service du contrôle budgétaire vérifie, au sein de chaque programme, le caractère sincère des dépenses et emplois affectés, mais également leur compatibilité dans la durée avec comme objectif la maîtrise des dépenses publiques. Le contrôleur budgétaire doit, de plus, s'assurer de la constitution d'une **réserve de crédits** destinée à prévenir une détérioration de l'équilibre budgétaire. Enfin, certaines demandes de crédits additionnels, propositions budgétaires, etc., nécessiteront des avis préalables ou motivés du contrôleur. Il faut noter que le CBCM assume enfin une mission de comptable public puisqu'il est assignataire des ordres de dépenses et de recettes de l'ordonnateur principal. Il est donc garant de la qualité comptable des opérations (cf. article 31 LOLF).

2. L'autocontrôle des dépenses publiques

Le comptable public, quant à lui, exerce une fonction de contrôleur de la régularité de l'ordre de paiement. Il apprécie cette régularité du seul point de vue budgétaire et comptable, et non au regard de sa conformité et des dispositions législatives ou réglementaires générales. De fait, le comptable ne peut aller au-delà de la vérification de la qualité de l'ordonnateur, de la disponibilité des crédits, de l'exacte imputation des dépenses… Un comptable peut estimer qu'une somme a été irrégulièrement ordonnancée, il suspend alors le paiement et notifie sa décision à l'ordonnateur. Ce dernier peut passer outre au refus du comptable en lui adressant un ordre de réquisition. La **procédure de réquisition** permet de dégager la responsabilité du comptable (c'est l'ordonnateur qui engage la sienne). Le comptable doit en principe déférer à la réquisition et à l'ordre de payer (sauf indisponibilité des crédits, auquel cas il devra refuser le paiement malgré tout).

Des contrôles peuvent être opérés sur les comptables par l'**Inspection générale des finances** (IGF), qui dispose d'une compétence générale à l'adresse de tous les comptables publics. Ses conclusions sont envoyées au ministre qui prend les mesures opportunes. L'IGF contrôle également des organismes bénéficiant d'avantages financiers, obtenant des subventions, ayant des apports en capital, etc. (syndicats, associations, sociétés d'assurance-vie, Sécurité sociale).

Le directeur départemental des finances publiques exerce un contrôle sur les comptables publics en tant que chef de service en particulier. Le contrôle d'un poste comptable s'effectue sur place, à l'improviste, et donne lieu à l'établissement d'un rapport communiqué pour observations au comptable concerné. Les différentes administrations ont mis en place des **contrôles de gestion** ainsi que des contrôles et audits internes à l'effet d'éviter les risques de dérapages budgétaires et de s'assurer de tous les risques inhérents à l'exécution d'un budget. On peut citer également le poids du **Haut Conseil des finances publiques,** lequel est plus spécifiquement orienté vers la surveillance et le contrôle des engagements européens. La Cour des comptes participe enfin à ce schéma de contrôle en procédant à des enquêtes.

3. Le contrôle politique des dépenses publiques

Le dernier type de **contrôle est parlementaire**. Il est issu d'abord de la **MEC** (mission d'évaluation et de contrôle), émanation des commissions des finances parlementaires, qui procède à certaines vérifications dans le cadre d'un programme annuel. Ensuite, les **commissions des finances**, aux termes de l'article 57 de la

LOLF, suivent et contrôlent l'exécution des lois de finances et procèdent à l'évaluation de toute question relative aux finances publiques. Les membres des commissions des finances parlementaires disposent d'ailleurs de droits étendus, notamment ceux de communication de documents, et de l'assistance de la Cour des comptes. Les modifications apportées en cours d'exécution sur les finances sont soumises à avis ou information des commissions des finances parlementaires. Enfin, **le Parlement** exerce un contrôle particulier issu de la **loi de règlement**, correspondant à un **contrôle *a posteriori***. Il est ainsi mis en place un **chaînage vertueux** qui veut que les parlementaires ne se prononcent pas sur la nouvelle loi de finances avant le vote de la loi de règlement, qui de fait est le bilan de l'exécution de la loi de finances précédente, appuyé par le rapport annuel de performance (RAP).

QCM

Dans cet exercice, la question peut appeler une ou plusieurs bonnes réponses, voire toutes ou aucune.

1 Ne conservez que les réponses exactes:

a. Des contrôles d'exécution du budget peuvent être réalisés par l'IGF
b. Des contrôleurs budgétaires sont institués auprès des ministres
c. Des contrôles financiers déconcentrés sont menés par les préfets

2 Ne conservez que les réponses exactes:

a. Le contrôleur budgétaire est chef d'un service de contrôle budgétaire et financier
b. Il existe deux types de contrôles exécutés par l'IGF dont un contrôle budgétaire
c. Les ordonnancements sont des décisions de dépenses prises par les comptables

3 Ne conservez que les réponses exactes:

a. Au plan déconcentré, ce sont des administrateurs de la DGFIP qui sont les contrôleurs budgétaires
b. Les contrôleurs budgétaires sont nommés pour cinq ans par le président de la République
c. Le comptable public doit toujours exécuter la dépense décidée

4 Ne conservez que les réponses exactes:

a. MEC signifie « mission d'exécution et de contrôle »
b. Le contrôle financier est régi aujourd'hui par un décret de 2012
c. La loi de règlement correspond à un contrôle *a posteriori* du Parlement sur le budget de l'État

5 Ne conservez que les réponses exactes:

a. Le Haut Conseil des finances publiques est chargé de juger les comptes des comptables non publics comme les comptables de fait
b. Le BOP est un budget des opérations prévisionnelles
c. Il existe des commissions des finances au Sénat et à l'Assemblée nationale

Corrigé

❶ **a, b**. L'IGF peut, dans le cadre de ses missions, être chargée d'un contrôle d'exécution du budget. C'est auprès d'un ou plusieurs ministres que l'on retrouve les contrôleurs budgétaires. Ce n'est pas le rôle des préfets, mais des chambres régionales et territoriales de comptes.

❷ **a, b**. Le contrôleur budgétaire dirige un service axé sur ces types de missions. On retrouve le contrôle budgétaire et le contrôle administratif. Les comptables ne prennent pas de décisions de dépenses, lesquelles sont appelées ordonnancements. Il s'agit d'une prérogative des ordonnateurs.

❸ **a**. Les administrateurs de la DGFIP jouent, en local, le rôle qui incombe aux contrôleurs financiers du niveau central. Les contrôleurs sont nommés exclusivement par leur ministre de tutelle (budget) et ce, pour trois années. Le comptable peut refuser une dépense, mais l'ordonnateur pourra passer outre à ce blocage et obliger le comptable à s'acquitter de ses obligations.

❹ **b, c**. MEC signifie « mission d'évaluation et de contrôle ». La loi de règlement intervient après le dépôt des comptes de l'État – le Parlement valide ces comptes – mais avant le vote de la prochaine loi de finances (chaînage vertueux).

❺ **c**. Les comptables dépendent tous (publics ou de fait) de la Cour des comptes, qui ne les juge pas mais juge leurs comptes. Le BOP est un budget opérationnel de programme, il est lié à un programme dont il est une déclinaison.

12. Le vote du budget

Dès que le PLF est remis aux parlementaires, c'est-à-dire déposé devant l'Assemblée nationale, s'engage une période d'examen et de contrôle puis d'approbation du budget par le Parlement dans le cadre classique du vote des lois.

1. Le dépôt des textes budgétaires

La particularité des textes liés aux finances publiques (PLF et PLFSS) est qu'ils sont impérativement déposés pour un premier examen **devant l'Assemblée nationale**. Afin que les textes budgétaires soient votés en toute transparence, le gouvernement doit déposer ces derniers avec la totalité des documents et annexes requis par la LOLF (par exemple, les bleus budgétaires). Pour que ces textes soient évalués de la manière la plus sereine possible, un temps est donné aux parlementaires. Cependant, par rapport aux lois ordinaires, les lois financières sont enfermées dans des délais stricts. Ainsi, le PLF 2023 est-il déposé en fin d'année 2022 (au plus tard le premier mardi d'octobre). Cette impérieuse nécessité de disposer d'un budget oblige les parlementaires à travailler, non pas dans l'urgence, mais dans des **délais impartis**, ce qui est une exception en termes d'examen des textes de loi.

2. Les délais d'approbation et les incidents

La Constitution enferme ainsi le vote des LF dans un **délai de soixante-dix jours**, et l'ensemble du projet est déposé au plus tard le premier mardi d'octobre. Cette date est une borne maximale, ce qui n'empêche pas l'exécutif de déposer son PLF avant. Dans la pratique, il est d'ailleurs déposé dès la seconde quinzaine de septembre. Si le Parlement ne s'exécute pas (vote de la loi) dans les délais impartis, le gouvernement pourra passer par la voie de l'ordonnance. Dans certaines situations, c'est le gouvernement lui-même qui ne peut déposer le PLF à temps. Plusieurs solutions s'offrent alors à lui. Il peut demander en urgence au Parlement de percevoir les impôts, il s'agit ici tout simplement d'une **loi de finances partielle**. Le gouvernement peut aussi demander au Parlement de percevoir les impôts existants jusqu'à la loi de finances de l'année, qui interviendra un peu plus tard. Il s'agit alors d'un **projet de loi spécial** qui est aussi constitutif d'une LF partielle. Encore une fois, le gouvernement fera une répartition des finances par décret. Une dernière possibilité, non prévue par la Constitution, permet au gouvernement, sous couvert d'un projet de loi particulier, d'autoriser à percevoir les impôts alors même que la promulgation du texte n'a pas eu lieu (délai trop court), et ce alors dans le cadre légal de l'article 45 de la LOLF. La loi de finances, à l'inverse des précédents cas, a ici été validée par le Parlement, mais le processus n'a pu être mené à son terme.

3. Le vote et les amendements aux lois financières

La navette parlementaire est censée se mettre en place, mais, les délais étant réduits, en pratique, le Premier ministre met en place une **commission mixte paritaire** dès la première lecture. Si la CMP réussit à se mettre d'accord, le PLF est adopté ; sinon, le gouvernement, après une lecture supplémentaire de chaque assemblée, demande à l'Assemblée nationale de **statuer en dernier ressort**.

L'ordonnance utilisée dans le cas de défaut de respect des délais n'est pas une ordonnance classique de l'article 38 de la Constitution mais une ordonnance spéciale de l'article 47. Cette ordonnance n'est pas une obligation mais une possibilité pour le gouvernement. Cependant, son existence et son caractère dissuasif font qu'elle n'a jamais été appliquée sous la Ve République.

Processus de vote du budget

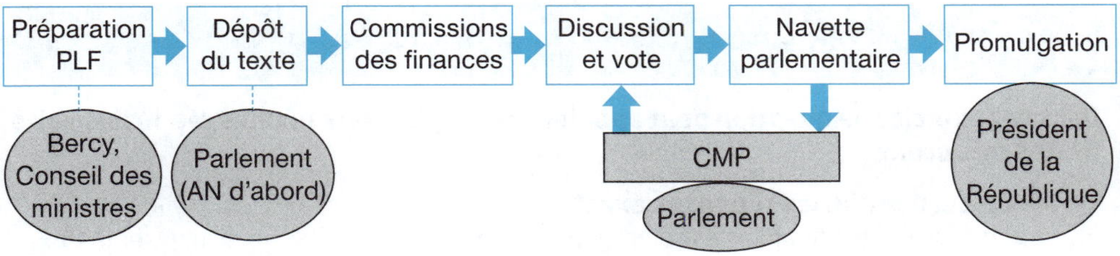

L'**examen en commission** est un des fondements actuels de l'organisation du vote et de la transparence exigée par la LOLF. La **commission des finances** joue un rôle primordial dans l'analyse et la discussion du budget. Le président de chaque commission dirige les débats, peut convoquer ministres et hauts fonctionnaires et dispose d'un pouvoir d'interprétation.

Chaque commission dispose par ailleurs de **rapporteurs spéciaux** chargés d'étudier les budgets des différentes missions, budgets annexes, etc., et de présenter leurs conclusions au nom de la commission. Les commissions des finances adressent des **questionnaires au gouvernement** auxquels il est obligé de répondre (par écrit, selon la LOLF – article 57).

Chaque commission dispose d'un **rapporteur général** élaborant un rapport général sur le projet de loi de finances, ce document étant une analyse globale du budget. La **discussion en séance publique** voit le ministre des Finances expliquer le contexte général, puis le rapporteur général de la commission des finances expose ses analyses.

4. Des limites spécifiques aux amendements aux lois de finances

Certaines limites existent cependant au poids du Parlement. En particulier, **l'article 40 de la Constitution** précise que les propositions ou amendements des membres du Parlement « ne sont pas recevables lorsque leur adoption aurait pour conséquence soit une diminution des ressources publiques, soit la création ou l'aggravation d'une charge publique ». L'article 40, de la même manière, interdit une diminution des ressources globales.

L'interdiction de diminuer les ressources est relative, il existe une possibilité de compensation appelée «gage» pour compenser une perte de recettes par augmentation d'une autre recette. Par contre l'interdiction d'augmenter une charge publique reste absolue. L'aggravation d'une charge ne peut être gagée par le création ou l'augmentation d'une recette ou la diminution d'une autre charge.

Une autre interdiction classique en finances concerne les **cavaliers budgétaires**: il s'agit d'**amendements ne présentant pas un caractère financier**, n'ayant ainsi rien à faire dans une loi de finances (par exemple, des subventions de collectivités à des associations, des dons au profit de partis politiques...).

QCM

Dans cet exercice, la question peut appeler une ou plusieurs bonnes réponses, voire toutes ou aucune.

1 Ne conservez que les réponses exactes:

a. La commission des finances est un organisme parlementaire chargé d'analyser le PLF
b. Les parlementaires peuvent aggraver ou créer une charge publique
c. Un cavalier budgétaire est un texte de rectification de la loi de finances

2 Ne conservez que les réponses exactes:

a. Depuis la LOLF, le budget est débattu par ministère
b. Les parlementaires peuvent modifier les cadres budgétaires des programmes
c. La discussion parlementaire des PLF se fait en séance publique

3 Ne conservez que les réponses exactes:

a. Le Sénat ne peut amender le PLF qui reste de la compétence exclusive de l'Assemblée nationale
b. Le rapporteur du budget pour la commission des finances est un ministre
c. Les parlementaires peuvent poser des questions aux ministres avant de voter la loi de finances

4 Ne conservez que les réponses exactes:

a. Les députés disposent de soixante-dix jours pour voter la loi de finances
b. Le gouvernement doit déposer le PLF devant l'Assemblée nationale en juin de l'année N-1
c. Une commission mixte paritaire est chargée d'analyser les annexes à la loi de finances

❺ **Ne conservez que les réponses exactes :**

a. La loi de finances doit être promulguée par le président de la République comme les autres lois

b. Le gouvernement peut faire passer le PLF par ordonnance selon l'article 38 de la Constitution

c. La LFSS doit être déposée en premier lieu devant le Sénat

Corrigé

❶ a. Les parlementaires ne peuvent, par leur vote, aggraver une charge publique ou alléger un crédit (article 40 de la Constitution). Le cavalier budgétaire est un ajout (amendement) qui n'a pas de lien direct avec les finances, il est par conséquent « hors sujet ».

❷ b, c. Le budget est débattu par programme au sein d'une mission et non par ministère. Les parlementaires ont la possibilité d'agir par amendements (modifications) au sein des programmes. Comme pour tout projet de loi en discussion, les séances sont publiques.

❸ c. Dans la mesure où la loi doit être votée de manière équivalente par les deux assemblées, le Sénat dispose des mêmes possibilités d'amendements. Le rapporteur du budget est un membre de la commission des finances. Les parlementaires ont la possibilité d'obtenir du gouvernement tous éclaircissements et informations complémentaires qu'ils souhaitent.

❹ Aucune. Le délai prescrit pour le vote des LF est de soixante-dix jours pour le Parlement (Assemblée nationale et Sénat). Le dépôt du texte se fait en octobre de l'année N - 1. Le rôle de la CMP est lié à une navette parlementaire qui n'arrive pas à se mettre d'accord sur les amendements des assemblées.

❺ a. Tout texte de loi doit être promulgué et ce, par le président de la République. En cas de dépassement de délai, le gouvernement peut faire passer le budget par voie d'ordonnance. Celle-ci n'est pas issue du classique article 38 mais de l'article 47 de la Constitution. PLFSS come PLF sont déposés d'abord sur le bureau de l'Assemblée nationale.

Entraînement

Évaluez votre maîtrise du cours et entraînez-vous avec ces questions à réponse courte (QRC).
Dans la mesure du possible, les candidats s'efforceront de mettre en place au moins une structure (deux parties, de préférence) et une phrase d'introduction. Une courte conclusion est souhaitable.
Ces exemples concernent à la fois des questions d'admission aux concours (une préparation et une présentation orale) et des questions d'admissibilité (composition écrite). Dans ce dernier cas, il conviendra que les candidats développent les éléments de correction ci-après proposés.

QRC N° 1

DIFFICULTÉ : ××× / DURÉE : 15 MIN

Sujet

Le contrôle de l'exécution du budget.

Comment aborder le sujet ?

Il s'agit d'une question purement théorique visant à faire ressortir l'état des connaissances en la matière. Il importe de ne pas oublier les types de contrôle : juridictionnel, administratif, parlementaire. Il n'y a pas de difficultés notables sur ce sujet, qui reste une question de pure orthodoxie universitaire.

Proposition de corrigé

Il est nécessaire, dans le cadre des contraintes budgétaires actuelles, de favoriser le bon emploi des deniers publics. L'exécution du budget passe par une série de contrôles et par une série d'organes qui en sont chargés. On peut délimiter ces contrôles à trois types : administratif, parlementaire, juridictionnel.

1. Concernant le **contrôle administratif**, il s'agira surtout de la possibilité d'**utiliser la séparation entre administrateur et comptable** afin d'optimiser le rôle imparti aux comptables issus du seul ministère chargé du budget. De ce ministère sont aussi issus les **contrôleurs budgétaires**, qui exercent un contrôle sur l'ordonnancement au niveau central. Au niveau local, ce sont les **administrateurs des finances publiques** qui jouent ce rôle. Le contrôle administratif passe aussi par une série d'instances, dont la plus représentative en la matière est l'**IGF** (Inspection générale des finances). Les comptables publics effectuent - certes, de manière plus marginale - des contrôles sur l'exécution budgétaire, en menant les vérifications minimales de disponibilité des fonds, de légalité de l'acte d'ordonnancement (compétence de l'auteur)...

2. Concernant le **contrôle des parlementaires**, ces derniers disposent d'une vue d'ensemble sur les projets de loi de finances et sur ce qui a été réalisé, en partant des **PAP inclus dans les PLF** et en auscultant la réalisation des dépenses via le **RAP inscrit dans la loi de règlement**. Le contrôle de l'exécution du budget passe également par les processus d'enquêtes parlementaires en cours d'exécution des LF. On notera le rôle important dont disposent les **commissions des finances parlementaires** ainsi que de la **MEC** (mission d'évaluation et de contrôle) qui en est issue.

3. Concernant enfin le **contrôle juridictionnel**, il est exercé essentiellement par la **Cour des comptes et ses satellites, les chambres régionales des comptes**. Ces instances juridictionnelles se chargent des vérifications des comptes des comptables, leur donnant ainsi une vue sur les dépenses et les suivis des orientations budgétaires. Au besoin, elles exercent toutes voies légales pour récupérer les dus au Trésor public.

L'exécution des budgets n'est pas une phase supplémentaire d'une procédure, elle reste un système globalisé, à part, permettant d'engager pour l'avenir une réflexion, une révision décisionnelle par rapport à des résultats attendus, des constats juridictionnels ou administratifs, des erreurs à rectifier.

QRC N° 2

DIFFICULTÉ : ××× / DURÉE : 15 MIN

Sujet

Les ressources étatiques peuvent-elles évoluer ?

Comment aborder le sujet ?

Sujet idéal afin de vérifier la capacité de réflexion, de synthèse, d'anticipation réaliste des candidats. Ces derniers, en effet, devront à la fois faire preuve de connaissances synthétiques de ce qui existe déjà et pouvoir envisager un futur dans les finances publiques. Attention toutefois à l'écueil qui est d'envisager des évolutions farfelues, utopiques ou irréalisables. Il s'agira donc de rester dans le réalisme très pragmatique de l'évolution des finances publiques.

Proposition de corrigé

Les ressources étatiques, nécessaires pour envisager les dépenses futures des services publics, se composent de ressources directes et indirectes. Elles sont, selon les gouvernements successifs, utilisées avec un grand pragmatisme en fonction de leur rentabilité, mais aussi par rapport à l'opinion publique.

Ainsi, ces dernières années, les critiques sur le fait que la France est l'un des pays les plus fiscalisés d'Europe sont légion. Les ressources étatiques peuvent donc évoluer, elles l'ont déjà fait. Selon les choix politiques du sommet de l'État : plus de distributivité, plus de rentabilité... ; selon aussi les stratégies du moment : davantage de sécurité, d'éducation, de social ou d'environnement... Quelles que soient les stratégies du pouvoir, la marge de manœuvre des autorités publiques - et c'est un constat - reste éminemment faible et fortement en lien avec les réalités économiques.

L'évolution possible peut différer selon les deux types de ressources, y compris les combiner.

Sur le plan des ressources directes, on vise bien entendu l'IR (impôt sur le revenu) qui concerne la moitié de la population active, mais demeure peu rentable compte tenu de toutes les exonérations, dégrèvements... mis en place. C'est une ressource qui passe difficilement auprès des contribuables malgré la progressivité de l'impôt. Elle peut évoluer, mais de manière extrêmement réduite, vers des tranches différentes, des seuils d'imposition ramassés, des dégrèvements multiples... La retenue à la source a été une évolution efficace, à cet effet, dans l'idée de rationaliser les perceptions et les contrôles.

Sur le plan des ressources indirectes, on trouve surtout la TVA, rentable, mais aussi très critiquée au regard des inégalités qu'elle crée (taux identiques quel que soit le revenu). L'évolution peut ici être une modification de taux, mais toujours de façon marginale (le gain d'un point de TVA permet de multiplier les ressources fiscales). La TVA peut aussi être modulée selon les types de support (marchandises, services, etc.). On a eu comme exemple le taux de TVA modifié sur la restauration. Enfin, même si ce n'est pas une ressource en tant que telle (budget de l'État), la CSG, très rentable, pourrait voir ses taux augmenter ou son assiette être modifiée afin de compenser des impôts réduits et des taxes disparues (IR, taxe d'habitation, etc.).

QRC N° 3

DIFFICULTÉ : ××× / DURÉE : 10 MIN

Sujet

Pensez-vous que les diverses impositions en France soient égales et justes?

Comment aborder le sujet ?

Il s'agit ici, outre l'aspect assez théorique de la réponse, de ne pas oublier de donner son avis: c'est même l'essentiel du but de la question posée, afin d'entendre un candidat avec un esprit critique et constructif, sachant donner des arguments pour faire passer son point de vue. L'idée est de regrouper les différentes impositions par catégories (impôts directs et indirects) et de donner au jury son analyse quant à leur périmètre et leur équité. Ne pas omettre les grands principes, telle la progressivité de l'imposition, et l'actualité (impôt à la source, évolution de la taxe d'habitation, suppression de l'ISF, évolution de la CSG). Le candidat doit avoir une vision assez claire de l'actualité pour en faire, au besoin, une analyse pertinente. La difficulté majeure sera ainsi la prise de position et son explicitation.

Proposition de corrigé

On observe dans l'actualité récente des propositions d'évolution de l'imposition française, une des plus fortes en Europe. Pour autant, un certain nombre de ces taxations, les plus rentables, ne sauraient être contestées, sauf à mettre la puissance publique « en faillite ».

1. Les impôts sont répartis entre ceux dits directs et ceux indirects. **La première source d'inégalité provient du fait de privilégier les impôts indirects sur ceux directs**, c'est-à-dire dépendant directement des revenus des foyers fiscaux. En l'occurrence, la TVA, première source de recettes, est acquittée de la même manière quelle que soit l'importance des revenus, alors que l'IR (impôt sur le revenu), qui reste moins rentable, n'est acquitté que par une partie (moins de la moitié des foyers fiscaux). Il en va de même pour nombre de prélèvements fiscaux dont l'assiette est liée à la consommation des ménages: contributions indirectes et taxes sur les carburants... Certes, cette imposition indirecte est indolore voire plus invisible, mais la réalité de la taxation est incontestable. Outre la TVA, la taxation sur les carburants, qui est double (TICPE et TVA), apparaît mal perçue et injuste de par son poids sur le prix au litre.

2. L'impôt, autre critique, est progressif, ce qui peut créer une sorte d'injustice : **il augmente selon l'augmentation du revenu mais pas au même rythme**. Ainsi, une personne doublant son salaire ne paiera pas le double d'impôts. Par ailleurs, nombreuses sont les exonérations. Aujourd'hui, cependant, cette vision d'injustice peut se revoir à la baisse avec une source fiscale qui prend de l'ampleur et qui est axée directement sur le salaire ou le patrimoine : **la CSG**. Dans une moindre mesure, la suppression de la taxe d'habitation mais non de la taxe foncière vient aussi désengager ce « mal-ressenti » de l'imposition à la française.

Enfin, l'impôt peut sembler source contestable quant à son opportunité, sauf à réaliser des économies en matière de perception, et reste donc injuste par rapport à son assiette. Aujourd'hui, taxer des économies ou du patrimoine en général apparaît particulièrement injuste dans l'opinion publique.

L'objectif de rentabilité des finances publiques pèse pour beaucoup dans le système actuel, et les impôts indirects, pour injustes qu'ils puissent être, sont encore parmi ceux les plus efficaces. Les évolutions, y compris les exonérations ou suppressions d'impôts et taxes, ne peuvent être que limitées, sauf à utiliser la technique des « vases communicants ».

QRC N° 4

DIFFICULTÉ : ××× / DURÉE : 20 MIN

Sujet

Les principales modifications induites par la LOLF dans le cadre du budget de l'État et de l'élaboration des projets de loi de finances.

Comment aborder le sujet ?

Il s'agit ici de mettre en relief les changements opérés avec l'abandon de la précédente « constitution financière » et de donner une vision synthétique des principaux changements. Le jury n'attend pas de développements mais une exhaustivité. Les candidats ne doivent surtout pas oublier l'impact de la LOLF sur le fonctionnement des services publics, c'en est la difficulté. Le piège sera alors de se cantonner aux modifications budgétaires uniquement (exemple : la nouvelle structure mission, programme, action) et d'omettre les conséquences sur le fonctionnement et la performance des services (culture du résultat...).

Proposition de corrigé

La LOLF, nouvelle constitution financière, a permis de générer une nouvelle architecture budgétaire mais aussi une nouvelle approche de la dépense, de nouveaux défis pour les services publics et une nouvelle forme de contrôle et de transparence des budgets, en particulier vis-à-vis du Parlement.

1. La nouvelle architecture budgétaire s'étage dorénavant en missions, programmes et actions, avec un point fondateur permis par la LOLF : **la fongibilité budgétaire**. Les missions sont ministérielles ou interministérielles et correspondent aux grandes politiques étatiques. Les programmes restent les unités de débat budgétaire au sein des missions. Les parlementaires pourront ainsi agir sur les programmes en prenant en considération le rapport entre les objectifs de l'année N - 1 et les résultats obtenus par les ministères. Les actions, quant à elles, correspondent aux éléments de dépenses affinés. La fongibilité évoquée par la LOLF est la possibilité, dans un objectif d'optimisation des moyens, de basculer des éléments financiers d'un compte à un autre (personnel vers investissement ou fonctionnement).

2. Cette nouvelle approche, accentuée par une vision « entrepreneuriale » de culture du résultat, vient **responsabiliser davantage les administrations**, en particulier, les responsables de programme ou les gestionnaires de BOP qui seront chargés de mener les administrations vers les objectifs programmés et pour lesquels des crédits ont été obtenus. Ces responsables de budgets (RPROG, RBOP) gèrent alors des **enveloppes financières globales**. Les différentes administrations, en lien avec leur ministre de tutelle, sont donc soumises à des objectifs mesurés grâce à des indicateurs de performance et à un compte rendu de l'effectivité de leurs réalisations via les PAP et les RAP.

La LOLF induit ainsi non seulement des changements budgétaires et financiers fondamentaux mais s'est également attaquée à un état d'esprit, à un comportement, à un renouveau des services publics en leur assignant un véritable pilotage par la performance.

QRC N° 5

DIFFICULTÉ : ××× / DURÉE : 15 MIN

Sujet

Pourquoi séparer ordonnateurs et comptables ?

Comment aborder le sujet ?

Cette question doit couvrir l'explication juridique du principe de cette séparation et donc reprendre les bases du cours, mais le candidat ne doit pas oublier, sauf à faire un hors sujet, de répondre à un moment ou à un autre de ses développements au pourquoi de cette séparation. Soit le candidat a des éléments précis, juridiques, fiscaux pour donner la réponse, soit il utilise sa logique et son positionnement personnel. Il n'est pas interdit de dire « à mon avis, cette séparation permet (empêche) de... ». Le plus important dans ce sujet est de donner une position personnelle et argumentée.

Proposition de corrigé

Dans l'acception du système français, les deux fonctions ont des objectifs (et des positionnements) très différents. L'un engage, liquide et ordonne... l'autre paie. Les responsabilités sont différentes. L'ordonnateur choisit (car il est élu, mandant d'une assemblée) selon les choix politiques du moment ; il dispose donc d'une large autonomie pour dépenser. Le comptable public n'est responsable que du paiement (ou de l'encaissement) et dispose d'une autonomie réduite, car il ne peut que rarement refuser la dépense ; par ailleurs, il n'a aucun espace pour poser la question de l'opportunité de la dépense. C'est l'une des raisons qui expliquent cette séparation (choix politiques et financement de ces choix de manière procédurale et contrôlée). Ces deux postes sont toutefois complémentaires : l'ordonnateur ne touche pas aux fonds publics (ou ne manipule pas les fonds publics), ce qui constitue une protection contre d'éventuelles dérives. Le comptable est dépendant d'une hiérarchie comptable et politique qui contrôle ses actes (le ministre du Budget, la Cour des comptes).

Un texte réglementaire - le décret du 7 novembre 2012 relatif à la gestion budgétaire et comptable publique - se charge de donner l'aspect légal au comptable ; quant à l'ordonnateur, il sera surtout défini par sa fonction. Bien entendu, les deux fonctions, comptable et ordonnateur, sont incompatibles.

Dans un système comme celui de la France, le décideur - celui qui fait le choix de dépenser - reste privilégié, mais pour éviter tout dérapage, toute ambiguïté, la démocratie a mis en place un système de contrôle axé sur la maîtrise de la dépense (le comptable du Trésor). Enfin, la séparation ordonnateur/comptable permet de limiter les zones de conflits d'intérêts.

QRC N° 6

DIFFICULTÉ : ××× / DURÉE : 15 MIN

Sujet

Le projet de loi de finances.

Comment aborder le sujet ?

S'agissant d'une question classique de cours et d'un point essentiel de la finance publique et du budget de l'État, il conviendra de rapporter le plus précisément possible la procédure. Évitez de développer le vote ou l'exécution de la loi ; n'est visé ici que le projet.

Proposition de corrigé

Afin de faire fonctionner l'État et ses services, mais également de prévoir le financement de l'ensemble des politiques publiques et les investissements et aides publics, un budget est nécessaire. C'est au gouvernement, chargé des choix politiques, qu'il revient de présenter aux représentants du peuple le projet de loi de finances qu'il a élaboré.

1. Le PLF, apanage de l'exécutif en France

La Constitution française prévoit que le budget sera élaboré par l'exécutif et plus précisément par le gouvernement. C'est en effet ce dernier qui est responsable des différentes politiques publiques et surtout ce sont les représentants du pouvoir exécutif qui feront les choix politiques, les orientations choisies pour le pays comme l'énergie, l'éducation, la défense...

En cela, le président de la République, élu démocratiquement, disposera d'une équipe politique resserrée autour du Premier ministre. C'est ce gouvernement qui aura la charge de prévoir le budget de l'État sous le contrôle du président de la République.
Il s'agit donc de choix politiques rationalisés.

2. La préparation technique du PLF

Le gouvernement n'élabore pas directement le PLF, les orientations sont données à la direction du Budget, entité du ministère de l'Économie et des Finances et de la Relance qui se charge de la planification et de la mise en norme du PLF. Tous les éléments d'ordre économique et financier sont rapportés par divers organismes (INSEE, DGDDI, etc.) afin de construire un PLF qui sera, en fin de circuit, discuté en Conseil des ministres.

En effet, lorsque les spécialistes des finances de Bercy ont planifié le PLF, ce dernier sera remis au Premier ministre qui sera responsable de le discuter directement en Conseil des ministres. Auparavant, toute une série de réunions (de cadrage, de performance, etc.) se sera déroulée au sein même des ministères et des administrations centrales.

3. Les suites du PLF

La création d'un PLF qui permet une presque autonomie de l'exécutif ne peut se passer d'une participation démocratique et dans le courant de la préparation de ce PLF, les représentants du peuple (législatif) ne seront pas écartés. Notamment, dans le cadre du débat d'orientation des finances publiques, les parlementaires auront les moyens d'être informés et d'échanger sur ce PLF avant qu'il ne soit soumis au vote lors de la session parlementaire qui lui est consacrée.

QRC N° 7

DIFFICULTÉ : ××× / DURÉE : 15 MIN

Sujet

La Cour des comptes est-elle une juridiction ?

Comment aborder le sujet ?

Il s'agit spécifiquement d'un sujet de connaissances sur le rôle de cette institution. Il ne s'agira pas ici d'aller au-delà de son rôle, par exemple en évoquant son historique ou sa composition en détail. L'idée est de présenter l'aspect dual de la Cour et ses particularismes en matière de contrôle, sans oublier la réponse à la question : est-elle une juridiction ? Si oui, amenez les arguments en sa faveur.
Le sujet est aisé, dans la mesure où le candidat reste dans le sujet.

Proposition de corrigé

La Cour des comptes dispose d'un rôle assez original dans la structure des organes de contrôle de l'État et de son fonctionnement. Elle conseille le gouvernement, effectue des audits et rapports au profit de l'exécutif. Elle dispose donc d'un rôle consultatif et d'enquête. Mais elle dispose aussi d'un pouvoir qui en fait une entité juridictionnelle à part. En effet, elle est composée de magistrats et rend des arrêts. En cela, elle se rapproche des autres juridictions. Son particularisme est de ne pas juger des personnes mais des comptes, même si les conséquences de ces arrêts peuvent avoir des suites sur les personnes que sont les comptables publics.

1. La structure d'une juridiction

Elle est composée de magistrats financiers qui rendent des arrêts sur des contrôles effectués sur les comptes publics, quels que soient les organismes concernés : associations, collectivités territoriales, entités administratives d'État, établissements hospitaliers... Elle mène ses procédures de manière inquisitoriale, écrite, contradictoire et secrète, comme la plupart des organismes judiciaires, elle joue le même rôle suivant les mêmes règles... On peut donc justifier du caractère juridictionnel par ce biais.

Elle dispose de pouvoirs lui permettant de mener des investigations à leur terme (en particulier le droit de communication), et rejoint ainsi les pouvoirs d'un juge d'instruction par exemple, et donc ressemble à une instance classique juridictionnelle.

2. Les arrêts de la Cour des comptes

Leur particularité, une fois les investigations effectuées, est qu'elle va juger les comptes et non les comptables et rendre souvent deux types d'arrêts principaux : des arrêts dits de décharge, c'est-à-dire que le comptable, sur les comptes desquels le contrôle sera effectué, seront validés sur la période de contrôle effectuée. Les comptes sont alors réputés exacts.

Les arrêts de débet, à l'inverse, vont venir affecter les comptes du comptable d'une irrégularité (sommes manquantes au profit du Trésor public) ; les comptes ne sont pas certifiés et le comptable public devra s'acquitter de la somme due au Trésor qui n'a pas été recouvrée sous sa responsabilité. Les décisions en matière de débet sont insusceptibles de recours (la Cour des comptes rend son arrêt en premier et dernier ressort).

En conclusion, la Cour des comptes est une juridiction du fait de son organisation, de ses pouvoirs, et du fait de rendre des arrêts, mais c'est une juridiction à part, car elle ne juge que des comptes (et non des comptables, c'est-à-dire des individus), que ses décisions sont non susceptibles de recours et que ce rôle juridictionnel ne constitue qu'une partie de ses missions.

PARTIE 4

Maîtriser les **institutions européennes**

1. La construction européenne

Après la fin de la Seconde Guerre mondiale, l'Europe, en ruines, doit être reconstruite et repensée sur une base de coopération politique et non plus de résolution armée des conflits. L'objectif premier est donc de créer un lien durable entre l'Allemagne et la France, antagonistes réguliers depuis le XVIe siècle, puis de réunir, autour d'eux, tous les pays libres d'Europe afin de bâtir ensemble une communauté de destin. Plus de soixante-dix ans après, **l'Union européenne (UE) compte aujourd'hui vingt-sept États membres et vingt-quatre langues officielles**. Par ailleurs, depuis 2016, la zone euro compte dix-neuf États membres, complétant ainsi une zone économique qui était déjà l'une des plus intégrées de toute cette économie mondialisée.

1. La construction européenne : effacer les stigmates de la guerre

1950

La déclaration Schuman

- Le **9 mai 1950**, le ministre des Affaires étrangères français, Robert Schuman, déclare : « L'Europe ne se fera pas d'un coup, ni dans une construction d'ensemble. Elle se fera par des réalisations concrètes, créant d'abord une solidarité de fait. »
- Avec Jean Monnet, il formule une proposition, le **plan Schuman**, pour la mise en commun des ressources françaises et allemandes concernant le charbon et l'acier au sein d'une organisation ouverte également aux autres pays d'Europe.

1951

La fondation de la Communauté européenne du charbon et de l'acier (CECA)

› C'est ainsi que sera signé, le **18 avril 1951**, le traité de Paris instituant la première communauté européenne : **la CECA** (Communauté européenne du charbon et de l'acier). Six pays signeront le traité : l'Allemagne, la Belgique, la France, l'Italie, le Luxembourg et les Pays-Bas. Le Royaume-Uni refusera d'y adhérer, récusant le caractère supranational de cette nouvelle communauté européenne.

› Le plan Schuman marque le début du **rapprochement franco-allemand**, indispensable pour une organisation de l'Europe de l'Ouest.

2. La construction européenne : rapprocher et solidariser les économies

1957

La Communauté économique européenne (CEE) et la Communauté européenne de l'énergie atomique (CEEA)

› Le **25 mars 1957**, les six mêmes pays signent les traités de Rome instituant respectivement **la CEE** (Communauté économique européenne) et **la CEEA** (Communauté européenne de l'énergie atomique, aussi connue sous le nom d'Euratom).

› De nouvelles institutions sont mises en place dès le début de l'année **1958**, à savoir une **Commission européenne**, un **Conseil des ministres**, une **Assemblée parlementaire** (qui deviendra le « Parlement européen ») ainsi qu'une Cour de justice.

1968

La suppression des droits de douane

› Au **1re juillet 1968**, **l'union douanière est une réalité**. Les droits de douane ont complètement disparu entre les pays membres. L'effet en est spectaculaire.

› Entre **1957 et 1970**, **le commerce intracommunautaire est multiplié par six** et les échanges de la CEE avec le reste du monde sont multipliés par trois. Les consommateurs en profitent directement du fait qu'ils se voient proposer une gamme de plus en plus variée de produits importés.

À partir de cette mise œuvre concrète des préceptes des pères de la construction européenne, celle-ci a régulièrement alterné entre élargissements et approfondissements.

L'élargissement vers les pays d'Europe du Nord

1973

Le premier élargissement de la CEE concerne le **Royaume-Uni, l'Irlande et le Danemark**. La Norvège refuse l'adhésion lors d'un référendum.

La première élection au suffrage universel direct du Parlement européen

1979

Au mois de **juin 1979**, les députés du Parlement européen ne sont plus choisis par les Parlements nationaux des différents pays, mais sont élus au **suffrage universel direct par les citoyens européens**.

L'entrée de la Grèce dans l'Union européenne

1981

La Grèce rejoint la Communauté le **1re janvier 1981**, après la chute de la dictature militaire en 1974 et le rétablissement de la démocratie.

L'élargissement vers les pays du Sud de l'Europe et l'Acte unique européen (AUE)

1986

En **janvier 1986**, l'Espagne et le Portugal adhèrent également à la CEE. C'est **l'Europe des Douze**.

L'Acte unique européen (AUE) fixe la réalisation du **Marché unique** au **1er janvier 1993**.

Cet Acte unique oblige les douze États membres à créer une Europe sans frontières intérieures : **aucune restriction réglementaire ou fiscale** pour la mise en place d'un véritable marché intérieur européen. Il entre en vigueur le **1er juillet 1987**. Quelque 300 mesures ont dû être prises afin d'éliminer les différentes entraves à la libre circulation, telles que l'étaient les barrières physiques, techniques ou sanitaires et fiscales.

3. Un nouvel ordre

Depuis la chute du mur de Berlin en 1989, la Communauté économique devient petit à petit une Union, s'ouvrant vers une **véritable coopération** et une **solidarité économique** assortie du **renforcement des pouvoirs supranationaux** des institutions communautaires. Ainsi, l'année 1993 est à ce titre une année charnière. Lors du Conseil européen de Copenhague sont définis les critères auxquels tout pays candidat à l'entrée dans l'Union européenne doit satisfaire avant son adhésion. Ces critères dits de Copenhague s'adressent essentiellement aux pays d'Europe centrale et orientale.

1992

Le traité de Maastricht ›

Le traité de Maastricht, signé le **7 février 1992**, donne à la construction européenne une dimension nouvelle. **Il institue l'« Union européenne » (UE)** et ajoute à la Communauté une vocation également politique qui repose sur trois piliers :

- un **pilier communautaire** qui concerne les matières prévues lors du traité de Rome ;
- un **pilier relatif à la politique étrangère et de sécurité commune** ;
- un **pilier relatif à la coopération dans les domaines de la justice et des affaires intérieures.**

Enfin, en prévoyant **la création d'une monnaie unique au 1er janvier 1999** gérée par une banque centrale européenne, ce traité achève **l'Union économique et monétaire (UEM)**. Des critères économiques et financiers sont définis afin de faire converger les politiques économiques des pays membres.

1993

L'adoption des critères de Copenhague ›

Lors du Conseil européen de Copenhague de **juin 1993** sont définis **les critères pour tout pays candidat à l'entrée dans l'Union européenne**. Les critères d'adhésion sont au nombre de trois :

- le **critère politique** : ce critère suppose que l'État dispose d'institutions stables garantissantla démocratie,la primauté du droit,les droits de l'homme et le respect des minorités ;
- le **critère économique** : le pays candidat doit disposer d'une économie de marché viable, capable de faire face à la pression concurrentielle et aux forces du marché intérieur européen ;
- l'**acquis communautaire** : la capacité d'assumer les droits et les obligations du système juridique communautaire.

1995

L'élargissement et les accords de Schengen ›

L'Autriche, la Finlande et la Suède deviennent membres de l'Union européenne le **1er janvier 1995**. C'est l'Europe des Quinze. En outre, **les accords de Schengen entrent en vigueur. Les voyageurs** de toutes nationalités peuvent se rendre dans ces pays sans contrôle d'identité aux frontières. Les accords autorisent la libre circulation des personnes et harmonisent les contrôles des voyageurs au sein de l'espace constitué par ces États.

Avec une Union à quinze et dans la prévision du « grand élargissement » qui aboutira en 2004, l'UE perfectionne son fonctionnement.

1997

Le traité d'Amsterdam

Le **2 octobre 1997** est signé **le traité d'Amsterdam** qui succédera au traité de Maastricht. **Ce nouveau traité perfectionne l'organisation de la coopération intergouvernementale** entre les États membres. Il fait entrer de nouveaux domaines dans le champ communautaire, à savoir **la police, la justice et l'emploi**. La **politique sociale** est intégrée dans le traité.

2001

Le traité de Nice

Le traité d'Amsterdam prévoit aussi qu'une **Conférence intergouvernementale (CIG)** devra se tenir « un an au moins avant que l'UE ne compte vingt membres ». Cette CIG aboutit à un accord sur un nouveau traité – le traité de Nice – lors du **Conseil européen de Nice du 7 au 11 décembre 2000**. Ce traité vise à modifier le système institutionnel et décisionnel de l'UE et à permettre l'élargissement à vingt-cinq. Le traité de Nice entre en vigueur le **1er février 2003**.

2002

L'introduction de l'euro

Depuis le **1er janvier 2002**, l'euro est le moyen de paiement officiel dans douze des quinze États membres (seuls le Danemark, la Suède et le Royaume-Uni ne font pas partie de la zone euro). Plus de 80 milliards de pièces sont mises en circulation. Les négociations pour une monnaie unique européenne avaient déjà commencé en 1993 avec le traité de Maastricht.

4. Le tournant de 2004 : le projet de traité pour une Constitution de l'Europe

Avec une Union de vingt-cinq États membres et de nouvelles adhésions en perspective, le traité de Nice est insuffisant. Le 4 octobre 2003, une conférence intergouvernementale (CIG) se réunit et, en juin 2004, les chefs d'État ou de gouvernement arrivent à un accord à l'unanimité sur le texte du traité établissant **une Constitution pour l'Europe** qui prévoit : **une classification des compétences de l'Union**, **une simplification des instruments juridiques**, **une nouvelle définition de la majorité qualifiée au Conseil**, mais aussi **un président permanent du Conseil européen**, **un ministre des Affaires étrangères** de l'Union, **une Commission européenne réduite** et **l'introduction d'un droit d'initiative citoyenne**.

Le texte, signé par les vingt-cinq États membres le 29 octobre 2004, est prévu pour entrer en vigueur le 1er novembre 2006, après ratification par l'ensemble des États membres selon les procédures nationales prévues : voie référendaire ou parlementaire.

Mais l'avenir en décidera autrement. Suite **aux échecs des référendums français et néerlandais en 2005**, la procédure de ratification du projet de traité constitutionnel est ralentie et l'Union européenne se voit plongée dans une phase de réflexion autour du processus de réforme des traités de l'Union et de son avenir. Pendant deux longues années, celle-ci tente donc de trouver une solution à ses problèmes de réforme interne, naviguant entre des positions étatiques parfois très divergentes.

Le sort du processus constitutionnel est finalement clarifié lors du Conseil européen **des 21 et 22 juin 2007**. Celui-ci donne mandat à une conférence intergouvernementale (CIG) pour rédiger un traité dit « modificatif » qui doit introduire dans les traités actuels, toujours en vigueur, quelques modifications techniques et institutionnelles. Le **concept constitutionnel est donc abandonné** ainsi que la référence aux symboles de l'Union et à la concurrence libre et non faussée dans les objectifs de l'UE.

2004

Élargissement historique de l'Union européenne ❯ Le traité de Nice permet un élargissement historique qui aura lieu le **1er mai 2004**. Ce sont dix nouveaux États qui rejoignent l'UE : **Chypre, Estonie, Hongrie, Lettonie, Lituanie, Malte, Pologne, République tchèque, Slovaquie et Slovénie**.

2007

Élargissement ❯ L'entrée de la **Bulgarie** et de la **Roumanie**, le **1er janvier 2007**, porte le nombre d'États membres à **vingt-sept**.

2009

Traité de Lisbonne ❯ Le traité de Lisbonne est signé le **13 décembre 2007**. Entré en vigueur le **1er décembre 2009**, il crée **deux nouvelles institutions** (la présidence stable du Conseil européen, avec la création du poste de président du Conseil européen, et le poste de haut représentant de l'Union européenne pour les affaires étrangères et la politique de sécurité) et **renforce l'influence des Parlements nationaux, le droit d'initiative citoyenne**, le **nouveau système de calcul de la majorité qualifiée**.

2013

Adhésion de la Croatie ❯ La **Croatie** devient le 28e État membre de l'Union européenne le **1er juillet 2013**.

2020

Brexit ❯ Le **31 janvier 2020**, le Royaume-Uni a quitté l'Union européenne.

2. De la Communauté à l'Europe

L'idée de la Communauté économique européenne (CEE) est de créer un grand marché commun puis unique au niveau européen avec la libre circulation des hommes et des marchandises dans tous les pays membres (grâce à la création d'une union douanière avec une suppression progressive des droits de douane). La CEE vise également à réaliser des politiques communes à l'ensemble des États membres, notamment dans le domaine de l'agriculture. Les traités de Maastricht (1992) et d'Amsterdam (1997) sont considérés comme fondateurs de l'Union européenne (UE) et seront adaptés pour tenir compte des conjonctures économiques et politiques.

1. Le traité de Maastricht (1992)

Le traité européen communément appelé traité de Maastricht structure l'Union européenne autour de trois piliers :

Les Communautés européennes

Un pilier communautaire (incluant la Communauté européenne, la Communauté européenne du charbon et de l'acier et la Communauté européenne de l'énergie atomique).

Ce pilier concerne les matières ayant fait l'objet, de la part de États membres, d'un **transfert de souveraineté** au profit des institutions européennes.

La politique étrangère et de sécurité commune

Un pilier relatif à la politique étrangère et de sécurité commune (PESC) prévoyant des procédures intergouvernementales de coopération en matière de politique étrangère. Il n'existe pas ici de transfert de souveraineté.

Ce pilier sera consolidé par la création du **haut représentant de la politique étrangère** européenne : il est membre du Conseil de l'UE et de la Commission européenne ; il conduit la politique étrangère et de sécurité commune de l'Union.

La coopération policière et judiciaire en matière pénale

Un pilier relatif à la coopération dans les domaines de la justice et des affaires intérieures prévoyant des procédures intergouvernementales de coopération dans les domaines de l'immigration, du droit d'asile, de la lutte contre le crime organisé, etc. Il n'existe pas ici de transfert de souveraineté.

Les **accords de Schengen** entrent en vigueur dans sept États membres : Allemagne, Belgique, Espagne, France, Luxembourg, Pays-Bas et Portugal. Les voyageurs de toutes nationalités peuvent se rendre dans ces pays sans contrôle d'identité aux frontières. Les accords autorisent la libre circulation des personnes et harmonisent les contrôles des voyageurs.

Ce traité voulait par ailleurs engager **un véritable processus d'appartenance populaire**, en instituant également une **citoyenneté européenne** et **en renforçant les pouvoirs du Parlement européen**, et institue **l'Union économique et monétaire**.

Sur le plan juridique, le traité de Maastricht est à la fois un traité fondateur, établissant le traité sur l'Union européenne, et un traité modificatif. Il modifie en premier lieu le traité instituant la Communauté économique européenne (CEE, à Rome en 1957) qui deviendra le traité instituant la Communauté européenne (TCE).

Une autre innovation du traité de Maastricht concerne la création d'une citoyenneté européenne. Toute personne ayant la nationalité d'un État membre se voit reconnaître la citoyenneté européenne et donc de nouveaux droits, tels que le droit de circuler et de résider librement dans les pays de l'Union européenne, le droit de voter et de se présenter aux élections européennes et municipales de l'État où elle réside, le droit de saisir le Médiateur européen en cas de litige, etc.

Enfin, en prévoyant la création d'une monnaie unique au 1er janvier 1999 gérée par une banque centrale européenne, le traité de Maastricht parachève la mise en place d'une **Union économique et monétaire (UEM)** qui sera effective le 1er janvier 2002. Des critères sont définis (les « critères de Maastricht ») dans la perspective de la création de l'euro afin de faire converger les politiques économiques des pays membres. Ces critères prévoient que **le déficit public ne doit pas dépasser 3 % du PIB** et que **la dette doit être inférieure à 60 % du PIB**. L'inflation ne doit pas être supérieure de plus de 1,5 % par rapport au taux d'inflation moyen des trois États membres les plus performants. Les taux d'intérêt à long terme ne doivent pas être supérieurs de plus de 2 % par rapport à ceux des trois États membres les plus performants.

Ces deux critères seront réaffirmés en 1997, lors du traité d'Amsterdam, par l'adoption **du pacte de stabilité et de croissance**. L'obligation de veiller à éviter l'apparition de déficits budgétaires devient donc permanente.

2. Les traités d'Amsterdam (1997), de Nice (2001) et de Lisbonne (2009)

Le **2 octobre 1997** est signé le **traité d'Amsterdam** qui succédera au traité de Maastricht. Ce nouveau traité perfectionne l'organisation de la coopération intergouvernementale entre les États membres de l'Union européenne. Il fait entrer de nouveaux domaines dans le champ communautaire, à savoir la police, la justice et l'emploi. La politique sociale est intégrée dans le traité et tous les États sont ainsi tenus de respecter la réglementation commune adoptée en la matière.

Le traité d'Amsterdam crée « un espace de liberté, de sécurité et de justice » à l'intérieur de l'Union européenne. La convention d'application de l'accord de Schengen signée en 1990 par treize États membres (Allemagne, Autriche, Belgique, Danemark, Espagne, Finlande, France, Grèce, Italie, Luxembourg, Pays-Bas, Portugal ainsi que la Suède), qui permettait la libre circulation des personnes sans contrôle aux frontières et organisait la coopération policière entre pays adhérents, est pleinement intégrée dans le traité d'Amsterdam. Elle s'applique donc à tous

les États membres de l'Union européenne. Des conditions particulières s'appliqueront cependant à l'Irlande et au Royaume-Uni ainsi qu'au Danemark. Le traité d'Amsterdam introduit également pour la première fois dans les traités la notion de « **coopérations renforcées** », un concept permettant à un nombre limité d'États membres, capables et désireux d'aller de l'avant, de poursuivre l'approfondissement de la construction européenne. Ce traité est entré en vigueur le **1er mai 1999**.
Le traité d'Amsterdam prévoit aussi qu'une conférence intergouvernementale (CIG) devra se tenir « un an au moins avant que l'Union européenne ne compte vingt membres ». Cette CIG s'ouvre le **14 février 2000** pour aboutir à **un traité signé le 26 février 2001** par les Quinze. Il vise essentiellement **à modifier le système institutionnel et décisionnel de l'Union européenne** afin de permettre l'élargissement à vingt-cinq. Le **traité de Nice**, « traité technique », entre en vigueur le **1er février 2003**.
Par ailleurs, pour tenir compte du rejet de projet de traité constitutionnel de 2005 par les électeurs français puis néerlandais, une nouvelle négociation entre les États membres pour mettre en place plusieurs réformes institutionnelles essentielles aboutit en 2009.

L'Union européenne est désormais dotée de la personnalité juridique, lui permettant de conclure un accord international dans tous ses domaines de compétence et d'adhérer à la Convention européenne de sauvegarde des droits de l'homme et des libertés fondamentales.	Le **renforcement du rôle des Parlements nationaux :** le traité prévoit un renforcement du mécanisme de contrôle du respect du principe de subsidiarité par les Parlements nationaux.	Un **président permanent du Conseil européen** est élu à la majorité qualifiée pour une durée de deux ans et demi, renouvelable une fois. Un haut représentant de la politique étrangère européenne, membre du Conseil de l'UE et de la Commission européenne.
La **possibilité d'initiative citoyenne** permet aux citoyens d'un nombre significatif d'États membres d'inviter la Commission européenne à soumettre une proposition appropriée au Parlement européen et au Conseil de l'Union européenne. Il est nécessaire de recueillir l'approbation d'un million de citoyens de l'Union.	**Le traité de Lisbonne (2009)**	La **simplification du processus de décision** au Conseil de l'UE avec une majorité qualifiée plutôt qu'une unanimité des États membres assortie d'une possibilité de minorité de blocage d'au moins quatre membres du Conseil.
La **Banque centrale européenne** devient une véritable institution de l'UE au même titre que la Commission européenne, le Conseil, le Parlement européen, la Cour de justice de l'Union européenne et la Cour des comptes européenne.	La **Charte des droits fondamentaux** acquiert une force juridique contraignante pour vingt-cinq États membres, le Royaume-Uni et la Pologne bénéficiant d'une dérogation quant à son application.	La **clarification de la répartition des compétences entre l'Union et les États membres :** ce traité énumère la liste des domaines relevant des compétences exclusives, des compétences partagées et des compétences d'appui.

Sur le plan juridique, le **traité de Lisbonne** est un traité modificatif. À la différence du traité constitutionnel de 2004, qui remplaçait les deux grands traités par un texte nouveau, le traité de Lisbonne, qui reprend la majorité du traité de 2004, conserve les traités existants mais les modifie en profondeur : d'une part, le traité instituant la Communauté européenne (Rome, 1957), qui est rebaptisé « traité sur le fonctionnement de l'Union européenne » ; d'autre part, le traité sur l'Union européenne (Maastricht, 1992).

QCM

Dans cet exercice, la question peut appeler une ou plusieurs bonnes réponses, voire toutes ou aucune.

❶ **Le 25 mars 1957 à Rome, l'Allemagne, la Belgique, la France, l'Italie, le Luxembourg et les Pays-Bas s'accordent sur :**
a. La Communauté économique européenne (CEE)
b. La Communauté européenne de l'énergie atomique (CEEA ou Euratom)
c. L'Union économique et monétaire (UEM)
d. Un espace de libre circulation des personnes dénommé « espace Schengen »

❷ **Le traité de Maastricht prévoit la mise en place :**
a. D'une initiative citoyenne source de propositions législatives
b. D'une Union économique et monétaire (UEM)
c. De deux autres piliers à côté de celui dit « communautaire »
d. Aucune réponse

❸ **Le traité d'Amsterdam consacre l'approfondissement des compétences de l'UE dans les domaines suivants :**
a. La politique sociale
b. La politique commerciale commune
c. L'union douanière
d. L'Union comme espace de liberté, de sécurité et de justice

❹ **Le traité de Nice :**
a. Est considéré comme un traité technique
b. Fut prévu par le traité d'Amsterdam pour anticiper le futur « grand élargissement » qui aura lieu en 2004
c. Est précurseur du projet de traité constitutionnel européen
d. Aucune réponse

❺ **Le traité de Lisbonne :**
a. Entérine la sortie du Royaume-Uni de l'UE
b. A été négocié pour relancer le projet européen suite à l'échec, en 2005, de la proposition d'un traité constitutionnel
c. Dote l'UE de la personnalité juridique
d. Aucune réponse

Corrigé

❶ a, b.

❷ b, c.

❸ a, d.

❹ a, b, c.

❺ b, c.

3. L'UE et la CEDH

La **Convention européenne de sauvegarde des droits de l'homme** est un traité **international** signé et ratifié par les quarante-sept États membres du Conseil de l'Europe. Entrée en vigueur en **1953, elle consacre les droits fondamentaux et les libertés fondamentales de toute personne relevant de la juridiction d'un État membre**. Il s'agit notamment du droit à la vie, à la protection contre la torture et les traitements inhumains, à la liberté et à la sûreté, à un procès équitable, au respect de la vie privée et familiale, à la liberté d'expression (y compris la liberté de la presse), de pensée, de conscience et de religion et à la liberté de réunion pacifique et d'association.

Dans ce cadre, l'adhésion de l'Union européenne à la Convention désigne le processus par lequel l'Union européenne a rejoint les quarante-sept États européens qui se sont engagés juridiquement à respecter la Convention et en ont accepté le contrôle par la Cour européenne des droits de l'homme. Voulue par le traité de Lisbonne, l'adhésion de l'Union européenne à la Convention fut considérée comme un événement majeur dans l'histoire juridique européenne, car les particuliers et les entreprises peuvent soumettre au contrôle de la Cour européenne des droits de l'homme les actes des institutions de l'Union européenne.

1. La longue coexistence de deux ordres de droit européen

Jusqu'à l'adhésion de l'UE à la CEDH, l'Union et ses institutions n'étaient pas directement liées par celle-ci en tant que telle, ni *a fortiori* par la jurisprudence de la Cour européenne des droits de l'homme. Ainsi, les droits consacrés par la CEDH n'avaient pas un caractère juridiquement contraignant pour l'UE et ses institutions (Commission, Conseil, Parlement européen, Cour de justice, etc.). **La construction européenne n'accordait pas à l'origine d'importance à la question des droits fondamentaux**. L'Europe s'étant construite sur des bases économiques, il n'est pas apparu nécessaire d'inclure ces droits dans les premiers traités établissant les Communautés européennes. Dès lors, le respect des droits fondamentaux était essentiellement assuré par la Cour européenne des droits de l'homme et, au niveau national, par les cours constitutionnelles.

Cette situation était pour le moins paradoxale. D'une part, l'article 6 § 3 du traité de l'Union européenne se réfère à la CEDH comme faisant partie des principes généraux du droit communautaire, et cela se reflétait dans la jurisprudence des juridictions communautaires, la **Cour de justice des Communautés européennes (CJCE)** et le **Tribunal de première instance (TPI)**. Par ailleurs, ces droits s'appliquent bien aux États membres de l'UE, même quand ces derniers appliquent le droit de l'UE. Cela crée un déséquilibre qui peut conduire à l'incertitude et à la confusion quant au point de savoir qui est finalement responsable de violations des droits reconnus par la CEDH.

Enfin, **la Charte des droits fondamentaux**, déclaration des droits fondamentaux adoptée le 7 décembre 2000 par l'Union européenne et mise en œuvre par le traité de Nice, fut mentionnée par le traité de Lisbonne de 2007 à l'article 6 du TUE. Dès lors, cette Charte se vit donner **une valeur juridiquement contraignante**, disposant de la même valeur juridique que les traités. La Charte des droits fondamentaux de l'Union européenne reprend en un texte unique, pour la première fois dans l'histoire de l'Union européenne, l'ensemble des droits civiques et sociaux des citoyens européens, comme le droit de pétition, la protection des données personnelles, l'interdiction de l'eugénisme et du clonage humain.

Il ne manquait à l'Union européenne que la compétence nécessaire pour devenir partie (adhérer) à la CEDH. Cette situation a changé avec l'entrée en vigueur du traité de Lisbonne, le 1er décembre 2009. **Le traité de Lisbonne lui donne cette compétence et, en outre, il oblige l'Union à adhérer à la CEDH**. Par ailleurs, le Comité des ministres du Conseil de l'Europe a donné le mandat occasionnel à son Comité directeur pour les droits de l'homme (CDDH) d'élaborer, avec la Commission européenne, l'instrument juridique nécessaire à l'adhésion.

Dès lors, le nouveau traité met en place plusieurs réformes institutionnelles essentielles parmi lesquelles :

- **La personnalité juridique de l'UE** : parce que désormais dotée de la personnalité juridique, l'UE peut conclure un accord international dans tous ses domaines de compétence et donc adhérer à la Convention européenne de sauvegarde des droits de l'homme et de libertés fondamentales. L'adhésion de l'Union européenne à la Convention a été rendue obligatoire par le traité de Lisbonne, entré en vigueur le 1er décembre 2009.
- **L'article 59, paragraphe 2 de la Convention** : amendée par le protocole n° 14, la Convention ainsi réformée est entrée en vigueur le 1er juin 2010. Cet article constitue la base juridique de cette adhésion (« L'Union européenne peut adhérer à la présente Convention »).

2. Une adhésion, certes obligatoire, mais surtout nécessaire

Les négociateurs, représentants des pays membres du Conseil de l'Europe et de l'Union européenne, ont finalisé le 5 avril 2013 le projet d'accord d'adhésion de l'Union européenne à la Convention européenne des droits de l'homme. **L'adhésion a encore renforcé la protection des droits de l'homme** en soumettant le système juridique de l'Union à un contrôle externe indépendant. Toute personne peut saisir la Cour européenne des droits de l'homme d'une requête concernant une violation par l'UE de droits reconnus par la CEDH. L'UE, en se retrouvant dans une situation analogue à celle des États membres, est en mesure de faire le lien entre ceux-ci et sa mission d'intérêt général comme partie prenante à la CEDH.

En effet, l'adhésion est le meilleur moyen de parvenir à **un système cohérent de protection des droits fondamentaux dans toute l'Europe**. Alors que l'Union réaffirme ses propres valeurs par le biais de sa Charte des droits fondamentaux, son adhésion à la CEDH donne le signal de cohérence entre l'UE et la « grande Europe » en comblant les vides dans la protection juridique. Parce que tous les systèmes juridiques européens seront soumis au même contrôle en ce qui concerne la protection des droits de l'homme, l'UE se soumet au contrôle de la Cour de Strasbourg.

Compte tenu des compétences de plus en plus larges de l'UE, il était devenu difficile de comprendre que celle-ci puisse rester le seul « espace juridique » d'Europe qui ne soit pas soumis, tout comme les États parties à la Convention, au contrôle externe de la Cour européenne des droits de l'homme. D'autant plus que tous les États membres de l'UE sont signataires de la Convention européenne de sauvegarde des droits de l'homme.

On peut véritablement estimer qu'il s'agissait d'**une question de crédibilité**, étant donné que les États membres ont transféré à l'Union d'importantes compétences et que la ratification de la CEDH est une condition préalable à l'adhésion à l'Union européenne.

Par ailleurs, il était nécessaire d'établir le meilleur moyen de garantir le développement le plus harmonieux possible des jurisprudences de la Cour européenne de justice et de la Cour européenne des droits de l'homme en matière de droits de l'homme. La CJCE appliquera la Charte des droits fondamentaux de l'UE, dont de nombreuses dispositions s'inspirent de la CEDH sans toutefois y être identiques.

QCM

Dans cet exercice, la question peut appeler une ou plusieurs bonnes réponses, voire toutes ou aucune.

❶ La Convention de sauvegarde des droits de l'homme et des libertés fondamentales, communément appelée Convention européenne des droits de l'homme (ou CEDH), est un traité international :

a. Signé par les États membres du Conseil de l'Europe le 4 novembre 1950 et entré en vigueur le 3 septembre 1953
b. Qui a pour but de protéger les droits de l'homme et les libertés fondamentales en permettant un contrôle judiciaire du respect de ces droits individuels
c. Qui regroupe quarante-sept États et que l'on envisage comme la « grande Europe »
d. Admet comme membre à part entière l'UE depuis 2013

❷ La construction européenne n'accordait pas à l'origine d'importance à la question des droits fondamentaux :

a. Vrai
b. Faux

❸ La Charte des droits fondamentaux :

a. Fut mise en œuvre par le traité de Rome en 1957
b. N'a pas de valeur juridique contraignante
c. Évoque l'ensemble des droits civiques et sociaux des citoyens européens
d. Aucune réponse

❹ La CEDH et la Charte des droits fondamentaux de l'UE :

a. Sont deux traités internationaux
b. Possèdent de nombreuses dispositions similaires sans être identiques
c. Continuent à coexister après l'adhésion de l'UE à la CEDH
d. Aucune réponse

❺ L'adhésion de l'UE à la CEDH :

a. Est une obligation issue du traité de Nice
b. Est effective depuis 2013
c. Dote l'UE d'un statut de membre à part entière de la CEDH
d. Soumet la jurisprudence de la CJCE au contrôle de la Cour européenne des droits de l'homme

Corrigé

❶ a, b, c, d.

❷ a.

❸ c.

❹ b, c.

❺ b, c, d.

4. Le système institutionnel (première partie)

Du traité de Rome (1957) au traité de Lisbonne (2009) en passant par celui de Nice (2003), le système institutionnel européen a peu évolué quant au nombre et aux compétences des institutions. Cependant, le traité d'Amsterdam, en prévoyant qu'une conférence intergouvernementale (CIG) se tienne « un an au moins avant que l'Union européenne ne compte vingt membres », envisageait de modifier le système institutionnel et décisionnel de l'Union européenne dans la perspective de l'élargissement à vingt-cinq. Le traité de Nice entré en vigueur le 1er février 2003, qui en a découlé, ne fut pas seulement un traité « technique » mais le précurseur de grands bouleversements dans la répartition des compétences et des relations de pouvoirs entre États membres et institutions supranationales, d'une part, et entre ces dernières, d'autre part.

1. La Commission européenne, le Parlement européen et le Conseil de l'UE

Le système institutionnel européen repose sur sept institutions. Cette fiche n'en évoquera que trois ; la suivante, les quatre autres.

Trois d'entre elles participent directement à la mise en place de toute la réglementation, et l'une d'entre elles est tout à fait originale : **la Commission européenne**, en tant que représentante de l'intérêt commun, dispose de la compétence majeure et exclusive de soumettre des propositions d'actes juridiques de l'Union. Ces actes juridiques sont des actes législatifs (règlements, directives, recommandations ou avis) ou non législatifs (décisions) adoptés par les institutions de l'UE.

Dans le processus législatif de l'UE, la Commission formule des propositions d'actes juridiques qui doivent être adoptées par le législateur pour avoir force de loi. En règle générale, le législateur est à la fois **le Parlement européen et le Conseil de l'UE** (ou « Conseil des ministres de l'UE »).

Depuis le traité de Lisbonne, une initiative citoyenne d'au moins 1 million de personnes venant d'un nombre significatif de pays de l'UE peut inviter la Commission à faire une proposition d'acte juridique. Si la Commission accepte de le faire, cette proposition devra être adoptée par le législateur pour acquérir force de loi.

La Commission peut soumettre une proposition d'acte juridique dans tous les cas où un acte juridique de l'UE est adopté au moyen d'une procédure législative (ordinaire ou spéciale), sauf si les traités en disposent autrement, et dans tous les cas où les traités établissent explicitement que la Commission est l'institution chargée de soumettre une proposition d'acte juridique.

Le **Conseil de l'UE** regroupe les ministres nationaux de chaque pays de l'UE afin d'examiner, de modifier et d'adopter des actes juridiques et de coordonner les politiques. Ils engagent l'action de leur gouvernement.

Le **Parlement européen** est l'organe législatif à proprement parler de l'Union européenne. Il est élu au suffrage universel direct tous les cinq ans.

La **Commission européenne** est la branche exécutive de l'Union européenne. Politiquement indépendante, elle est chargée d'élaborer des propositions législatives et met en oeuvre les décisions.

Dans ce processus de codécision entre le Parlement européen et le Conseil de l'UE, sur initiative de la Commission, une quatrième institution joue un rôle majeur: **le Conseil européen** réunit les **dirigeants des pays membres de l'UE** et définit les **priorités politiques** de l'UE (élargissement, révision des traités, approfondissement de la construction européenne, notamment). Il représente **le plus haut niveau** de coopération politique entre les pays de l'UE.

2. Le système institutionnel du traité de Lisbonne

Ce traité, dernier en date, a mis en place plusieurs réformes institutionnelles essentielles, en créant notamment trois nouvelles institutions:

- **Le président permanent du Conseil européen**: il préside et conduit les travaux du Conseil européen. Le président a aussi un rôle de représentation de l'Union européenne dans le monde.
- **Un haut représentant de la politique étrangère européenne**: il est membre du Conseil de l'UE et de la Commission européenne et conduit la politique étrangère et de sécurité commune de l'Union. Il préside le Conseil des affaires étrangères. Il est en plus l'un des vice-présidents de la Commission, chargé de l'action extérieure.
- **La Banque centrale européenne**: la BCE devient une véritable institution de l'UE au même titre que les institutions «historiques»: elle est alors dotée d'une organisation propre et peut prendre des décisions applicables au secteur bancaire et financier.

Par ailleurs, le traité de Lisbonne a été modifié en 2012 pour s'adapter aux changements issus de la crise des dettes publiques au sein de la zone euro. Initialement, l'article 125 du TFUE interdisait à l'UE et aux États de la zone euro d'apporter une aide financière aux États de la zone. Lorsque la plupart des États de la zone euro sont venus en aide à leurs banques pendant la crise bancaire de 2008, certaines des dettes publiques ont explosé. Les États ont donc instauré le **Fonds européen de stabilité financière** (FESF) en mai 2010, par le biais d'un traité intergouvernemental – sans intervention des institutions européennes – pour venir en aide aux États de la zone euro qui éprouvaient de grandes difficultés, comme la Grèce, l'Irlande et le Portugal.

Ce FESF n'étant prévu que pour une durée de trois ans, il a été remplacé par le **Mécanisme européen de stabilité** (MES) par la décision du 25 mars 2011 du Conseil européen, qui ajoute un paragraphe à l'article 136 précisant que « les États membres dont la monnaie est l'euro peuvent instituer un mécanisme de stabilité », mais que l'octroi « de toute assistance financière nécessaire sera subordonné à une stricte conditionnalité ». Le MES est opérationnel depuis le 12 octobre 2012.

QCM

Dans cet exercice, la question peut appeler une ou plusieurs bonnes réponses, voire toutes ou aucune.

❶ **Le système institutionnel européen :**

a. Repose sur un équilibre entre États membres, représentation de la population européenne et intérêt général
b . Fait du Parlement européen le représentant des citoyens européens
c. Repose sur un Conseil européen, centre d'impulsion de la construction européenne
d. Confie à la Commission européenne le « monopole d'initiative » législative

❷ **La Commission européenne :**

a. Lance le processus législatif en proposant des mesures dans l'ensemble des domaines de compétence de l'Union européenne
b. Peut être incitée à formuler une proposition suite à une initiative citoyenne européenne
c. Est composée de représentants des différents gouvernements des États membres
d. Est composée de vingt-huit membres proposés par les États membres

❸ **Le Parlement européen :**

a. Est le principal organe législatif
b. Est composé de représentants des différents Parlements nationaux
c. Est la seule institution qui débat et vote des propositions de la Commission
d. Peut censurer la Commission européenne

❹ **Le traité de Lisbonne :**

a. A créé trois nouvelles institutions : le Conseil européen, la Banque centrale et le haut représentant de la politique étrangère européenne
b. Fut prévu par le traité d'Amsterdam pour anticiper le futur « grand élargissement » qui aura lieu en 2004
c. Est le « successeur » du projet de traité constitutionnel européen
d. Est le dernier traité européen en date

❺ **Le haut représentant de la politique étrangère européenne :**

a. N'est pas une institution prévue par les traités mais une fonction particulière au sein de la Commission européenne
b. Est un exemple d'approfondissement de la construction européenne par la création d'une « diplomatie européenne »
c. Est le représentant de l'UE dans le monde
d. Aucune réponse

Corrigé

❶ **a, b, c, d.**

❷ **a, b, d.**

❸ **a, d.**

❹ **c, d.**

❺ **b.**

5. Le système institutionnel (seconde partie)

À côté du triangle institutionnel « Commission – Conseil – Parlement », il existe quatre autres institutions : le **Conseil européen**, la **Cour de justice de l'Union européenne** (CJUE), la **Banque centrale européenne** (BCE) et la **Cour des comptes européenne**. Il est important de considérer que le terme « institution » évoque dans le langage courant deux catégories : d'abord, les institutions en tant que telles, car officiellement installées par un traité ; ensuite, les organes consultatifs ou interinstitutionnels.

Ainsi, ce n'est que depuis le traité de Lisbonne que le Conseil européen et la Banque centrale européenne sont considérés comme des institutions à part entière de l'Union européenne. En revanche, le Comité des régions reste un organe consultatif, mais son avis est obligatoire pour certaines questions concernant les collectivités territoriales.

1. Les institutions européennes non législatives

Le cadre institutionnel européen actuel est le résultat de l'histoire. Préfiguré par les quatre institutions de la Communauté européenne du charbon et de l'acier (CECA) en 1951, il prend véritablement naissance avec le traité de Rome de 1957 qui pose les bases du « triangle institutionnel ». Il évoluera ensuite au fur et à mesure des traités, en s'enrichissant de nouvelles institutions (Conseil européen, Banque centrale), en réorganisant les compétences de chacune (pouvoir budgétaire et de codécision du Parlement européen…) et en renforçant le rôle d'organes interinstitutionnels (Comité des régions ou encore haut représentant pour les affaires étrangères et la politique de sécurité).

Ainsi, l'UE possède un ensemble complet d'institutions et d'organes interinstitutionnels qui, au côté des institutions législatives, remplissent des missions spécialisées.

Parmi les institutions :

	La Cour de justice de l'Union européenne (CJUE)	La Banque centrale européenne (BCE)	La Cour des comptes européenne
Missions	Elle est chargée d'examiner la légalité des actes européens et de résoudre les conflits juridiques entre institutions et/ou États membres.	Elle gère la monnaie unique pour les dix-neuf membres de la zone euro, assure la stabilité des prix et mène la politique monétaire de l'UE.	Elle a pour mission de contrôler l'exécution du budget européen et d'améliorer ainsi la gestion financière de l'UE.
Siège	Luxembourg	Francfort	Luxembourg

L'Union européenne se compose par ailleurs d'organes consultatifs :

- **Le Comité économique et social européen** (CESE), institué par le traité de Rome de 1957, permet aux organisations de la société civile des États membres d'exprimer leur avis au niveau européen. L'Acte unique et le traité de Maastricht ont renforcé l'obligation de consulter le CESE, en particulier pour les nouvelles politiques (politique régionale et environnement). Le traité d'Amsterdam a élargi les domaines de consultation et permis la consultation du CESE par le Parlement européen.

- **Le Comité des régions** est composé des représentants des collectivités territoriales et régionales. Institué par le traité de Maastricht et mis en place le 9 mars 1994, il est l'organe de consultation et de représentation des collectivités territoriales et régionales de l'Union européenne. Il est le porte-parole des intérêts de ces entités territoriales auprès de la Commission et du Conseil, auxquels il adresse des avis.

Parmi les principaux organes et acteurs de l'Union européenne, on peut enfin souligner le rôle de **la Banque européenne d'investissement** (BEI), qui finance des projets d'intérêt européen sur le territoire européen et dans les pays tiers, ou encore du **haut représentant pour les affaires étrangères et la politique de sécurité**, qui conduit et coordonne la politique étrangère et de sécurité de l'Union (aujourd'hui, Josep Borrell).

2. Quel avenir institutionnel ?

Les débats sur les institutions de l'Union européenne ne manquent pas et perdurent sans jamais avoir été définitivement tranchés. Ils portent tant sur la complexité du système institutionnel que sur son efficacité, voire sur son caractère démocratique.

S'appuyant sur les modèles classiques des États démocratiques, pour ensuite les dépasser, le cadre institutionnel européen est unique en son genre. Son exécutif, dévolu à la Commission européenne nommée par les États membres et approuvée par le Parlement européen, a vu son rôle peu à peu confirmé et respecté par le Conseil européen puis consacré par le traité de Lisbonne. Ce que nous connaissons avec notre Parlement bicaméral et ses « chambres », l'Assemblée nationale et le Sénat, serait ici incarné, d'un côté, par un Parlement en tant que tel, agissant pour l'intérêt des citoyens mais également influencé par les considérations partisanes et nationales de ses députés, de l'autre, par un Conseil composé de représentants de gouvernements, issus d'élections nationales.

Ce système fait dès lors régulièrement l'objet de **critiques quant à sa complexité, à sa lenteur et à son manque, apparent, de légitimité démocratique**. Les solutions avancées vont alors d'une simplification institutionnelle (sur le modèle états-unien), peu probable à court terme, à une meilleure information vis-à-vis des citoyens, qui passerait notamment par un discours moins caricatural d'un certain nombre de responsables politiques et de médias, stigmatisant continuellement « la politique de Bruxelles », sur fond de sentiment de défiance voire d'antiparlementarisme de plus en plus répandu dans les démocraties européennes.

En effet, l'Union européenne traverse **une crise de défiance**, mesurée par les sondages, par l'abstention croissante aux élections du Parlement européen et surtout par la montée des partis europhobes lors des récents scrutins nationaux. Alors qu'une majorité de citoyens se dit toujours favorable à l'Union européenne, son fonctionnement actuel ne les satisfait pas, nombre d'entre eux la jugeant même antidémocratique, renvoyant systématiquement à l'équilibre de la répartition des compétences entre les niveaux national et européen.

Ainsi, malgré la ratification du traité constitutionnel par dix États, le Conseil européen du 17 juin 2005 considère que son rejet par les peuples français et néerlandais exprime « des préoccupations et des inquiétudes dont il faut tenir compte » et qu'il est nécessaire « de procéder à une appréciation d'ensemble des débats nationaux et de convenir de la suite du processus », qui aboutira au très critiqué traité de Lisbonne en 2009.

Que cela soit l'harmonisation des législations, qui se ferait au détriment des particularismes nationaux voire locaux, ou le manque de représentativité des instances décisionnaires de l'UE (la Commission étant souvent perçue à tort comme le principal voire l'unique responsable des législations européennes), accentués par l'absence de participation des citoyens au processus de décision (l'initiative citoyenne européenne reste peu connue et peu efficace), l'avenir institutionnel de l'Union européenne est un sujet fondamental qu'il est difficile de traiter dans une Union à vingt-huit.

Ainsi, si aucune révolution institutionnelle n'est à prévoir à court terme, les États membres ont entamé en 2017 **un processus de réflexion sur l'avenir de l'UE à vingt-sept**, qui pourrait déboucher vers des améliorations. Mais finalement ce n'est pas la sortie du Royaume-Uni de l'UE qui a précipité l'évolution institutionnelle.

La crise sanitaire et donc économique liée à la CODIV-19 a nécessité une approche totalement nouvelle pour les États membres : s'assurer d'une plus grande solidarité. En acceptant, lors du Conseil européen du 20 juillet 2020, un mécanisme financier (subventions et prêts permis par un endettement de l'Union européenne en tant que personne morale) les 27 États membres, sans renoncer à leur vision de l'intégration européenne, ont fait un pas supplémentaire vers un approfondissement des compétences de la Commission européenne en matière budgétaire. Ainsi, la décision de lier le budget pluriannuel de l'Union européenne 2021-2027 (1 074,3 milliards d'euros) avec un plan de relance de 750 milliards d'euros accompagne de fait le rôle de la BCE dans un resserrement des politiques budgétaire et monétaire au niveau de l'Union.

QCM

Dans cet exercice, la question peut appeler une ou plusieurs bonnes réponses, voire toutes ou aucune.

❶ Le cadre institutionnel européen est organisé autour d'un « triangle institutionnel » :

a. Commission européenne - Parlement européen - Cour de justice de l'UE
b. Conseil de l'UE - Parlement européen - Cour de justice de l'UE
c. Commission européenne - Parlement européen - Conseil de l'UE
d. Commission européenne - Parlement européen - Conseil européen

❷ Il existe sept institutions dûment répertoriées par les traités européens :

a. Vrai
b. Faux

❸ La Banque centrale est :

a. Une institution européenne consacrée par le traité d'Amsterdam
b. Un organe interinstitutionnel
c. Chargée des politiques de change et monétaire pour les États membres de l'UE
d. Aucune réponse

❹ Le Comité des régions est :

a. Un organe interinstitutionnel
b. Institué par le traité de Maastricht
c. Un organe consultatif
d. Aucune réponse

❺ L'avenir institutionnel :

a. Naît réellement avec la perspective d'un élargissement à vingt-cinq
b. Est contraint par une crise de défiance envers la construction européenne
c. Porte tant sur la complexité du système institutionnel que sur son efficacité voire son caractère démocratique
d. Est devenu une question centrale depuis l'annonce du départ prochain du Royaume-Uni

Corrigé

❶ c.

❷ a.

❸ c.

❹ **a, b, c.**

❺ **a, b, c, d.**

6. La codécision

Le traité de Maastricht a instauré, sous le terme désormais caduc de « codécision », la « procédure législative ordinaire » (art. 294 TFUE). C'est aujourd'hui le mode décisionnel le plus courant pour adopter la législation de l'UE. La prise de décision au sein de l'Union européenne fait intervenir quatre principales institutions : la Commission européenne, le Parlement européen et le Conseil de l'Union européenne forment le triangle institutionnel européen. Le Conseil européen, lui, joue un rôle d'impulsion, d'orientation et d'arbitrage.

Unique au monde, ce cadre institutionnel défini par les traités confère à chacun un **rôle** et des **pouvoirs** qui lui sont propres. Selon cette procédure, le Parlement européen et le Conseil de l'UE sont sur un pied d'égalité pour adopter les nouvelles normes européennes dans la majorité des domaines (éducation, environnement, recherche...). Fondée sur le principe de parité, cette procédure permet qu'aucune des deux institutions ne puisse adopter de législation sans l'accord de l'autre. D'autres procédures existent dans des domaines plus particuliers.

1. Comment fonctionne la procédure législative ordinaire ?

En règle générale, c'est la Commission qui formule une proposition au Parlement et au Conseil. Exécutif européen, elle lance le processus législatif en proposant des mesures dans l'ensemble des domaines de compétence de l'Union européenne.

Pour éviter tout blocage dès le début de la procédure, **ce monopole de proposition peut être forcé** par une initiative du Parlement, d'un groupe d'États membres, de la Banque centrale européenne, de la Cour de justice de l'UE, ou encore par une initiative populaire d'au moins 1 million de signataires citoyens de l'UE. Le texte législatif proposé passe une ou deux fois au Parlement ainsi qu'au Conseil de l'Union européenne (le Conseil). Les propositions de la Commission européenne sont ainsi amendées, approuvées ou rejetées par le Parlement européen et le Conseil.

Si, à l'issue de ces deux lectures, le Conseil et le Parlement ne parviennent pas à s'accorder sur une proposition, le texte est soumis à un comité de conciliation composé d'un nombre égal de représentants du Conseil et du Parlement. Dès accord au sein de ce comité, le texte adopté retourne au Parlement et au Conseil, de manière à y être adopté pour obtenir ainsi force de loi. **La procédure législative ordinaire accorde, donc, au Parlement européen un droit de veto de fait sur certains projets du Conseil, et *vice versa*.**

Le Parlement	Le Conseil de l'UE
Le Parlement européen est devenu un partenaire incontournable dans l'élaboration des actes législatifs européens à des degrés divers et en fonction de la base juridique pertinente pour chacun de ces actes. Depuis son élection directe par les citoyens européens en 1979, son rôle a progressivement évolué d'une participation exclusivement consultative à une codécision sur pied d'égalité avec le Conseil	Depuis le 1er novembre 2014, le processus de décision est simplifié par une majorité qualifiée (et non plus l'unanimité), qui se définit comme étant égale à au moins 55 % des membres du Conseil, comprenant au moins quinze d'entre eux et représentant des États membres réunissant au moins 65 % de la population de l'Union. Une minorité de blocage doit inclure au moins quatre membres du Conseil.

Ainsi, cette procédure s'applique pour la plupart des domaines exclusifs ou partagés dans lesquels l'Union est active : marché intérieur et gouvernance économique, libre circulation des travailleurs, agriculture, politique de développement régional et social, justice et affaires intérieures, éducation, culture, etc. L'actuelle procédure de codécision devient, selon les dispositions de l'article 289 du traité sur le fonctionnement de l'UE (TFUE), la « procédure législative ordinaire ». Le paragraphe 1er de l'article 289 du TFUE définit la procédure législative ordinaire comme consistant « en l'adoption d'un règlement, d'une directive ou d'une décision conjointement par le Parlement européen et le Conseil, sur proposition de la Commission [...] ».

Elle est ainsi procédure ordinaire, car, en doublant le nombre d'articles qui relèvent aujourd'hui de la procédure de codécision, celle-ci s'impose dans une grande majorité de domaines d'action de l'UE. Avec le traité de Lisbonne, ce sont en effet soixante-treize articles qui seront régis par la procédure législative ordinaire.

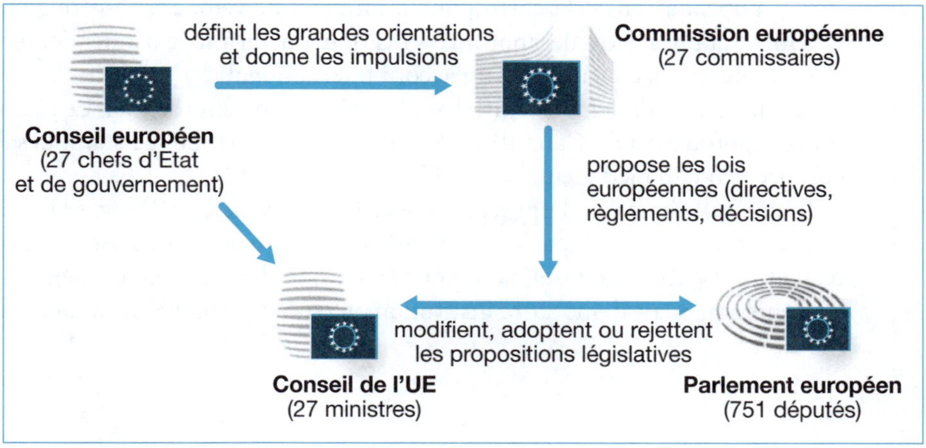

Source : Toute l'Europe.eu

2. Les cas de procédure législative spéciale

Les procédures législatives spéciales sont employées dans des cas spécifiques prévus par les traités. Les actes législatifs issus de cette procédure sont adoptés par le Parlement européen avec la participation du Conseil, ou par le Conseil avec la participation du Parlement européen (article 289, paragraphe 2, du TFUE). En effet, à côté de la procédure législative ordinaire, subsiste une « procédure législative spéciale » : « Dans les cas spécifiques prévus par les traités, l'adoption d'un règlement, d'une directive ou d'une décision par le Parlement européen avec la participation du Conseil ou par celui-ci avec la participation du Parlement européen constitue une procédure législative spéciale. »

Il ressort de la lecture de cet article qu'**il n'y a pas un processus d'adoption unique pour les actes qui relèvent de la procédure législative spéciale.** Il peut s'agir alternativement d'une adoption d'actes législatifs par le Parlement européen avec la participation du Conseil ou par celui-ci avec la participation du Parlement européen, soit pour l'adoption d'actes législatifs sur initiative d'un groupe d'États membres ou du Parlement européen, sur recommandation de la Banque centrale européenne ou sur demande de la Cour de justice ou de la Banque européenne d'investissement.

En fait, on dénombre dans le traité près de trente articles qui relèvent de la procédure législative spéciale.

Les procédures législatives spéciales diffèrent en fonction du sujet traité. Ainsi, dans le cas, par exemple, de l'adhésion de nouveaux États membres, de la politique fiscale ou de la conclusion d'accords internationaux, le Conseil légifère seul, le rôle du Parlement étant limité à la consultation ou à l'approbation.

Dès lors, par parallélisme des formes, le pouvoir législatif du Parlement européen s'exerce selon deux autres modes différents en fonction de la nature de la proposition en question :

- **consultation** : il donne un avis consultatif (par exemple, sur la fiscalité), non contraignant juridiquement ;
- **approbation** : cela correspond à un droit de veto, c'est-à-dire que le Parlement approuve ou désapprouve sans pouvoir formuler d'amendements (par exemple, sur la conclusion d'un accord international).

À l'inverse, le Parlement légifère seul (après avis ou approbation de la Commission et approbation du Conseil) dans plusieurs domaines liés au statut des députés européens ou du médiateur.

Il apparaît donc que la procédure législative spéciale diffère de la procédure législative ordinaire, soit parce que le Parlement et le Conseil n'agissent pas conjointement, soit parce que l'initiative pour l'adoption d'un acte ne provient pas de la Commission, mais d'une autre institution ou d'un groupe d'États membres.

QCM

Dans cet exercice, la question peut appeler une ou plusieurs bonnes réponses, voire toutes ou aucune.

❶ Le 25 mars 1957, le traité de Rome prévoit que la de codécision entre institutions européennes est la procédure usuelle :

a. Vrai
b. Faux

❷ La procédure dite de codécision est :

a. Introduite par le traité de Maastricht
b. Régulièrement étendue pour devenir la procédure ordinaire avec le traité de Lisbonne
c. Basée sur le principe de parité entre le Parlement européen et le Conseil
d. Aucune réponse

❸ La Commission européenne :

a. Partage l'initiative de proposition de textes législatifs avec d'autres institutions
b. Détient le monopole d'initiative mais peut être incitée à proposer un texte en cas de besoin
c. Participe aux débats en cas de désaccords entre le Parlement et le Conseil
d. Est chargée de l'exécution des textes votés par le Parlement et le Conseil

❹ Le rôle du Parlement s'est renforcé au cours de la construction européenne pour devenir une véritable institution législative :

a. Vrai
b. Faux

❺ La procédure législative spéciale :

a. Est une exception dans les différentes modalités législatives européennes
b. Instaure, au cas par cas, une prééminence d'une institution législative sur une autre
c. Impose que l'institution législative non décisionnaire soit consultée
d. Aucune réponse

Corrigé

❶ b.

❷ a, b, c.

❸ b, c, d.

❹ a.

❺ a, b, c.

7. Élargissements et approfondissements

Élargissements et approfondissements renvoient à deux mouvements qui ont pu paraître complémentaires jusqu'au « grand élargissement » de 2004. Cependant, depuis l'intégration de dix États en mai de cette année, l'élargissement de l'Union européenne (UE) a fait surgir des questions et des remises en cause qui ont été exacerbées par la crise économique et financière de 2008. C'est donc toute la logique de la construction européenne qui est questionnée, *a fortiori* avec le processus de départ du Royaume-Uni à l'horizon 2019.

L'UE a mué progressivement vers une union entre les peuples européens « sans cesse plus étroite » (article 1er du traité sur l'Union européenne).

En 1957, six pays (Belgique, France, Allemagne, Italie, Luxembourg et Pays-Bas) fondent l'UE, qui comprend actuellement vingt-huit membres après sept élargissements :

- **1973** › Danemark, Irlande et Royaume-Uni
- **1981** › Grèce
- **1986** › Espagne et Portugal
- **1995** › Autriche, Finlande et Suède
- **2004** › Chypre, République tchèque, Estonie, Hongrie, Lettonie, Lituanie, Malte, Pologne, Slovaquie et Slovénie
- **2007** › Bulgarie et Roumanie
- **2013** › Croatie

Aujourd'hui, l'Albanie, la Macédoine du Nord, le Monténégro, la Serbie, la Turquie, la Moldavie et l'Ukraine sont candidats à l'adhésion.

1. La politique d'élargissement : construire une Europe économique et juridique

L'adhésion à l'Union européenne repose sur des critères et un processus de négociations intergouvernementales.

L'adhésion est soumise à certains critères définis par le traité sur l'UE. Ces critères (appelés « critères de Copenhague »), définis en 1993 et renforcés en 1995, sont les suivants :

– la **présence d'institutions stables** garantissant la démocratie, l'état de droit, les droits de l'homme, le respect des minorités et leur protection ;

– une **économie de marché viable** et la capacité à faire face aux forces du marché et à la pression concurrentielle à l'intérieur de l'UE ;

– **l'aptitude à assumer les obligations découlant de l'adhésion**, notamment la capacité à mettre en œuvre avec efficacité les règles, les normes et les politiques qui forment le corpus législatif de l'UE (l'acquis) et à souscrire aux objectifs de l'union politique, économique et monétaire.

Pour que des négociations sur l'adhésion à l'UE puissent débuter, un pays doit respecter le premier critère. Les deux autres critères font l'objet de négociations et d'un long travail d'analyse par la Commission européenne.

Les négociations d'adhésion avec un pays candidat sont ouvertes uniquement lorsque les gouvernements des pays de l'UE conviennent de son adhésion à l'unanimité au cours du Conseil européen.

Les pays candidats doivent accepter l'acquis avant d'adhérer à l'UE, c'est-à-dire l'avoir incorporé dans leur ordre juridique interne à la date de leur adhésion à l'UE, et ils sont tenus de l'appliquer dès cette date. Cela impose donc un lourd et long travail parlementaire pour modifier ou adapter la législation nationale du pays candidat.

La politique d'élargissement devient alors un élément de politique étrangère de l'Union européenne.

En intégrant la Croatie, dix ans après son voisin slovène, et en admettant la Serbie comme candidate, l'UE a contribué à la stabilité et au développement économique en Europe centrale (conclusion d'un accord avec le Kosovo, arrestation de la quasi-intégralité des criminels de guerre présumés et présentation devant le Tribunal pénal international de La Haye). À l'inverse, le processus de négociations avec la Turquie n'a pas réglé le différend chypriote ni les évolutions politiques dans ce pays.

La stratégie européenne d'élargissement est d'autant plus efficace et légitime qu'elle doit être ajustée d'un point de vue juridique, social et politique. Ainsi, la situation de certains pays (la Grèce ou la Hongrie) suscite d'intenses controverses qui ont pu remettre en question telle ou telle adhésion et donc l'intégration à l'espace européen.

2. L'interaction entre élargissement et approfondissement

La notion d'approfondissement fait référence à une dynamique de renforcement et d'intégration de plus en plus étroite au sein de l'UE.

Un marché intérieur de plus en plus intégré

Une Union économique et monétaire (UEM) qui a permis l'introduction de la monnaie unique, l'euro, puis d'une union bancaire, système de surveillance des banques et de résolution de leurs défaillances contrôlé par la Banque centrale européenne.

Une coopération budgétaire et financière des États membres

Cette coopération est vue comme une étape naturelle de l'intégration européenne, ou comme une solution à la crise de la dette dans la zone euro.

Une harmonisation des systèmes juridiques

La protection des consommateurs, la liberté de circulation et d'établissement des personnes sont consacrées au travers de la Charte des droits fondamentaux.

Cependant, le débat sur l'approfondissement est encore fortement marqué par le rejet du **traité établissant une constitution pour l'Europe (TECE)**. Également appelé « traité constitutionnel européen », ce traité devait adapter le fonctionnement de l'Union européenne à deux contraintes fortes : pallier les lacunes des traités d'Amsterdam (1999) et de Nice (2001), et anticiper la vague d'élargissement de 2004.

Ce projet de traité, signé le 29 octobre 2004 par les ministres des Affaires étrangères des États membres, devait entrer en vigueur le 1er novembre 2006 à condition que tous les États membres l'aient ratifié. Or, les référendums en France et aux Pays-Bas en ont empêché la ratification.

Le traité de Lisbonne (2009), qui lui fait suite, est le fruit d'un compromis et n'octroie donc pas de nouvelle compétence exclusive à l'Union. De nouvelles compétences sont transférées comme compétences partagées (l'espace et l'énergie) ou d'appui (la protection civile, la propriété intellectuelle, le tourisme, la coopération administrative et le sport). C'est aussi un plus grand nombre de domaines qui relèvent de la procédure législative ordinaire (codécision), notamment le fonctionnement du marché de l'énergie (approvisionnement énergétique des États membres de l'Union, économies d'énergie et développement des énergies nouvelles et renouvelables).

Par ailleurs, deux fonctions sont créées : celle de président du Conseil européen et celle de haut représentant pour les affaires étrangères. Le premier préside et anime les travaux du Conseil européen, œuvre pour faciliter la cohésion et le consensus au sein du Conseil européen et présente au Parlement européen un rapport à la suite de chacune des réunions du Conseil européen. Il assure également, à son niveau et en sa qualité, la représentation extérieure de l'Union. Le haut représentant pour les affaires étrangères et la politique de sécurité a pour tâche de coordonner la politique commune de sécurité et de défense de l'Union européenne.

La stratégie d'élargissement doit être ajustée à la politique d'approfondissement. L'intégration politique ou budgétaire mais surtout sociale permettrait d'éviter que les politiques européennes ne soient perçues comme octroyant des effets d'aubaine (les travailleurs détachés ou les délocalisations, notamment). Ainsi, les dirigeants de l'Union, tirant les leçons du cinquième élargissement, ont convenu en décembre 2006 que les « critères de Copenhague » devraient être combinés avec la capacité de l'Union à assimiler de nouveaux membres, sans toutefois que cela devienne une condition préalable à l'adhésion.

QCM

Dans cet exercice, la question peut appeler une ou plusieurs bonnes réponses, voire toutes ou aucune.

1 Depuis le 25 mars 1957 la construction européenne a opéré 7 élargissements :
a. Vrai
b. Faux

2 Le « grand élargissement » évoque :
a. Un processus d'adhésion de dix États en 2004
b. Une adhésion effective le 1er mai 2004
c. La fin effective de la partition de l'Europe en deux blocs
d. Aucune réponse

3 Les politiques exclusives dont l'UE dispose sont notamment :
a. La politique sociale
b. La politique commerciale commune
c. L'union douanière
d. La protection et l'amélioration de la santé humaine

4 L'union bancaire :
a. Est une compétence exclusive de l'UE
b. Complète l'Union économique et monétaire (UEM)
c. Harmonise les responsabilités en matière de surveillance, de résolution et de financement au niveau européen
d. Oblige les banques de la zone euro à se conformer aux mêmes règles

5 Au 1er juillet 2013, un 28e État est devenu membre de l'Union européenne :
a. La Serbie
b. La Croatie
c. La Transylvanie
d. La Slovénie

Corrigé

1 a.

2 a, b, c.

3 b, c.

4 b, c, d.

5 b.

8. Les compétences exclusives de l'UE

Le découpage des compétences entre les États membres et les institutions européennes, représentantes de la CEE puis de l'UE, a toujours été complexe, même s'il reposait sur un principe de réalité. Les compétences étaient réparties entre celles propres aux États membres, sur lesquelles la Commission européenne n'avait aucune influence directe, et les compétences propres à l'UE ; des compétences dites « concurrentes », les plus nombreuses, permettaient aux deux niveaux de décision d'intervenir. Cette répartition, source de conflits, fut clarifiée et simplifiée au cours de l'évolution de la Communauté en Union.

1. La répartition des compétences entre l'UE et ses pays membres : l'importance des compétences exclusives

Le principe est celui de l'attribution : l'Union européenne (UE) ne possède que les compétences qui lui sont attribuées par les traités. En vertu de ce principe, l'UE peut agir uniquement dans les limites des compétences qui lui ont été attribuées par les pays de l'UE dans les traités pour atteindre les objectifs que ces mêmes traités établissent.

Toute compétence non attribuée à l'UE dans les traités appartient aux pays de l'UE. Dès lors, la compétence de l'UE est soumise à deux principes fondamentaux :

L'article 5 du traité sur l'Union européenne (TUE)

Le principe de proportionnalité :	Le principe de subsidiarité :
Le contenu et la forme de l'action de l'UE n'excèdent pas ce qui est nécessaire pour atteindre les objectifs des traités.	Dans les domaines qui ne relèvent pas de sa compétence exclusive, l'UE intervient seulement si, et dans la mesure où, l'objectif d'une action envisagée ne peut pas être atteint de manière suffisante par les pays de l'UE, mais peut l'être mieux au niveau de l'UE.

Le traité de Lisbonne (2009) clarifie cette répartition des compétences entre l'UE et les États membres (articles 3 et suivants du traité sur le fonctionnement de l'UE – TFUE). Ainsi, il introduit pour la première fois dans les traités fondateurs une classification précise en distinguant trois compétences principales : les compétences exclusives, les compétences partagées et, dans une moindre mesure, même si elles sont appelées à se développer, les compétences d'appui (cf. chapitre suivant).

L'Union dispose d'une compétence exclusive. Elle légifère seule dans les domaines suivants :

Compétences pour le marché intérieur	Compétence spécifique à l'efficacité des précédents
1. L'union douanière ; 2. L'établissement des règles de concurrence nécessaires au fonctionnement du marché intérieur ; 3. La politique monétaire pour les États membres dont la monnaie est l'euro ; 4. La politique commerciale commune ;	6. La conclusion d'un accord international lorsque cette conclusion est prévue dans un acte législatif de l'Union, ou est nécessaire pour lui permettre d'exercer sa compétence interne, ou dans la mesure où elle est susceptible d'affecter des règles communes ou d'en altérer la portée.
5. Le cas particulier de la conservation des ressources biologiques de la mer dans le cadre de la politique commune de la pêche.	

L'UE est, ainsi, la seule à pouvoir légiférer et adopter des actes contraignants dans ces domaines. Le rôle des États membres se limite donc seulement à appliquer ces actes, sauf si l'Union les autorise à adopter eux-mêmes certains actes, ce qui est relativement rare, la Commission souhaitant éviter les différences d'approches.

2. Le traité de Lisbonne n'octroie pas de nouvelle compétence exclusive à l'Union

Le rejet du projet de traité constitutionnel a ralenti l'approfondissement de la construction européenne. Cependant, sans accroître les champs relevant de la compétence exclusive, le traité de Lisbonne a nettement renforcé le rôle de l'Union dans certains domaines. On peut, notamment, citer celui de « la liberté, la sécurité et la justice » ainsi que celui de l'action extérieure et de la défense.

Par ailleurs, le traité de Lisbonne ouvre les perspectives d'une véritable politique de l'énergie européenne en permettant à l'Union :

- de légiférer afin d'harmoniser le fonctionnement du marché de l'énergie ;
- de renforcer la sécurité de l'approvisionnement énergétique des États membres de l'Union ;
- de promouvoir les économies d'énergie et le développement des énergies nouvelles et renouvelables.

C'est au travers des programmes budgétaires que l'on peut voir l'étendue des compétences et plus particulièrement des compétences exclusives, objet de ce chapitre.

PROGRAMMES DES DIFFÉRENTES POLITIQUES

Une mission est créée à l'initiative de la Commission, qui présente le budget de l'UE. Elle peut relever d'un seul commissaire ou de plusieurs. La mission regroupe un ensemble d'actions concourant à une même politique publique.

Les politiques de mission

- Cohésion pour la croissance et l'emploi (réduire les inégalités de richesse entre les régions et favoriser le développement régional)
- Compétitivité (recherche, innovation, formation, éducation, réseaux d'information)
- Aides directes et mesures de marché (politique agricole commune - PAC - et politique de la pêche)
- Développement rural et mesures environnementales
- Dépenses administratives
- L'UE acteur mondial (aides au développement, humanitaire, politique étrangère et de sécurité, politique de voisinage)
- Liberté, sécurité et justice
- Citoyenneté (consommateurs, culture, jeunesse)

Les politiques d'action

- Politique commerciale : le marché intérieur
- Politique de développement régional (cohésion économique et sociale)
- Politique d'aide au développement
- Politique de concurrence (accords anticoncurrentiels, abus de position dominante, contrôle des concentrations d'entreprises, libéralisation - ouverture des marchés, contrôle des aides de l'État)
- Politique agricole commune
- Politique sociale

QCM

Dans cet exercice, la question peut appeler une ou plusieurs bonnes réponses, voire toutes ou aucune.

❶ La répartition des compétences entre UE et États membres relève :
a. De négociations pluriannuelles entre États membres
b. Du traité de Rome (1957)
c. Du traité de Lisbonne (2009)
d. Aucune réponse

❷ Le principe de subsidiarité se définit comme :
a. La responsabilité d'une action publique revenant à l'entité compétente la plus proche de ceux qui sont directement concernés par cette action
b. Un principe fondateur de la construction européenne
c. Un principe complémentaire du principe de complémentarité
d. Aucune réponse

❸ Les politiques exclusives dont l'UE dispose sont notamment :
a. La politique commerciale commune
b. La politique fiscale
c. L'établissement des règles de concurrence
d. La protection et l'amélioration de la santé humaine

❹ Les États membres peuvent-ils modifier une norme issue d'une compétence exclusive ?
a. Oui
b. Non

❺ Le traité de Lisbonne dispose que :
a. Le champ des compétences exclusives est restreint
b. Le champ des compétences exclusives est étendu à la sécurité et l'énergie
c. Le champ des compétences exclusives reste inchangé
d. Aucune réponse

Corrigé

❶ c.

❷ a, b, c.

❸ a, c.

❹ b.

❺ c.

9. Les compétences partagées et de soutien

Comme évoqué précédemment, la question de la définition et de la répartition des compétences entre États membres et institutions de l'UE est la réalité des rapports de force qui se jouent. Aux premiers temps de la construction européen, cela aboutissait à des compétences qui pouvaient relever des uns ou des autres. Cette situation source de conflits fut clarifiée fin décembre 2009 avec l'entrée en vigueur du traité de Lisbonne, dit TFUE. Depuis, les compétences partagées (article 4 du TFUE) et de soutien (article 6) sont le pendant des compétences exclusives: d'un côté, une primauté des institutions européennes dans le processus législatif; de l'autre, des États qui restent, *a priori*, maîtres des domaines économiques et sociaux. Cependant, derrière les intitulés, la réalité est plus complexe, particulièrement lorsque l'on évoque la question de la souveraineté des États membres.

1. Le respect de la subsidiarité : un partenariat « États membres – UE »

Le **principe de subsidiarité**, parmi les plus importants de la construction européenne, est une maxime politique et sociale selon laquelle **la responsabilité d'une action publique**, lorsqu'elle est nécessaire, **revient à l'entité compétente la plus proche de ceux qui sont directement concernés par cette action**. Les compétences partagées évoquées dans le TFUE sont la marque concrète de ce principe: l'Union dispose d'une compétence « partagée » avec les États membres. Dès lors, l'UE et les États membres sont habilités à adopter des actes contraignants dans les domaines suivants:

- le marché intérieur ;
- l'agriculture et la pêche, à l'exclusion de la conservation des ressources biologiques de la mer ;
- les transports et l'énergie ;
- la politique sociale, pour les aspects définis dans le présent traité (TFUE) ;
- l'environnement et la protection des consommateurs ;
- les enjeux communs de sécurité en matière de santé publique, pour les aspects définis dans le présent traité ;
- la cohésion économique, sociale et territoriale ;
- l'espace de liberté, de sécurité et de justice ;
- les réseaux transeuropéens.

Cependant, les États membres ne peuvent exercer leur compétence que dans la mesure où l'UE n'a pas exercé la sienne ou a décidé de ne pas le faire. Cette remarque d'importance a pu entraîner une sorte de compétition entre les différentes parties prenantes arbitrée par la Cour de justice. Ce fut le cas notamment lors de la création d'un ciel unique européen pour lequel le rôle central de la Commission fut consacré : l'ouverture à la concurrence de l'espace aérien devait être uniformisée par un seul acteur plutôt que neuf à l'époque.

Deux cas particuliers apparaissent. Dans les domaines de la recherche, du développement technologique et de l'espace, l'Union dispose d'une compétence pour mener des actions, notamment pour définir et mettre en œuvre des programmes, sans que l'exercice de cette compétence ne puisse avoir pour effet d'empêcher les États membres d'exercer la leur. Il en est de même dans les domaines de la coopération au développement et de l'aide humanitaire, l'Union dispose d'une compétence pour mener des actions et une politique commune.

Par ailleurs, le TFUE envisage des compétences d'appui (article 6 du TFUE). En effet, l'UE peut intervenir pour soutenir, coordonner ou compléter l'action des États membres dans un certain nombre de domaines qui touchent principalement à la santé, l'éducation et la culture, autant de secteurs qui peuvent être ressentis comme relevant du seul État national. Elle n'y dispose donc pas de pouvoir législatif et ne peut pas interférer dans l'exercice de ces compétences réservées aux États membres. Les actes juridiquement contraignants adoptés par l'UE dans ces domaines ne peuvent pas comporter d'harmonisation des dispositions législatives et réglementaires des États membres.

L'Union dispose dans ces domaines d'une compétence pour mener des actions pour appuyer, coordonner ou compléter l'action des États membres, dans leur finalité européenne (promotion de comportements sanitaires, d'un tourisme européen n'excluant aucun territoire, etc.).

2. Le traité de Lisbonne consacre l'importance de ces compétences partagées et d'appui

Ce traité fondamental a été souhaité pour prendre la mesure du rejet du traité constitutionnel de 2005 par la France puis les Pays-Bas. Il donne un certain nombre de nouvelles compétences à l'UE qui, sans être des compétences exclusives, entrent dans les catégories des :

- « compétences partagées », comme l'espace et l'énergie ;
- « actions d'appui, de coordination ou de complément », comme la protection civile, la propriété intellectuelle, le tourisme, la coopération administrative et le sport.

C'est la procédure législative ordinaire (codécision avec le Parlement et majorité qualifiée au Conseil des ministres) qui s'appliquera à ces domaines. La logique d'harmonisation et donc d'approfondissement du marché intérieur reste donc très présente, même en dehors de compétences exclusives.

Ce qui peut être considéré comme une véritable révolution, particulièrement quand on envisage que les questions énergétiques deviennent une compétence partagée : à l'heure du dérèglement climatique et des rapports parfois tendus avec certains fournisseurs d'énergies fossiles, le rôle d'harmonisation, si ce n'est d'unification, de la Commission s'en trouve renforcé.

Ainsi, le traité de Lisbonne ouvre les perspectives d'une véritable politique de l'énergie européenne en permettant à l'Union :

– de **légiférer afin d'harmoniser le fonctionnement du marché de l'énergie** ;

– de **renforcer la sécurité de l'approvisionnement énergétique des États membres de l'Union** ;

– de **promouvoir les économies d'énergie et le développement des énergies nouvelles et renouvelables.**

Par ailleurs, le traité de Lisbonne a envisagé une nouveauté juridique en permettant d'accroître le rôle de l'Union dans certains domaines, notamment dans celui de « la liberté, la sécurité et la justice ». Ainsi, **l'article 82 du traité sur le fonctionnement de l'Union européenne permet à l'Union européenne d'introduire dans le droit pénal des États membres**, et par la voie de directives, **des lois pénales universelles.** L'article 82 concerne plus précisément la reconnaissance mutuelle des jugements et décisions judiciaires.

L'article 82 du TFUE est pertinent dans le cadre du droit pénal, car il s'inscrit dans les deux logiques d'intervention de l'Union européenne : l'harmonisation (intégration positive) et le rapprochement (intégration par la négative, les moyens de mise en œuvre de leurs obligations étant dans ce cas laissés aux États membres). Le terme « rapprochement » ne doit toutefois pas être interprété comme empêchant l'harmonisation. Les États membres ont alors un délai de deux mois pour introduire ces dispositions pénales dans leur droit pénal respectif, sous peine de contraventions ou de mise en jeu de la responsabilité de l'État défaillant. Ces directives ont une nature obligatoire et impérative.

Ces compétences sont le pendant des précédentes dans le respect des principes fondateurs (la proportionnalité mais surtout la subsidiarité) et n'évitent pas le débat sur les renoncements à la souveraineté.

QCM

Dans cet exercice, la question peut appeler une ou plusieurs bonnes réponses, voire toutes ou aucune.

❶ **Le principe de subsidiarité :**
a. Est un principe fondateur de la construction européenne
b. Encadre les pouvoirs de proposition de la Commission européenne
c. Consacre la répartition des compétences entre « exclusives » et « partagées »
d. Aucune réponse

❷ **Les compétences partagées concernent :**
a. L'union douanière
b. Les réseaux transeuropéens
c. La conservation des ressources biologiques de la mer
d. La politique agricole commune

❸ **Les compétences d'appui concernent :**
a. La politique sociale
b. La politique commerciale commune
c. La culture
d. La santé

❹ **Les compétences partagées intègrent la logique d'harmonisation :**
a. Vrai
b. Faux

❺ **Le traité de Lisbonne modifie la répartition des compétences :**
a. En créant de nouvelles compétences exclusives
b. En privilégiant de nouvelles compétences partagées
c. En introduisant une nouvelle catégorie d'action de l'UE avec l'article 82 du TFUE
d. Aucune réponse

Corrigé

❶ **a, b, c.**

❷ **b, d.**

❸ **c, d.**

❹ **a.**

❺ **b, c.**

10. La zone euro

À partir des expériences passées, l'idée de la Communauté économique européenne (CEE) est d'abord de créer un grand marché commun puis unique au niveau européen. La perspective d'une monnaie commune (l'ECU) devait, dès lors, faciliter les échanges de biens et services et préparer à l'introduction d'une monnaie unique permettant aussi aux personnes de bénéficier d'un marché sans frais de change.

Les traités de Maastricht (1992) et d'Amsterdam (1997) sont considérés comme fondateurs d'une zone monétaire intégrée à l'Union européenne : la zone euro, parfois appelée eurozone, est cette zone monétaire qui regroupe les États membres de l'Union européenne qui ont adopté l'euro (EUR, €) comme monnaie. Sur les vingt-sept États membres de l'UE, dix-neuf utilisent l'euro. On évoque aussi une Union économique et monétaire (UEM).

1. La création de la zone euro

Le projet de créer une monnaie unique apparaît dans les années 1970 avec les turbulences économiques dues aux surplus de la politique agricole commune, le premier choc pétrolier et l'impossibilité de mettre en place un système de taux de change contrôlable.

La création de la **Communauté économique européenne (CEE)** en 1957, qui supprimait les obstacles à la circulation des biens et marchandises, devait naturellement aboutir, après avoir mis en place le marché commun et l'union douanière, à une union économique et monétaire. Lancé en 1986, le **marché unique** renforce cette intégration en instaurant les « quatre libertés » (circulation des biens, des services, des capitaux et des personnes).

La décision de créer l'euro a été officialisée lors du traité de Maastricht. Lors des négociations, les responsables savent qu'économiquement la constitution de la zone euro est un défi, car, suivant les travaux de Robert Mundell dans les années 1950, pour que des pays aient intérêt à avoir une même monnaie, ils doivent :

- être intégrés économiquement ;
- ne pas avoir des économies qui réagissent trop différemment aux chocs économiques ;
- avoir des mécanismes aptes à remédier aux divergences existantes ou pouvant apparaître.

Ces difficultés économiques et politiques se sont matérialisées dès 1978 avec les négociations autour de la relance d'un système monétaire européen et le projet d'une monnaie commune, l'ECU. Parmi les neuf membres, les Allemands de l'Ouest veulent une unité de compte européenne pour les banques centrales et commerciales. À l'inverse, la France estime que l'ECU est la personnification monétaire de l'Europe. Le traité de Maastricht reprend ce débat : certains États décident d'aller encore plus loin en créant une « Union économique et monétaire » et une monnaie unique, **l'euro**. Celle-ci entre en circulation en 1999, avec pour objectif de faciliter à nouveau les échanges entre ses membres. Cette union donne notamment naissance à la Banque centrale européenne (BCE), chargée de contribuer à la stabilité des prix en limitant l'inflation. Elle s'accompagne par ailleurs d'un « **pacte de stabilité et de croissance** », qui impose aux États membres de maintenir leur déficit et leur dette publics en deçà d'un certain niveau (respectivement 3 % et 60 % du PIB). Vingt pays sont aujourd'hui membres de la zone euro (la Croatie étant devenue membre au 1er janvier 2023). Certains pays ont délibérément choisi de ne pas y participer (Danemark, Bulgarie, Croatie, République Tchèque, Hongrie, Pologne, Roumanie et Suède), tandis que les autres ne satisfont pas encore les critères économiques pour la rejoindre.

2. Les débats autour de l'économie européenne et de l'euro

L'économie européenne concentre une grande partie des débats sur l'UE. Si celle-ci est sans conteste parvenue à devenir une puissance économique mondiale, son principal insuccès de ce point de vue réside dans la persistance, voire l'accroissement depuis la crise, des **inégalités** entre États membres et plus particulièrement au sein de la zone euro.

La crise économique et financière de 2008 a mis en lumière un certain nombre de lacunes dans la coordination économique des États européens : manque de convergence entre les économies, mécanismes de solidarité inefficaces, faiblesse des banques commerciales et – certainement le point le plus polémique – le manque à cette union monétaire d'une **union budgétaire** permettant des transferts financiers plus importants. Cependant, on peut relever que l'union bancaire est un processus largement en cours : le rôle de la Banque centrale a été élargi en 2014 au contrôle des établissements bancaires de la zone euro dont le bilan est supérieur à 30 milliards d'euros. Cet accord concerne 130 banques européennes.

Le débat porte, d'une part, sur la **sortie de l'euro**, ou pour le moins sa transformation en monnaie commune, en s'inspirant de l'ECU. Cette solution est envisagée par un certain nombre de partis, bien que la plupart des économistes s'accordent à dire qu'un tel scénario serait extrêmement dommageable pour le pays en question. La question a été tout particulièrement posée pour la Grèce en profonde crise et réapparaît également lors de toutes les campagnes électorales.

À l'inverse, d'aucuns plaident pour un **renforcement de la zone euro**. Le sujet est notamment à l'étude de la réflexion des États membres sur l'avenir de l'Union européenne à vingt-sept et compte parmi les souhaits du nouveau président français. Au nombre des évolutions régulièrement évoquées figure la création d'un ministre des Finances, d'un Parlement et d'un budget spécifiques à la zone euro.

Il s'agirait d'établir **une stratégie de convergence** dont les fonds proviendraient d'un budget spécifique de la zone euro, qui serait financé par les États membres et disponible sous des conditions précises.

Les propositions pour un renforcement de la zone euro

Un **rôle accru pour le Parlement européen et les Parlements nationaux**, la **création d'un ministre des Finances** et de la trésorerie au sein de la Commission européenne	Un **fonds monétaire européen** avec des capacités de prêt et d'emprunt adéquates ainsi qu'un mandat clairement défini pour absorber les chocs économiques
Une **capacité budgétaire financée par ses membres** dans le cadre du budget de l'UE	Une **convergence de cinq ans** sur la fiscalité, le marché du travail, l'investissement, la productivité et la cohésion sociale

À la suite des festivités pour les soixante ans du traité de Rome, l'idée de créer un budget pour la zone euro serait un grand pas en avant pour atteindre l'objectif des Pères fondateurs de ce qui est devenu l'UE. La crise économique et financière de la Grèce a démontré – trop tardivement pour certains – que, en faisant preuve de solidarité envers les États membres confrontés à une crise exceptionnelle et en anticipant les chocs macroéconomiques qui peuvent toucher la zone euro dans son ensemble, un budget commun exploiterait pleinement les avantages de la monnaie, tout en contribuant à parvenir au plein emploi au sein de l'Union.

QCM

Dans cet exercice, la question peut appeler une ou plusieurs bonnes réponses, voire toutes ou aucune.

❶ La zone euro est :

a. Instaurée par le traité de Maastricht
b. Composée de vingt-huit États membres
c. Une Union économique et monétaire
d. Assortie d'une union budgétaire

❷ L'ECU est considéré comme une « monnaie commune » à la disposition des banques centrales et des sociétés financières :

a. Vrai
b. Faux

❸ Le pacte de stabilité et de croissance :

a. Est aussi appelé « critères de Maastricht » puisqu'il fixe les conditions économiques et juridiques pour pouvoir adhérer à la zone euro
b. Impose des objectifs aux États qui souhaitent rejoindre la zone euro
c. Est une contrainte, notamment budgétaire, pour les États membres de cette zone monétaire
d. Aucune réponse

❹ La Banque centrale européenne (BCE) est :

a. Une institution de l'UE créée en juin 1998
b. Le successeur de l'Institut monétaire européen (IME). Ce dernier avait été créé par le traité de Maastricht pour préparer la mise en place d'une banque centrale transnationale et d'une politique monétaire commune
c. Chargée de gérer la monnaie unique, d'assurer la stabilité des prix et de mener la politique économique et monétaire de l'UE
d. Devenue, suite à la crise financière de 2008, l'organe de supervision du système bancaire de détails

❺ L'avenir de la zone euro fait l'objet de débats sur :

a. Une alternative entre approfondissement et rejet de cette union monétaire
b. L'approfondissement de cette zone vers une union budgétaire
c. La sortie complète de la zone monétaire et le rétablissement des monnaies nationales
d. Une proposition de réforme institutionnelle avec notamment plus de solidarité entre États membres

Corrigé

❶ a, c.

❷ a.

❸ a, b, c.

❹ a, b, c, d.

❺ a, b, c, d.

11. La possibilité d'une sortie de l'UE

L'idée de la Communauté économique européenne (CEE), poursuivie par les traités de Maastricht (1992) et d'Amsterdam (1997), fondateurs de l'Union européenne (UE) comme union économique, monétaire et politique, n'envisageait pas que l'on puisse s'en retirer. Cependant, plus avançait l'élargissement de cette UE, plus se posait la question de la communauté des objectifs : déjà, les négociations autour de l'euro avaient montré que les États membres pouvaient ne pas être volontaires pour suivre tous les projets d'intégration. Dès lors, le traité de Nice, en voulant prévoir les conséquences institutionnelles du grand élargissement à vingt-cinq puis les suivants, avait posé cette question : comment organiser le retrait d'un État membre suite à sa décision ou pour le sanctionner de ne plus respecter les valeurs communes ?

1. Prévoir une sortie de l'Union européenne

La construction européenne faite de conférences intergouvernementales préparant les traités européens était marquée par une logique en progression et cumulative sans évoquer la possibilité pour l'un des États membres de dénoncer ces traités et de se retirer de la Communauté comme de l'Union. Ce n'est véritablement qu'après l'échec du traité constitutionnel européen et les référendums français et néerlandais que fut envisagée cette possibilité. Le traité de Lisbonne qui s'ensuivit reconnut explicitement aux États membres le droit de sortir de l'Union, comme il consacrait la possibilité d'une « Europe à la carte ». Avec ce traité de Lisbonne, le caractère international des traités est accentué. Reprenant sur ce point le texte du traité constitutionnel, **un droit de retrait volontaire** est désormais accordé à chaque État membre à l'article 50 du traité sur l'Union européenne (TUE). L'existence de ce droit, dont la procédure de mise en œuvre est peu contraignante, indique une nouvelle fois que l'Union se fonde sur la libre volonté des États membres.

L'article 50 du TUE encadre les conditions d'une sortie d'un État membre de l'Union européenne. L'État qui décide de se retirer notifie son intention au Conseil européen. L'Union négocie alors avec cet État un accord fixant les modalités de son retrait, que le Conseil conclut ensuite à la majorité qualifiée, après approbation du Parlement européen.

S'il s'agit d'un retrait, certes négociable, la mise en œuvre relève d'une décision souveraine et unilatérale de l'État. Dès lors, cet article ouvre une controverse : la dynamique constitutionnelle de la construction européenne et la supposée irréversibilité de la participation à l'Union européenne ne pouvaient coexister avec cette clause de sortie, caractéristique essentielle des confédérations. Elle permet pourtant de rassurer les États membres et les opinions publiques les moins enthousiastes envers la construction européenne et de couper court à certaine rhétorique sur le thème de l'Union prison. Par-dessus tout, **ce droit de retrait permet de placer chaque État devant ses responsabilités**. Dans cette même logique, l'article 50 du TUE constitue une solution de remplacement au recours à la différenciation au sein de l'Union européenne, cette Europe à la carte que de plus en plus d'États souhaitaient au risque véritable d'un éclatement de fait de l'Union.

Les États sont toujours restés souverains, car le régime juridique du traité de Lisbonne, comme celui des traités qui l'ont précédé, demeure soumis au droit international public : **les États membres restent les maîtres des traités européens**, avec d'autant plus de force si l'on met en évidence la volonté de certains États signataires d'affaiblir la dynamique constitutionnelle de l'Union européenne.

La question du retrait de l'Union européenne se distingue de celle de **la suspension d'un État membre de l'Union européenne**.

L'article 7 du traité sur l'Union européenne permet de suspendre les droits d'appartenance à l'Union européenne (UE) (tels que les droits de vote au Conseil) d'un pays qui enfreint de manière grave et persistante les principes fondateurs de l'UE (liberté, démocratie, respect des droits de l'homme et des libertés fondamentales et état de droit). Néanmoins, les obligations de ce pays en vertu de son appartenance à l'UE demeurent contraignantes.

En vertu de l'article 7, sur proposition d'un tiers des pays de l'UE, de la Commission ou du Parlement européen, le Conseil peut conclure qu'il existe **un risque évident d'infraction grave à ces principes fondamentaux** dans un pays de l'UE et peut lui adresser les recommandations qui s'imposent. Cette décision se prend à la majorité de quatre cinquièmes de ses membres et avec le consentement du Parlement européen. Cette procédure avait été imaginée après les tensions entre l'UE et l'Autriche, en 2000, lorsque l'extrême droite était au pouvoir à Vienne.

Deux procédures au titre de l'article 7 du TUE avaient été initiées : celle du 20 décembre 2017 suite à une initiative de la Commission contre la politique judiciaire en Pologne ; celle initiée par un vote du Parlement européen le 12 septembre 2018 contre les atteintes de la Hongrie à son système électoral et constitutionnel, d'une part, et aux libertés individuelles, d'autre part.

Bien consciente que cette sanction reste une menace théorique faute d'une majorité suffisante au Conseil européen, la Commission européenne envisage déjà de nouveaux moyens de pression. L'idée circule notamment de **conditionner l'accès aux fonds structurels européens au respect des valeurs et des décisions de l'UE**. Cette situation a trouvé son épilogue lors du Conseil européen du 20 juillet 2020 : en contrepartie de leur soutien au plan de relance de 750 milliards d'euros, les deux États concernés ont obtenu que les procédures à leur encontre soient abandonnées. Mais ils n'ont pu éviter que tout accès à des aides économiques et financières soient soumises au respect de l'état de Droit. Ces deux États ne sont plus ouvertement mis à l'index, mais restent sous pression des autres parties prenantes de l'UE.

2. Le cas d'école du Brexit

Législatives de 2015	Le Premier ministre conservateur David Cameron promet d'organiser, au plus tard en 2017, un référendum sur le maintien ou non du Royaume-Uni dans l'Union européenne. Cette promesse électorale du Premier ministre, pourtant hostile au retrait du Royaume-Uni de l'UE, a pour but de contrer la montée des mouvements anti-européens dans le pays.
23 juin 2016	Lors du référendum du 23 juin 2016, les Britanniques choisissent de quitter l'Union européenne, avec 51,9 % des suffrages exprimés et 72 % de participation.
13 juillet 2016	Désavoué par la consultation populaire, David Cameron, qui a milité contre le Brexit, présente sa démission du poste de Premier ministre à la reine, qui confie cette charge à Theresa May.
29 mars 2017	Theresa May est chargée de mener la procédure du retrait du Royaume-Uni de l'Union européenne. Elle déclenche **l'article 50** du traité sur le fonctionnement de l'Union européenne qui régit les conditions du retrait volontaire d'un État membre de l'Union européenne. **C'est la première fois que cette procédure est enclenchée**.
	Des négociations officielles entre l'UE et le Royaume-Uni se sont engagées en vue d'un accord fixant les modalités de ce retrait ainsi que le cadre des relations futures entre les deux parties. Le Brexit sera effectif à la date d'entrée en vigueur de l'accord ou, s'il n'y a pas d'accord, dans les deux ans à dater de la notification de retrait, soit au plus tard le **29 mars 2019**.
8 décembre 2017	Une étape importante dans les négociations a été franchie avec la conclusion d'un accord financier d'un montant d'environ 40 milliards d'euros et l'acceptation de garanties sur le futur statut des ressortissants européens installés au Royaume-Uni. Les progrès dans les domaines jugés fondamentaux (facture du retrait, droits des ressortissants européens au Royaume-Uni notamment) ont été validés par le Conseil européen, permettant la seconde phase de négociations sur la future relation entre l'UE et le Royaume-Uni.
31 janvier 2020	Enfin, les Vingt-Sept s'accordent le 29 janvier 2018 sur les conditions de la période de transition post-Brexit, qui s'étalerait sur vingt et un mois, à partir du 31 janvier 2020, date officielle de la sortie ordonnée du Royaume-Uni. Celle-ci permettrait aux deux parties de préparer leurs futures relations, notamment au moyen d'accords commerciaux. Cependant,

les discussions, toujours en cours, restent tendues et butent principalement sur la question des relations commerciales entre les deux parties. Faute d'accord avant le 31 décembre 2020, Britanniques et Européens se quitteraient en appliquant dans leurs échanges commerciaux les règles de l'Organisation mondiale du commerce et leurs droits de douane élevés dès le 1er janvier 2021.

QCM

Dans cet exercice, la question peut appeler une ou plusieurs bonnes réponses, voire toutes ou aucune.

1 Le droit de retrait volontaire :

a. N'est envisagé que tardivement dans la construction européenne
b. Est prévu pour sanctionner un État membre qui ne respecte pas les droits fondamentaux de l'UE
c. Sera pour la première fois mis en œuvre pour le retrait du Royaume-Uni
d. Est considéré comme une solution de remplacement à la construction européenne à la carte

2 Le traité de Lisbonne modifiant le traité de l'Union européenne prévoit :

a. Un droit de retrait volontaire à son article 50
b. Une procédure de suspension d'un État membre à son article 7
c. Un rôle prépondérant du Conseil européen pour le retrait ou la suspension d'un État
d. La consultation du Parlement

3 La suspension d'un État membre de l'UE :

a. Prévoit la sanction d'un risque majeur pour les droits fondamentaux de l'UE
b. Est une procédure longue et incertaine, car elle réclame une majorité qualifiée au Conseil européen
c. Est déjà activée pour deux États membres, la Pologne et la Croatie
d. Aucune réponse

4 Le Royaume-Uni a décidé son retrait volontaire de l'Union européenne suite à un vote solennel des deux chambres de son Parlement :

a. Vrai
b. Faux

5 Le Brexit :

a. Entérine la sortie du Royaume-Uni de l'UE
b. Fait l'objet de négociations compliquées à propos notamment du sort de l'Irlande du Nord et des ressortissants européens sur le sol britannique
c. Coûtera au Royaume-Uni la somme de 60 milliards d'euros
d. Sera effectif dès mars 2019

Corrigé

1 a, c, d. **2** a, b, c, d. **3** a, b. **4** b. **5** a, b, d.

12. Quelle Europe après le Brexit ?

La décision du corps électoral britannique de quitter l'UE renvoie la construction européenne à des défis politiques majeurs, notamment améliorer sa capacité à agir, restaurer la confiance des citoyens et faire en sorte que la zone euro soit plus résistante aux chocs extérieurs. Pour aller plus loin, l'UE semble devoir se réformer plus en profondeur pour répondre à la question de son avenir institutionnel et des tensions importantes entre les pays membres, notamment sur la question de l'immigration et de l'asile, plus globalement sur la logique fondamentale de la solidarité nécessaire dans un tel regroupement d'États. Parce que l'entrée et le séjour de ressortissants étrangers sur un territoire national est un domaine hautement sensible, sur lequel les États européens maintiennent aujourd'hui un grand nombre de prérogatives souveraines, ce dossier est hautement symbolique de la ligne directrice que l'UE doit se choisir.

1. Retrouver une dynamique : entre approfondissements et élargissements

Alors que le Parlement européen validait la révision, tant débattue, de la directive « travailleurs détachés » et pouvait laisser penser à une continuité dans l'approfondissement de l'intégration économique e sociale, le débat autour de la politique européenne d'immigration et d'asile divise profondément les États membres. Même si, depuis les années 1980, les États ont développé une importante coopération en matière de liberté de circulation, de contrôle aux frontières, d'asile et d'immigration, la question migratoire pose la question des relations institutionnelles, d'une part, et de la volonté de poursuivre la construction européenne, d'autre part.

Le premier « outil » à la disposition des États est de **tirer tout le parti de l'actuel traité de Lisbonne** :

Le Conseil des ministres devient une véritable seconde chambre législative avec des instances préparatoires à l'image des commissions du Parlement.	Chaque État membre nomme au moins trois candidats, représentant les deux sexes, pour pourvoir le poste de « son » commissaire.
Le Conseil passe entièrement au vote à la majorité qualifiée, afin d'éviter de bloquer des projets législatifs importants et d'accélérer le processus législatif.	Un Conseil des ministres de la défense permanent est créé dans le but de coordonner les politiques de défense des États membres.

La seconde étape serait la possibilité d'aller au-delà de ces outils actuellement disponibles ou de leur éventuelle meilleure utilisation. Il s'agirait d'**une réforme en profondeur du traité de Lisbonne** :

Créer un poste de ministre européen des Finances et donner à la Commission européenne le pouvoir de formuler une politique économique commune soutenue par un budget de la zone euro.	Fixer un siège unique pour le Parlement européen dont l'activité se répartit sur les trois capitales européennes.
Réduire nettement la taille du collège des commissaires européens, notamment en réduisant le nombre de vice-présidents à deux.	Élection dans chaque État membre pour les candidats en tête de liste des partis politiques au poste de président de la Commission.

En effet, dès le premier élargissement, différentes conceptions se sont affrontées sur la priorité à donner entre élargissement et approfondissement. Ces positions divergentes, aplanies par des élargissements entre « États d'Europe occidentale » à l'économie assez proche et complémentaire, sont réapparues lors des élargissements de 2004 et 2007. Ces expériences d'élargissements, la situation des nouveaux pays candidats et des candidats potentiels, ou la conjoncture économique des États membres, constituent autant de facteurs pouvant remettre en cause la construction européenne. *A minima*, elles sont à l'origine de la modification de la stratégie concernant les élargissements futurs. Les « critères de Copenhague », sans être remis en cause (ils ont été institutionnalisés par le traité de Lisbonne), se doivent d'être combinés avec **la capacité de l'Union à assimiler de nouveaux membres**.

Les États membres se veulent plus pragmatiques dans leur approche : la capacité d'intégration se mesure à la faculté de l'UE d'accueillir de nouveaux membres tout en continuant à fonctionner de manière efficace. Il s'agit d'un concept fonctionnel (capacités économique, sociale) et non seulement géographique et politique (construire une Europe continentale). Cette évolution ne doit toutefois pas aboutir à ce que cela devienne une condition préalable à l'adhésion.

2. L'évolution institutionnelle

L'idée d'une Europe à multiples facettes, dans ce contexte politique et social tendu, fait son chemin : la possibilité d'aller plus loin pour certains États sans en être empêchés par d'autres.

Cette idée d'un mode d'intégration différenciée, qui pourrait permettre la poursuite d'objectifs communs par un groupe de pays de l'UE à la fois capables et désireux de progresser, implique l'idée que les autres peuvent suivre ultérieurement.

Cela passe par plusieurs modalités :

- Une **Europe à géométrie variable** : cette méthode d'intégration différenciée dans l'Union européenne doit permettre à des groupes de pays d'atteindre un objectif donné tout en autorisant ceux opposés au projet à ne pas y participer.

- Une **coopération renforcée** : un minimum de neuf États membres de l'UE sont autorisés à établir une intégration ou une coopération accrue dans un domaine, sans la participation des autres pays. Depuis février 2013, cette procédure est utilisée pour le droit du divorce ou des brevets, et envisageable pour la taxe sur les transactions financières. L'autorisation de coopération renforcée est accordée par le Conseil, sur proposition de la Commission et après approbation du Parlement européen

Cette **Europe « à la carte »** serait donc la combinaison de ces modalités. D'une part, c'est une intégration différenciée selon laquelle les différents pays de l'UE sélectionnent les domaines politiques auxquels ils souhaitent participer. D'autre part, l'intégration de chaque pays aurait lieu à des niveaux différents (à géométrie variable) ou à un rythme adapté (à vitesses multiples). Ce concept est déjà appliqué pour la zone euro. Malgré tous les débats sur l'avenir de l'Union européen, on peut rappeler que les chefs d'État ou de gouvernement, réunis le 25 mars 2017 à Rome, en Italie, pour célébrer le soixantième anniversaire des traités de Rome, ont adopté et signé la déclaration de Rome. Cette vision commune évoque : « Notre chance, c'est d'être unis. L'Europe est notre avenir commun. »

QCM

Dans cet exercice, la question peut appeler une ou plusieurs bonnes réponses, voire toutes ou aucune.

❶ La construction européenne est l'objet d'une :
a. Permanente remise en cause
b. Remise en cause accrue par la crise économique et migratoire
c. Recherche de solutions institutionnelles
d. Série de propositions concrètes de flexibilité de son fonctionnement

❷ Les différents élargissements ont pu :
a. Créer des débats sur la priorité entre élargissement et approfondissement
b. Remettre en cause les critères dits de Copenhague
c. Imposer que ces critères soient assortis d'une condition de « capacité d'assimilation »
d. Aucune réponse

❸ La coopération renforcée :
a. Impose qu'un minimum de neuf États se déclarent intéressés par celle-ci
b. Nécessite l'autorisation de la Commission européenne
c. Permet une intégration à la carte dans tous les domaines d'action de l'UE
d. Est actuellement en œuvre dans les domaines de la défense et de la sécurité intérieure

❹ L'Europe à la carte :
a. Est une intégration différenciée pour permettre aux États membres d'approfondir leurs relations
b. Est actuellement utilisée pour la monnaie unique
c. Peut être une réponse aux défis actuels de l'Union européenne
d. Aucune réponse

❺ Le 25 mars 2017, à l'occasion des soixante ans du traité de Rome, l'avenir commun de l'Europe fut réaffirmé :
a. Vrai
b. Faux

Corrigé

❶ a, b, c, d.

❷ a, c.

❸ a, c.

❹ a, b, c.

❺ a.

Entraînement

Évaluez votre maîtrise du cours et entraînez-vous avec ces questions à réponse courte (QRC).

QRC N° 1

DIFFICULTÉ : ××× / DURÉE : 15 MIN

Sujet

Quelle pratique pour une Europe des traités ?

Comment aborder le sujet ?

La construction européenne est le fruit d'un enchaînement de six traités fondateurs et fondamentaux (de Rome signé en 1957 à Lisbonne en 2007). La question porte alors sur les différents objectifs de ces traités et leur portée.
Il est attendu de connaître, pour le moins, le contexte des négociations européennes aboutissant à un traité (l'enchaînement Amsterdam-Nice-Lisbonne) et les grandes lignes contenues dans ces traités.

Proposition de corrigé

L'Union européenne est fondée sur l'État de droit en vertu du droit international public : les États signataires du traité confient à l'entité internationale les outils juridiques pour les objectifs définis en commun. Cela signifie que toute action entreprise par l'UE découle des traités, qui ont été approuvés librement et démocratiquement par tous les États membres. Ainsi, si un domaine politique n'est pas cité dans un traité, la Commission ne peut pas proposer de légiférer dans ce domaine. La révision régulière des traités permet alors d'adapter les compétences des institutions aux conjonctures économiques, monétaires et sociales.

I - Les traités européens, fondations de l'Union européenne

Les traités européens sont des accords contraignants adoptés par tous les États membres de l'Union européenne. **Ils définissent les objectifs poursuivis par l'UE** (Rome, Acte Unique européen et Maastricht), **les règles de fonctionnement des institutions européennes** (Rome et Lisbonne), les **procédures à suivre** pour prendre des décisions et les relations entre l'UE et les États membres (Rome puis Lisbonne).

Ainsi, le traité sur l'Union européenne de Maastricht marque la fondation de l'Union européenne qualifiée de nouvelle étape. Le TUE englobe les Communautés européennes préexistantes en modifiant les traités les instituant (TCEE, traité Euratom et traité CECA), la nouvelle politique étrangère et de sécurité commune (PESC) et la coopération dans les domaines de la justice et des affaires intérieures.

II - Ces traités sont modifiés pour satisfaire à différents objectifs

Il a pu s'agir de renforcer l'efficacité et la transparence de l'UE, de procéder aux adaptations nécessaires pour accueillir de nouveaux États membres et d'élargir la coopération entre les pays de l'UE (Amsterdam) à de nouveaux domaines, comme la monnaie unique (Maastricht). Ainsi, le traité de Maastricht, en modifiant en profondeur le traité instituant la Communauté économique européenne, **traduit la volonté d'ajouter aux objectifs économiques initiaux des objectifs politiques, financiers et sociaux**. Les prémices de l'Union européenne sont ainsi évoquées.

Cette construction n'est pas exempte d'échec dans la volonté d'approfondissement: l'exemple du traité constitutionnel européen en 2004 est tout à fait évocateur de la remise en cause (partielle?) de cette construction européenne.

QRC N° 2

DIFFICULTÉ : ××× / DURÉE : 30 MIN

Sujet

Le principe de subsidiarité

Comment aborder le sujet ?

La formulation du sujet, simple dans sa forme, met le candidat face à une recherche de problématique. Il existe une méthode qui peut être généralisable à un grand nombre de sujets: pratiquer un constat (les principes et les enjeux) puis évoquer la pratique (et ses limites).
Ce type de sujet permet autant de mesurer des compétences de forme (structuration du propos) que de fond (connaissances liées à la notion, notamment celles des principes fondamentaux du droit de l'Union et de la répartition des compétences entre institutions européennes et États membres).

Proposition de corrigé

L'Union européenne répond intrinsèquement au principe de subsidiarité: elle ne met en œuvre que les actions que les États ne pourraient conduire. Le terme de subsidiarité n'apparaît pas dans les premiers traités et il ne fait qu'une apparition marginale en 1986 dans l'Acte unique européen. Ce n'est que dans les années 1990 que se développe un réel intérêt pour cette notion, relevant à la fois d'une volonté de clarifier les compétences entre États membres et institutions européennes et d'un souhait polémique dans la remise en cause de la construction européenne en opposant la réalité nationale à la logique supranationale.

I - Le principe : la recherche d'efficacité

Le traité instituant la Communauté européenne disposait que la Communauté agit dans les limites des compétences qui lui sont conférées et des objectifs qui lui sont assignés. Ainsi, dans les domaines qui ne relèvent pas de sa compétence exclusive, **la Communauté n'intervient que lorsque l'action envisagée ne peut pas être réalisée de manière suffisante par les États membres**. La recherche d'une efficacité au niveau européen est ainsi la clé de répartition des possibilités d'action entre États membres et institutions européennes.

Le traité de Lisbonne consacre ce principe comme l'un des principes fondamentaux de l'Union, parallèlement aux principes d'attribution et de proportionnalité. **Le principe de subsidiarité** ne s'applique qu'aux compétences partagées entre l'Union et les États membres, comme l'environnement, la protection des consommateurs ou les transports. Les domaines faisant partie des compétences exclusives de l'Union, tels que l'union douanière, ou ceux faisant partie de la compétence des États membres, comme le droit de la nationalité, en sont exclus.

II - Le contrôle de l'application du principe

Le contrôle s'effectue à deux niveaux. D'une part, **le contrôle politique** oblige la Commission européenne, au moment où elle exerce son droit d'initiative en matière législative, **à justifier l'intervention communautaire** au regard du principe de subsidiarité.

D'autre part, **le traité de Maastricht** reconnaît à la Cour de justice des Communautés **la justiciabilité du principe de subsidiarité** devant elle. La CJUE n'exerce pas un contrôle d'opportunité pour ne pas interférer dans la fonction législative. Le traité de Lisbonne prévoit que les Parlements nationaux puissent demander à leurs gouvernements de saisir la CJUE en leur nom s'ils estiment qu'un acte juridique communautaire viole le principe de subsidiarité.

QRC N° 3

DIFFICULTÉ : XXX / **DURÉE :** 30 MIN

Sujet

Quel avenir de la zone euro ?

Comment aborder le sujet ?

Cette question est régulièrement posée, quel que soit le contexte économique : c'était l'objet du débat entre le président Sarkozy et la chancelière Merkel alors que le premier estimait que la valeur de l'euro était « trop forte » et remettait en cause la gouvernance de la politique de change de la Banque centrale européenne.
Le sujet proposé s'inscrit donc dans un historique et dans un contexte économique très particulier : les conséquences de la crise économique remettent-elles en cause l'Union économique et monétaire ? Le candidat doit donc être au clair avec l'actualité économique et maîtriser les mécanismes institutionnels de la zone euro, aussi appelée eurozone.

NOTE DU FORMATEUR

Le traitement du sujet est axé sur le débat récurrent sur l'avenir de la zone Euro. Ce débat est relancé à chaque crise économique d'importance, lors de la crise de dettes souveraines de la Grèce notamment, mais aussi par la nécessité d'approfondissement de l'Union.

Proposition de corrigé

La décision de créer l'euro a été officialisée lors du traité de Maastricht. Lorsque s'engagent les négociations, les responsables savent qu'économiquement la constitution de la zone euro est un défi. En effet, les conditions de cette union monétaire doivent certes permettre de prendre en compte et de gérer les asymétries entre pays européens, mais sont loin d'être remplies quand la monnaie unique fait son apparition dans les guichets bancaires automatiques. Même si ces divergences ne sont pas plus grandes qu'entre États américains, les mécanismes d'ajustement initialement prévus semblent dès l'origine trop faibles pour affronter des chocs systémiques. Rapidement, la question de l'adaptabilité de la zone euro est posée, pouvant parfois aller jusqu'à sa remise en cause.

I - Réformer pour un objectif économique

Il s'agit d'abord d'achever une **véritable union financière**. Pour que l'Union économique et monétaire soit effective et stable, l'intégration et le bon fonctionnement du système financier sont essentiels. Cela signifie que l'union bancaire encadrant la liberté sur le marché des capitaux doit être menée à son terme.

Par ailleurs, cet approfondissement de la politique monétaire doit reposer sur une véritable union économique et budgétaire. La révolution copernicienne n'est pas qu'économique : **il s'agit ici d'instaurer un véritable « exécutif » économique** en estimant qu'un marché unique et un espace commun doivent être régulés par une seule entité supranationale. La convergence des structures économiques et sociales des États membres dans le cadre de la zone euro est déjà un premier pas. Les États membres pourraient renforcer la coordination des politiques économiques ou la corrélation entre le soutien financier provenant du budget de l'UE et les réformes structurelles.

II - Réformer pour un objectif institutionnel

C'est essentiellement consolider **la responsabilité démocratique** et **renforcer les institutions** de la zone euro : de nombreux projets évoquent un véritable gouvernement de la zone euro qui n'existe pas pour l'instant, car cette zone n'existe que de fait et non en droit. Ainsi, pour que l'Union économique et monétaire soit plus forte, il faut que les États membres acceptent de partager, au sein d'un cadre juridique commun, davantage de compétences et de décisions sur les questions concernant la zone euro. Cela peut passer par les traités de l'UE et ses institutions, par une approche intergouvernementale, ou par un mélange des deux, comme c'est le cas aujourd'hui. L'idée d'un Trésor de la zone euro - avec éventuellement un budget de la zone euro - et d'un fonds monétaire européen est également publiquement débattue. Ce stade ultérieur de l'approfondissement de l'Union économique et monétaire, dans le cadre de l'UE, fera l'objet d'un débat relancé et accru après le départ volontaire du Royaume-Uni.

QRC N° 4

DIFFICULTÉ : ××× / DURÉE : 30 MIN

Sujet

Vous présenterez les objectifs poursuivis par la réforme du mode de désignation du Parlement européen et les résultats obtenus.

Comment aborder le sujet ?

RAPPEL DU FORMATEUR

Les élections européennes de 1979 qui ont eu lieu du 9 au 12 juin 1979 ont abouti à l'élection directe des 410 députés européens représentant les neuf États membres du Parlement européen.
Il s'agissait des premières élections européennes au suffrage universel direct pour le Parlement européen, les membres étaient auparavant désignés par les Parlements nationaux.

Ce sujet renvoie à une connaissance fine des mécanismes juridiques européens: mode de désignation des membres des institutions, rapports de pouvoir entre ces institutions. La formulation de la question, en revanche, induit une structuration des propos assez évidente: quels sont les objectifs? Et y a-t-on répondu?

Proposition de corrigé ?

Le traité de Rome de 1957 qui a institué la Communauté économique européenne prévoyait dès l'origine l'élection des membres du Parlement européen au suffrage universel en utilisant un système d'élection commun, la désignation des députés européens par les Parlements nationaux n'étant qu'une mesure temporaire. L'autre aspect de ce régime juridique envisage que les procédures d'élection du Parlement européen sont régies à la fois par la législation européenne, qui fixe des dispositions communes pour l'ensemble des États membres, et par des dispositions nationales, qui varient d'un État membre à l'autre. Les dispositions communes prévoient le principe de représentation proportionnelle ainsi que certaines incompatibilités avec le mandat de député au Parlement européen. De nombreuses autres dispositions importantes (par exemple, le système électoral précis et le nombre de circonscriptions) sont régies par le droit national. Cette logique duale respecte le principe de subsidiarité mais a aussi permis pendant vingt-deux ans de cantonner le Parlement européen dans un rôle le plus souvent consultatif.

I - Les modalités d'élection sur le principe de subsidiarité

Tout en décidant que le Parlement européen serait d'abord composé de députés désignés par les Parlements nationaux, les traités initiaux avaient prévu qu'il serait ultérieurement **élu au suffrage universel** direct. Il aura fallu plus de vingt années avant que le Conseil mette en œuvre cette disposition avant les premières élections directes de 1979. Cette décision a profondément modifié la position institutionnelle du Parlement européen et est le document fondateur **d'une Union qui se veut la plus démocratique possible**, en tenant compte de l'existence des États et de leurs Parlements nationaux.

Dès lors, l'évolution du rôle du Parlement est indissociable de cette réforme de son mode de désignation, jusqu'à sa consécration avec l'entrée en vigueur du traité de Lisbonne. D'une part, la procédure législative ordinaire occupe une place centrale dans le processus décisionnel de l'Union. Elle est basée sur le principe de la parité entre le Parlement européen et le Conseil et signifie qu'aucune de ces deux institutions n'est en mesure d'adopter un acte législatif sans le consentement de l'autre. Le rôle du Parlement européen en fait un véritable argument démocratique. D'autre part, en dehors de ces règles communes, les modalités électorales sont régies par des dispositions nationales qui peuvent être très différentes d'un État membre à l'autre au risque de ne pas donner de vision commune aux députés qui siégeront à Strasbourg et à Bruxelles.

II - L'amélioration permanente d'un système démocratique

D'une part, les efforts pour moderniser et « européaniser » la procédure électorale commune ont abouti en 1997 à une proposition de **procédure électorale uniforme**, mais la proposition de circonscription européenne (institution d'une circonscription unique européenne pour l'élection de 10 % des sièges) est toujours en débat.

D'autre part, le 22 novembre 2012, le Parlement européen avait adopté une résolution afin **de renforcer la légitimité politique du Parlement et de la Commission** : lors des élections de 2014, des têtes de liste ont été désignées, calquant l'élection du Parlement européen sur celle des grands régimes politiques parlementaires (Allemagne, Italie, Espagne). Après ce scrutin, l'une de ces têtes de liste, M. Jean-Claude Juncker, a été élu président de la Commission par le Parlement européen.

Enfin, le Parlement européen a approuvé en septembre 2018 de nouvelles mesures de modernisation de la loi électorale européenne. L'objectif de cette mise à jour est **d'encourager la participation des citoyens de l'UE aux élections européennes** et **de renforcer le caractère européen de la procédure**. L'une de ces mesures consiste à introduire un seuil obligatoire pour les circonscriptions de plus de trente-cinq sièges qui se situerait entre 2 % et 5 % des votes exprimés.

Le Parlement européen, pour continuer à asseoir sa légitimité démocratique et renforcer son pouvoir législatif (il est largement cantonné à un rôle de consultation dans les procédures législatives spéciales), souhaite voir apparaître une véritable élection européenne unique et non plus l'agrégat des résultats nationaux.

QRC N° 5

DIFFICULTÉ : ××× / DURÉE : 30 MIN

Sujet

La décennie 1974-1984

Analyse du sujet

La formulation du sujet, simple dans sa forme, met le candidat face à une recherche de problématique. Il existe une méthode qui peut être généralisable à un grand nombre de sujets : pratiquer un constat (les principes et les enjeux de cette décennie marquée par deux crises

économiques majeures) puis évoquer la pratique – et ses limites – d'une volonté d'approfondir la construction européenne.
Ce type de sujet permet autant de mesurer des compétences de forme (structuration du propos) que de fond (connaissances liées à la notion, notamment celles des principes fondamentaux du droit de l'Union et la répartition des compétences entre institutions européennes et États membres).

Éléments de corrigé

Entre 1974 et 1984, l'Europe vit d'énormes évolutions à la suite des crises économiques de 1973 et 1979, entraînant un réel approfondissement de la construction vers l'Union européenne (I). En 1984, la crise budgétaire trouve une première solution : le Royaume-Uni, qui estime verser trop d'argent pour le projet européen, voit une partie de sa contribution remboursée par ses partenaires, opérant ainsi un premier accroc à l'approfondissement de la construction européenne (II).

I – La nécessité d'approfondir la relation entre États européens

Sur fond de crise énergétique, les chefs d'État ou de gouvernement des Neuf se réunissent à Paris à l'invitation de Valéry Giscard d'Estaing, récemment élu président de la République. Lors de ce sommet de Paris, en marge des traités communautaires, le Conseil européen est institué. Désormais, les dirigeants européens soucieux d'améliorer leur coopération se rencontreront au moins trois fois par an pour déterminer ensemble les grandes orientations politiques. Par ailleurs, le principe de l'élection du Parlement européen au suffrage universel est également adopté. Ce Conseil européen deviendra une institution européenne de plein droit par le traité de Maastricht en 1993.
Le système monétaire européen (SME), créé en 1979, est la première étape de la mise en place d'une monnaie unique. La même année, le Parlement européen est élu au suffrage universel direct.
Enfin, le Conseil européen aboutit au Luxembourg à un accord politique le 2 décembre 1985 qui ouvre la voie à l'adoption de l'Acte unique européen en 1987.

II – L'accroc à la solidarité européenne : le singularisme britannique et le compromis européen

Depuis des mois, les Dix – la Grèce adhère en 1981 – ne trouvent pas d'accord sur le futur budget communautaire, entraînant un risque de blocage tant institutionnel qu'économique. En effet, face aux conséquences budgétaires des crises économiques, les Britanniques estiment qu'ils contribuent trop à un budget dominé par la PAC qui bénéficie beaucoup à la France. Face au blocage de Margaret Thatcher qui réclame un juste retour financier (« *I want my money back !* »), un compromis porté par François Mitterrand et Helmut Kohl est trouvé. La France accepte une réduction du financement de la PAC. Le souhait de l'Allemagne de voir les ressources financières des Communautés augmenter est exaucé. Enfin, le Royaume-Uni voit une partie de sa contribution remboursée par ses partenaires. Cet épisode restera cependant comme le premier signe d'un singularisme britannique fort au sein de l'Europe.

Dépôt légal : janvier 2023
Achevé d'imprimer : décembre 2022 par SEPEC, 01960 Péronnas - France
N° d'éditeur : MAGSI20211035
N° d'imprimeur : 09467221120

IMPRIM'VERT®
MADE IN FRANCE

PEFC 10-31-1470 / Certifié PEFC / Ce produit est issu de forêts gérées durablement et de sources contrôlées. / pefc-france.org